胡愈之

(1896–1986)

曾任全国人大副委员长，全国政协常委

中国民主同盟中央委员会副主席、代主席

首任国家出版总署署长，《光明日报》总编辑

胡愈之

于友 著

群言出版社
Qunyan Press

前　言

中国民主同盟成立于1941年3月，正值抗日民族统一战线遭到国民党独裁统治破坏的危难之际，民盟以贯彻抗日主张、实践民主精神、尊重思想自由、提倡依法治国为政治纲领。民盟凝聚了当时绝大多数进步知识分子和社会精英，可谓群贤毕集。在不同的历史时期，黄炎培、张澜、沈钧儒、杨明轩、闻一多、李公朴、梁漱溟、史良、胡愈之、楚图南、吴晗、费孝通……这些民盟前辈精英们纵横裨阖、开阔放达，本着知识分子的人文良知和社会责任“奔走国事”，在政治、经济、军事、外交、教育、社会等领域都提出了明确的纲领和主张，将平等、民主、自由的思想播洒在中国的土地上。

在那苍黄翻覆、陵谷变迁的大时代，在那风云变幻、波澜壮阔的动荡岁月里，历史的浪潮将中国民主同盟，将有志于民族振兴的贤良才俊推上了风口浪尖，他们在改变中国命运的同时，也改变了自己的人生轨迹。他们为历史的进程，为国家富强、民族振兴和民主政治的进步做出了卓越的贡献；他们将自己的荣辱与民族存亡紧紧的联系在一起，为中国的民主、繁荣奋斗了一生，为后人留下了许多宝贵的精神财富；他们关于新民主主义社会的探索，至今仍具有巨大的影响和现实意义。

在和平盛世的今天，为了保存这珍贵的历史财富，为了让后人记住先辈们的独立之精神、自由之思想以及他们为国为民、励精图治的奋斗事迹，我们通过多年的精心准备和积累，出版了《民盟历史人物》和《民盟历史文献》丛书，这不仅仅是追忆往昔、缅怀先贤，也不仅仅是为了从学术研究的角度去厘清历史、臧否人物，更重要的是：通过回顾那段曲折的历史，传承民盟与中国共产党肝胆相照、荣辱与共的真挚感情；纪念民盟先贤为新中国做出的巨大贡献；呈现近代中国社会的嬗变和进步知识分子的爱国情怀；同时也是为了民盟薪火相传、与时俱进的需要；为了那些隽永传奇的人物和可歌可泣的历史再现后人的眼前。

路漫漫其修远兮，吾将上下而求索。《民盟历史人物》与《民盟历史文献》丛书的出版，是对先贤们多党合作历史的尊崇和传承。

《民盟历史人物》
《民盟历史文献》 编委会

序

胡愈之(1896～1986)是我国上世纪杰出的政治活动家,也是著名的新闻记者,政治评论家,出版家,文字改革专家。他毕生致力于启蒙、推动先进文化,推动我国民族民主革命,贡献巨大,被誉为一代巨人。他在1986年初去世以后,备受人们怀念,尊为先驱和楷模,纪念活动不断,纪念出版物无数。可见宣扬这位先驱者,一直具有启迪后人继往开来的重要意义。

为展现胡愈之先生的真实全貌,群言出版社计划出版一本全新的胡愈之传记,本书作者应约补充和修改1991年出版的《胡愈之传》旧稿。我在出版社责任编辑樊伟同志的协助下,勉力改写,去芜存菁,并增加一些新的资料和感悟。我在原稿最后还新写了一章——第30章"巨人晚年新思维",以显示胡愈之作为一代巨人,一生思想上具有与时俱进的特点。他晚年经过反思取得的这些新思维,在我们当今坚持解放思想和需要理论创新的年代,是特别值得宣扬的。考虑到书稿的内容已有不少变动,这本新书经我和群言出版社商定取名为《胡愈之》。

和胡愈之同时代的文化界前辈夏衍同志，非常了解胡愈老。我把他所写纪念文章列在新书《胡愈之》的目次的前面，作为“导读一”；费孝通同志所写的纪念文章《一代师表》作为“导读二”，以便帮助作者评价胡愈老，帮助读者深入了解本书的主人公。

《胡愈之》一书的写作，实际上已经历了近20年的时间，写作的材料大多是胡愈老本人晚年所写《我的回忆》和他的亲友们所提供。往年，胡愈老夫人沈兹九和其他热心的同志，如郑森禹、张楚琨、王仿子、陈原、王健、高天、谷斯范、胡序威和胡国枢等，都曾给过我许多帮助。今年能完成书稿《胡愈之》，还缘于群言出版社的推动。出版社编辑在接到书稿之后，结合书稿内容配上了许多有关的图片，增加了形象的记录，这就使书的文字记录丰富多了，并使胡老的光辉事迹和形象更加鲜明了。我衷心感谢所有这些多年来和我合作的同志。

胡愈之毕生奋斗的事迹非常丰富，他一生事迹中发扬的创新精神尤其感人，需要我们后人不断调查和研究，继续传布和宣扬，以便更加有利于当今的启蒙和思想解放，有利于我国的人民民主和共同富裕的社会主义事业的持续进展。我在完成编写《胡愈之》之后，深感自己由于年迈，书的缺点难免，还请各界朋友们多多批评指正。谢谢。

于　友

目录

前言 /1

序 /1

一代师表/费孝通 /1

中华民族的脊梁——胡愈之/夏衍 /4

第一章 家庭与幼年生活 /1

第二章 青年时期 /15

第三章 支援《新女性》和开明书店 /39

第四章 参加“五卅”运动 /47

第五章 “四一二”抗议信 /59

第六章 在欧洲三年 /71

第七章 呼吁抗日救亡 /89

第八章 参加中国民权保障同盟 /111

第九章 入党的历程 /123

第十章 生活书店的扩展 /137

第十一章　“新生事件”前后 / 151
第十二章　救国会的兴起 / 171
第十三章　营救“七君子” / 181
第十四章　在“七七”事变后的上海 / 197
第十五章　复社的出版物 / 219
第十六章　从武汉到长沙 / 235
第十七章　桂林二年间 / 251
第十八章　初到新加坡 / 273
第十九章　流亡在赤道线上 / 291
第二十章　重返新加坡 / 309
第二十一章　新中国诞生前后 / 325
第二十二章　出版工作者大团结 / 343
第二十三章　出版业的分工与专业化 / 355
第二十四章　出版家亲手办实事 / 363
第二十五章　从“反右”到“文革” / 381
第二十六章　在新时期 / 393
第二十七章　对文字改革的渴望 / 413
第二十八章　毕生倡导世界语 / 427
第二十九章　巨人的逝世 / 435
第三十章　巨人晚年新思维 / 447

附　录　胡愈之生平大事记 / 453

跋 / 459

一代师表

费孝通*

胡愈老是我这一代知识分子的良师益友,历来受人敬爱。他固然没有在教室里讲授过课程,但是受到他教益的人遍及海内外。以我自己来说,小愈老十五岁,在学生时代就是他所主编的《东方杂志》、《世界知识》和他所参与主办的《生活周刊》的忠实读者。这些刊物推动了当时像我一样的千万青年前进的步伐,靠拢革命的主流。愈老在30年代初期所写的《莫斯科印象记》开拓了一代人的视野,在他们的心灵深处播下了向往社会主义的种子。愈老在中国土地上日夜劬劳,埋头苦干,为改变这个几千年来封闭的传统社会使其成为开放的社会主义现代化社会,他鞠躬尽瘁、奋斗终生,不愧是一代师表。

---

* 费孝通,著名社会学家、人类学家,曾任全国人民代表大会常务委员会副委员长,中国人民政治协商会议全国委员会副主席,中国民主同盟中央委员会主席。

我和愈老初次见面已是在解放战争中间的1947年春。我重访英伦返国途经新加坡，愈老和沈兹九大姊在机场接我，一见如故，逗留期间，愈老为我分析国内国际形势，顿开茅塞。回想起来，在解放前的一段时期里我能比较坚定地选定我的立场，这次在新加坡和愈老的会晤是起了重要作用的。

解放后，由于同在民主同盟内工作，我和愈老接触的机会是经常的，我有一段时间是在愈老领导下做盟内的文教工作。他原是革命知识分子的先驱者，对中国从半封建半殖民地转入人民革命和建立社会主义社会的过程中知识分子应起的作用和所有的问题，是有深刻体会和同情的。我愿意致力于知识分子的工作是与愈老的启迪和鼓励分不开的，虽则我在这项工作上没有能做好，有负愈老的期望。

在十年动乱最艰苦的日子里，愈老心中始终关怀着知识分子的劫难，特别是盟内的老同志。林彪反革命集团的罪恶暴露后，愈老在周总理的关怀和授意下，恢复了在京民主人士学习活动，在惊风暴雨里，为党的统一战线保住了一线生机。1972年我从"干校"回京后，定期参加这个小组学习会，切肤地感到了同志间的温暖，激发了对国家前途的信心。这为我在大局扭转后立即全力投入工作的决心打下了基础。

愈老平易近人，循循善诱，对人推心置腹，体贴入微。勇于拯人之危，善于解人之困。他总是用朋友的身分帮助别人解决思想和实际问题。不居功，不求名，助人为乐。他早在30年代前期就已参加中国共产党，无时无刻不在为党工作，但从不脱离群众，急人之急，忧人之忧，剖析是非，以理服人。在他公开党员身分之前,竟有许多至交不知他是党员。他完全以至诚感人,取信于人,身教力行,树立模范,使广大知识分子团结在党的周围。他是为群众敬爱的共产主义战士,是中国共产党的优秀党员。做人应该做这样的人。

缅怀先哲,思虑万千,仅以此时此刻的悲思和前瞻来表达我对愈老的哀悼和崇敬,并以此与同志们共勉。

中华民族的脊梁——胡愈之

夏 衍

恩格斯在《自然辩证法·导言》中论及欧洲文艺复兴运动时说:“这是一次人类从来没有经历过的最伟大的进步的变革,是一个需要巨人而且产生了巨人——在思维能力、热情和性格方面,在多才多艺和学识渊博方面的巨人的时代。”中国历史上也经历过一次最伟大的进步的变革,这就是70年前的五四新文化革命,和接着而来的中国共产党领导的反帝反封建的人民民主革命,这个伟大的时代需要巨人——这个时代也的确产生了一批思想、学识、才艺上卓绝的巨人——在知识界,胡愈之同志就是这样一个应运而生的巨人。

1927年四一二事件之后,我从日本回到上海,经杨贤江同志的介绍,我认识了愈之同志,初次见面,谈得不多,不久他就逃亡到法国去了,这一年我刚入党,年少气盛,一次和贤江同志闲谈,认为愈之是《东方杂志》主编,在危难时刻他不该离开这个岗位,贤江同志沉思了一下,然后从书架上找出一份同年4月14日的

《商报》，低声说："你看看这篇'抗议信'，这是四一二那一天晚上愈之起草的。"这是一篇掷地有金石声的檄文："上海市民方自庆幸得从奉鲁土匪军队下解放，不图昨日闸北，竟演空前之屠杀惨剧。受三民主义洗礼之军队竟向徒手群众开枪轰击，伤毙至百余人，三一八惨案之段祺瑞无此横暴，五卅惨案之英国刽子手无此凶残，而我神圣之革命军人，乃竟忍心出之。目睹此率兽食人之惨剧，万难苟安缄默。"这封抗议信是写给蔡元培、吴稚晖、李石曾的，签名者七人：郑振铎、胡愈之、章锡琛、冯次行、周予同、吴觉农、李石岑。当时，宝山路上的血迹未干，正是白色恐怖笼罩上海的时刻，公开发表这样一封抗议信来揭露蒋介石屠杀革命者的罪行，的确是需要有很大的勇气的，也由于刽子手陈群查明了这封抗议信是愈之起草的而要加以暗害，他才听从了郑振铎的劝告，离开了上海。这件事距今已经60多年了，当时愈之还没有入党。记得抗战初期周恩来同志曾和我说过："中国知识分子是有勇气、有骨气的，四一二事件之后有两件事我一直不会忘记，一是胡愈之、郑振铎他们写的'抗议信'，二是郭沫若写的《请看今日之蒋介石》，这是中国正直知识分子的大无畏的壮举。"

愈之同志在法国三年，在巴黎大学法学院学习国际法，研究国际问题，参加了法国的工人进步运动。我还听说过，巴金在上海《小说月报》上发表作品，也是经过愈之介绍的。1930年他经过德国、波兰到了苏联，1931年2月回到上海，正碰上柔石、胡也频等五烈士遇难之后不久，一方面白色恐怖严重，另一方面又是王明"左"倾机会主义全盛时期，愈之巧妙地运用他的社会关系，在国民党办的《社会与教育》杂志上发表了《莫斯科印象记》。这本书哄动了知识界，一年之内重印了五版，鲁迅先生写过："这一年内，也遇到了两部不必用心戒备，居然看完了的书，一是胡愈之先生的《莫斯科印象记》，一就是《苏联见闻录》。"

九一八事变之后不久，大约是10月下旬，我在内山书店遇到夏丏尊先生，他约我到开明书店去吃饭，这是相隔4年之后再次和愈之见面，同席的都是开明书店同人，有叶圣陶、章锡琛、吴觉农、徐调孚、宋云彬等，当时愈之已经是著名的国际问题专家了。国民党实行不抵抗政策，把东三省拱手送给了日本，而西欧和美国还处在经济大萧条之中，席间谈到国事，难免会流露出一些悲观情绪，而愈之却非常敏锐地指出罗斯福的"新政"已初见成效，欧美和日本帝国主义之间的矛盾必然会日益加剧，所以当前最重要的问题，首先是团结人民，反对国民党的反共反苏政策。他不断地抽烟，低声细语地说，日本侵略东北，最终的目的在于进攻苏联，所以我们应该和苏联复交，争取苏联的援助。早在半个世纪之前他就预见到东西帝国主义之间的矛盾。他的远见卓识，给了我很大的启发。

淞沪战争之后，我和愈之有了更多见面的机会，有时在吴觉农家里，有时在开明书店。我参加了电影工作之后，有一次我和他谈起明星电影公司的老板张石川和周剑云约我和钱杏邨、郑伯奇写剧本的事，他很有兴趣地问我：他们知不知道你们的政治背景。我坦然地说：正因为他们知道我们是左联的人，所以才要我们帮他们出主意，写剧本的。他忽然高兴起来，对我说，你们做得对，这就说明不当权的资本家也可以在爱国抗日的前提下合作的，当然他们的进步是有限度的。平时喜怒不形于色的愈之为什么对这件事感到兴趣和高兴呢，因为这件事正好证明了他早已预见到的一种即将到来的新的形势，这就是：当日本大举侵略中国，国难当头的时刻，不仅小资产阶级，连民族资产阶级也可以争取到反日反蒋这方面来的事实。九一八、一·二八之后，人民群众普遍地反对国民党的不抵抗政策，"停止内战、联合抗日"的呼声日益高涨，而王明"左"倾主义者，却看不到这一形势，还在提"中间派是最危险的敌人"和"武装保卫苏联"这一类不切实际的口号——也就在这个时期，"左联"发动了一场反对第三种人的论争。因此愈之在《东方杂志》和《生活周刊》上发表的主张争取广大群众，联合抗日的文章，也被认为右倾机会主义，在党刊上对他进行点名批评——1931 年 10 月的《红旗月报》第 23 期《满洲事变中各反动派别怎样拥护着国民政府》一文中，居然把愈之看作是第三党改组派的人物。值得钦佩的是愈之并没有被错误的批评吓倒，他还是不断地发表文章，指出在日本帝国主义的进攻中，民族资本家开始对国民党不满，国民党内部也有"不愿做奴隶的人"，蔡廷锴、蒋光鼐的十九路军在上海奋起抗战，就证明了这一论点，而这一场淞沪战争又得到了上海工商界头面人物的支持，这一切也就说明了当政的国民党也不是铁板一块。我还记得他不止一次发表文章，认为美国经济复苏之后，西方资本主义国家决不会甘心让日本独吞中国，所以资本主义世界之间的矛盾也将逐渐显露。在三十年代初期王明路线占上风时期，在进步文化界能有这种实事求是的远见卓识，实在是难能可贵的。

正是在这个时期，他参加了宋庆龄、蔡元培、鲁迅、杨杏佛等发起的“中国民权保障同盟”，积极营救被国民党逮捕和迫害的共产党人和爱国人士；协助邹韬奋办《生活周刊》和生活书店，通过张志让先生认识了国民党中的“亲苏派”孙科，接着担任了法国在远东唯一的通讯社“哈瓦斯社”的中文编辑主任，结识了当时在上海的许多国际知名人士，如路易·艾黎、史沫特莱、伊罗生等，这样，他可以通过各种渠道，了解到国内外的政治、经济形势，发挥他不知疲倦的精力和如椽的笔力，写出了大量有独到见解的文章，也正是由于他的这种特殊的人际关系和旺盛的工作能力，1933 年秋，中国共产党吸收他为特别党员。

从 1933 年到 1935 年 2 月，党在上海地下组织连续遭到三次大破坏，损失重大，过去常说，王明左倾路线使红军损失了 90%，地下党损失了 100%，事实上，单说上海，尽管中央上海局和江苏省委都遭到了严重的破坏，但党组织并没有全被消灭，工会（马纯古等）、青年团（陈国栋等）、文委（周扬等）也还在人自为战，继续工作，特别是和地下党有关系的外围组织，却正利用了民族矛盾上升的机会，掀起了一场声势浩大的抗日反蒋运动。在这严峻时刻，我们这些身历其境的人永远也不能忘记愈之同志所作出的难以估计的巨大的贡献。愈之晚年写的《我的回忆》中有这样一段话：“留在上海坚持斗争的一些党员，已都处于人自为战的状态，工作十分困难。这一年里，我除继续写文章宣传抗日救国外，还努力多方联络有志反蒋抗日的人士，力图在文化界首先能酝酿组织起一个抗日救亡的团体，以使在万马齐喑的形势下，救亡运动能有新的兴起。同时，我也以极大的热情来发展生活书店的业务，以扩大这一块宣传抗日救国的文化阵地。继

1933年创刊的《文学》杂志后，在1934年9月，又创办了《世界知识》、《太白》、《译文》等刊物，1935年还创刊了《妇女生活》。这些刊物大都是我联系筹划下办起来的。”这是近代革命史、文化史上的一项影响深远的贡献。这个时期在上海新建了三家进步书店。即“读书生活”、“新知”和生活书店，前两家是地下党人徐雪寒、黄洛峰办的，生活书店则是邹韬奋在愈之同志的支持和筹划下办起来的，这几家书店出了许多深受读者欢迎的刊物，出版了许多进步书籍，特别值得一提的是一些马克思主义的经典著作，都是这个时期由这几家书店冒着风险出版的。在这一段时期内，他不止一次和我谈过，现在形势变了，要联合抗日，单凭热情和勇气是不够的，出书和办杂志，首先要考虑到读者的需要和他们的接受水平，“一定要心平气和地说理，切不可居高临下地训人”，当他筹备出版《世界知识》的时候，他单独约我谈话，他说：“希特勒的纳粹党在德国登台之后，国际形势瞬息万变，现在急需要有一本专门介绍和评论国际知识的杂志，缺乏这方面的知识，就不可能正确地认识当前的形势。”他要我在创刊号上写文章，我就用韦彧的笔名，写了一篇论美国电影的文章。叶圣陶先生说过愈之同志的四个长处，一是他的自学精神，二是他的组织能力，三是他的博爱精神，四是他的友爱情谊。这是对愈之立身行事的最真切的评价，圣陶先生说：“愈之兄创建过许多团体，计划过许多杂志和书刊，他能鼓动朋友们跟他一起干，他善于发现朋友们的长处，并且使朋友们发挥各自的长处，等到团体和杂志书刊初具规模，他往往让朋友们继续干下去，自己又开始新的建设。他有这样非凡的组织能力，所以建树事业之多，能比得上他的似乎少见。”不仅生活书店和它刊行的许多杂志是他“联系筹划下办起来的”，更应该说，中国民主同盟之前身的救国会，抗战初期的上海文化界救亡协会，青年记者协会，国际新闻社以及文化供应社，《南侨日报》等等，也无一例外地都是他精心策划，组织起来的。当然，我们更不能忘记，1937 年冬，京沪沦陷之后，他奋不顾身地留在上海，组织人力物力，迅速翻译出版了斯诺的《西行漫记》，接着又奔走呼号，得到了蔡元培先生的支持，出版了卷帙浩繁的《鲁迅全集》。这种大无畏的勇气和非凡的组织能力，以及埋头苦干，拼命硬干的精神，在近代知识分子中，真可以说是无可伦比的。

1934 年，鲁迅先生在《且介亭杂文》中说：“我们从古以来，就有埋头苦干的人，有拼命硬干的人，有为民请命的人，有舍身求法的人……虽是等于为帝王将相作家谱的所谓‘正史’，也往往掩不住他们的光耀，这就是中国的脊梁。”愈之同志就是这样一位巨人，是中华民族的脊梁。

一九八八年严冬

第一章
家庭与幼年生活

人杰地灵

胡愈之1896年9月9日出生于浙江省上虞县的丰惠镇，自幼在浙东绍兴地区成长。

上虞县在浙东四明山麓，倚山傍海，山川秀丽；县境内有有名的曹娥江通过，流向杭州湾。这里水系纵横，水上交通十分便利，乌篷船从来就是绍兴有名的交通工具。相传夏禹虞舜都曾在此生活。曹娥江又名舜水。大禹当年曾在浙东地区治水。至今绍兴市内还设着大禹陵供后人瞻仰。

自古以来，上虞农村经济比较发达，因此文化也比较昌盛。汉代伟大的思想家王充就出生在这里。王充《自述》说过："八岁出于书馆，书馆小僮百人以上。"二千年前，这里就有过上百学僮的书馆，可见教育之发达。东晋的政治家谢安和著名书法家王羲之等文人学者曾在上虞的东山集议。宋时朱熹也曾到上虞讲学。古代上虞文化昌盛由此可见。

及至近代，绍兴以及上虞又由于政治、经济和文化方面新的变化，孕育了不少爱国者和从事社会变革的杰出人物。

在胡愈之出生的时候，上虞县府所在的丰惠镇人口不足一万。但是，就全县来说，这里像浙北的杭嘉湖一样，蚕丝业相当繁荣。每年春夏之交，上海洋商的代理人，到这里来收购蚕茧，商业往来相当活跃。在蚕丝还有国际市场的年代，上虞的经济情况比较稳定，农村和县城都比较宁静。县城里不仅有地主、官吏、小商人、小手工业者，也还有少数知识分子。

但是在二十世纪初的中国，由于国内政治的腐败，又由于已经遭到帝国主义步步深入的侵略，上虞已经不能保持宁静。上虞属于浙东地区，浙东地区文化比较发达，这里的知识分子比较敏感。

和绍兴同在浙东的宁波，是在1840年鸦片战争之后曾被英帝国主义强迫开放为对外贸易的口岸，同国外发生了不平等的交往，这个地区各阶层人民都不免受到外族的欺凌。浙东同上海邻近，交通方便，因此上海的思想和文化都频繁而深刻地影响着它。也就在鸦片战争之后的清末和民国初年，在绍兴府一地就由于受民族民主革命思潮的熏陶，产生过秋瑾、徐锡麟等革命烈士。伟大的革命文豪鲁迅也在绍兴诞生并工作过。在鲁迅工作的绍兴府中学堂里就有不少师生信奉了革命思想。光是上虞县就产生了经亨颐、杜亚泉、夏丏尊、竺可桢、马一浮、陈鹤琴、徐懋庸、范寿康、王一飞、叶天底等知名的前辈学者专家和革命先烈。至于当代活跃的上虞人，最知名的就数电影导演谢晋了（于2008年去世）。儿童文学家金近、政治活动家、茶叶专家吴觉农都是上虞人。他们虽已去世，但骨灰都葬在上虞本土，被当地人引为荣誉。

胡愈之的父亲

父亲的影响

胡愈之的家庭是县里有名的“书香门第”，祖父胡纯耀是个翰林，做过清朝的京官御史。胡的父亲胡庆皆是个秀才，可是他不爱做官，却乐意办学，在清末由于接受了一些维新思想，成为上虞的维新派的领头人。他在县里创办了新式的学校“舜水学堂”，还兴办了本县第一个女子学堂——“舜水女子学堂”。在民初一段时间里，他一度被推选为县议会的议长，长时间担任县里教育会的会长。

胡家原来是个地主家庭，由于胡愈之父亲胡庆皆兴办教育事业,还由于爱打抱不平,曾帮助一些贫农同土豪劣绅抗争,他卖掉了所有的田地。当他去世的时候,胡愈之继承的是一大批债务。

但是,胡庆皆留给胡愈之一辈子弟的还有民主思想的影响。在胡庆皆生前,家里就订阅了梁启超主编的《新民丛报》、浙江维新派在杭州出刊的《浙江潮》,家里还收藏着谭嗣同的著作《仁学》。胡愈之少年时阅读了这些书报,从而头脑里装进了许多民主主义的思想。

谭嗣同是清末激进的维新派人士,有虚无主义倾向,他否定君权,否定家族,否定传统的道德观念。他这种思想对清末中国思想界起了巨大的启蒙作用。胡愈之爱读《仁学》,他说过,"幼年的时候,我所读过的书中,使我的生活与思想受影响最大的是谭嗣同的《仁学》",还说,"《仁学》首先给予我智慧与力量,打破我的周围的小圈子,使我能够看到大世界,如猫儿出生以后第一次睁开眼一样。"①

据胡愈之的族亲胡子婴写的文章,其中就谈到胡父胡庆皆。她说:"庆皆先生并没有做过官,可是他在家乡为社会服务,所得的效果超过了行政官。在前清末年,他在我们乡里是最前进的人,也是最受人崇敬的人。一个前进的人往往不容易被人了解,更不容易被一般人尊敬,他却是例外。在文化方面他创办了新制学堂,创办了女子学校,在社会福利事业方面,他先从自己的佃户着手,不仅减租减息,还不时的有对生老病死的救济;在公

① 胡愈之.我的中学生时代.中学生,1931-6(总16号).

众事业方面；他办积谷赈饥，创办孤老院、孤儿院，又经常布施医药棺材，布施棉衣。这许多事业的经费，大部分出之于他自己，他就这样把财产花在公共事业上。”

她还说，记得胡庆皆死后，“出丧到城外，有许多穷人等在路上，拦住棺材，痛哭不止”。胡庆皆“如此得人心，就在他不计名利，热心为大众服务”。她还推论说：在这样一个父亲的影响之下，胡愈之以后的成功，绝不是偶然的。[①]

关于胡愈之所受家庭的影响，胡的同事，幼年时的邻居和伙伴吴觉农也在一篇回忆文章中说过，“愈之家离我家只一河之隔，我常去他家串门，至今印象清晰的是他父亲书房里的一幅大字：‘独坐防心，群居防口’。出身于这样一个家庭，愈之幼年不免受到传统礼教的管束，行动稳重，循规蹈矩，从不参加儿童游泳钓鱼、嬉戏打闹的行列，但他的思想却很活跃。甲午战争后，民族危机日益深重，中国面临着风云激变的时代，上虞不是很闭塞的地方，这种现实已经反映到愈之的头脑中来。”[②]

胡愈之自己说过，“我现在能够写一些废话，甚至于懂得一些办报纸刊物的事，还要感谢我的父亲。……至今对于我的品格和趣味影响最深最大的，依然是我的平凡的父亲。我的父亲做到了极平凡的伟大。我极渺小，我没有做到我父亲的伟大，但我学到了我的父亲的平凡”。[③]

---

① 胡子婴．忆胡愈之先生[J]．中学生，1945(7)．

② 费孝通等．胡愈之印象记[M]．中国友谊出版公司，1989．

③ 胡愈之．我的父亲[N]．南侨日报，1946-11-22(7)．

胡愈之在六岁时进了私塾，但不久就进了县里新设的小学堂，不过新小学开始时也学四书五经，同私塾没什么区别。后来才设了地理、历史、外语、数学一类的课程。他在国文课上学完了《古文辞类纂》，在数学课上学了大代数，地理学过清末地理学者屠寄编写的《寰瀛全志》，历史学过《御批通鉴辑览》。物理、化学、博物、生理学都学过一些。按当时的规定，受到小学毕业那种程度的新教育，就相当于秀才的资格了，因为小学毕业生在全国都已是很稀罕的人才。

鲁迅的教导

1911 年，胡愈之离开上虞到绍兴考绍兴府中学，那是绍兴府属下八个县唯一的中学堂。胡不顾家里祖母和叔父等反对，考了中学堂的“实科”，也就是理工科。当时他对数学、物理很有兴趣，而且他不考文科的思想得到他父亲的同情和支持，结果他以第一名的成绩，考上了中学二年级。

他在绍兴中学堂就更多接触到新思想。当时鲁迅正在该校担任学监，还兼教生理卫生课。

鲁迅当时 30 岁，从日本回来已两年，他在留学期间就接受了革命思想，同许多革命党人往来，在绍兴就成为革命思想的火种。1911 年冬辛亥革命爆发后，绍兴也有起义活动。据鲁迅三弟周建人的回忆，“这时候城内的一个寺内就开了一个大会，好像是越社发动的，到了许多人，公举鲁迅做主席。鲁迅当下提议了若干临时办法，例如提议组织讲演团，分发到各地去演说，阐明革命的意义和鼓动革命情绪等。关于人民的武装,他说明在革命时期人民武装实属必要,讲演团亦设武装,必要时就有力量抵抗反对者”。[1]

关于鲁迅在学堂里的教学,他的学生孙伏园写过一篇回忆:“鲁迅先生有时候也自己代课,代国文教员改文。学生们因为思想上多少得了鲁迅先生的启示,文学也自然开展起来。大概是目的在于增加青年们的勇气吧,我们常常得到夸奖的批语。”[2]

胡愈之在绍兴中学堂学习的时间十分短暂,总共不过半年,但是这就是他主要的中学时代生活,他对鲁迅的印象仍然非常深刻。

他在1931年为上海《中学生》杂志撰写的题为《我的中学生时代》的文章,就着重写了鲁迅的影响:

“大家都知道,1911年是清朝最末的一年,那年上半年,革命虽未发动,排满的空气已到处弥漫。绍兴又是革命策源地。在不久以前被清廷捕杀的革命党徐锡麟、秋瑾都是绍兴人。那时绍兴府中学堂的校长陈(?)先生和学监周豫才先生都是日本留学生,学生们都知道他们两人是和同盟会及徐锡麟有过关系,虽然逢着圣诞日,他们都戴上假发辫,率领向万岁牌跪拜,但学生都明白他们是革命党,是不得已而为之,因此都对他们起了敬意。”[3]这里说的周豫才就是鲁迅的原名。

---

① 乔峰. 略讲关于鲁迅的事情[M]. 人民文学出版社,1981:14.

② 孙伏园. 鲁迅先生二三事[M]. 湖南人民出版社,1980:30.

③ 胡愈之. 我的中学生时代[J]. 中学生,1931(6).

胡愈之因为在小学里已经学过了许多种中学的科目，因此在中学二年级，功课虽然多，而且用的课本都很深，除英文外，他都不觉得困难。由于他爱看课外读物，撰写游戏文章，受到学监鲁迅的批评。他那篇《我的中学生时代》还提到过鲁迅给他的印象：

“那年绍兴府中学堂的学监是周豫才先生，就是后来用鲁迅的笔名写文的那位著名作家。他在我们这一级，每周只授生理卫生一小时，但在学校里以严厉出名，学生没有一个不怕他。他每晚到自修室巡查。有两次我被他查到了在写着骂同学的游戏文章，他看了不作一声。后来学期快完了的时候，一天晚上我和几个同学趁学监不在，从学监室的窗外爬进屋子里，偷看已经写完的学生操行评语，鲁迅先生给我的评语是‘不好学’三个字。”①

虽然，鲁迅当时这样批评学生胡愈之，但胡一直认为他是在绍兴府中学堂“和鲁迅先生结下了师生之谊”。他在晚年所写生平自述中说过：“鲁迅是我最尊敬的师长。”

学英语、攻国文

1911 年下半年，胡愈之因患伤寒病很重，不得不休学养病，因此离开了绍兴府中学堂。1912 年病愈之后，他由于有意学好英语，便于学习欧美的科学文化知识，进了杭州英文专科学校。

---

① 胡愈之．我的中学生时代[J]．中学生，1931(6)．

那时杭州英专的师资很强，聘用的老师都是上海梵皇渡教会学校毕业的，教材用的是英文原版《穆勒名学》，这是本逻辑学的名著。这学校只办了半年，因此他的学习又不幸中断了。

这一年下半年，由他父亲安排，拜绍兴名宿薛朗轩为师，专学语文。他的父亲认为还是本国的语文更有用处。这位薛老师是著名的民主革命家和教育家蔡元培的同学和连襟，是个秀才，以精通经学和舆地学闻名于浙东，他主张格物致知，崇尚气节和操守，不求官禄和名利。所以尽管他的挚友和近亲蔡元培做了大官，他可决不攀附亲友，却安贫乐道，还在家乡当个穷老师。

据胡愈之1946年时写的回忆文章《我的老师》里的记载，薛老师的教法很新颖。一、学生读书要先自己准备，写笔记，或向老师讲解，只有讲解和笔记有错误时，老师才加以改正。二、学生写作文，要求不脱离现实，不要摹仿老人撰写陈腔滥调。

薛老师有一次给胡愈之出的作文题是《煤油灯记》。老师把煤油灯取来放在案头，要胡愈之作文之前把煤油灯全部拆开来，观察里面的机件，了解每一部分的构造和功用。

胡愈之为了写这篇文章，下了整整一个星期的苦功，写了三百字，结果老师只给了60分。

薛老师还时常要胡把古文译成平易通俗的近代文。胡愈之觉得薛老师非常亲切可爱，与私塾和学校里教过他书的老师都不同。①

---

① 胡愈之．我的老师[N]．南侨日报，1946-12-6(7)．

胡愈之跟薛老师学了一年语文，对他文学水平的提高有过一些帮助。就在这时期，他没有放弃英语的自学，学习颇见成效。为了便于同外国人交往，他还通过世界语会在上海设立的世界语函授班学习世界语。当时蔡元培在北洋政府任教育总监，他尽力倡导世界语，曾下令全国师范学校设立世界语选修课。世界语开始在北京、上海等地传布。胡愈之因此对蔡元培十分敬佩。十年后的1923年，胡愈之本人就成了世界语的积极倡导者，他根据自己的经验，写出了《世界语学习法》一书。

“小报迷”

也就在他的少年时期，他受到信奉民主主义的父亲爱读书报杂志的影响，成了“小报迷”，不但好读父亲订阅的《申报》、《时报》、《汇报》、《新民丛报》和《浙江潮》等报刊，喜欢把报刊的文章和消息分门别类地剪贴起来还装订成册，当作书籍一样保存起来，而且自己办起了手抄的报刊。在他的亲弟弟胡仲持和从弟胡伯恳的帮助之下，出版了《家庭三日报》、《家庭杂志》和《后愢园周报》。这些报刊上也刊有胡氏兄弟们自撰的论文、文艺作品和插图。这样的编辑出版工作坚持了三四年，一共累积出了四五十册。

据一位叫瞿光熙的作者说，辛亥革命之前，当胡愈之还是一个小学生的时候，他就和他的弟弟胡仲持，发起了一个家庭游戏社，参加的还有他的堂弟和寄居他家的一个表姊妹。他们演过《鸿门宴》等几出新剧，开过儿童作品展览会，还出过十多期《三日家报》,报是手抄的,只有一份。第二年进一步办了《家庭杂志》,这是六七十页的月刊,仍然是手抄的。这杂志的版式完全模仿当时流行的一些杂志,分设一些栏目。胡愈之任主编,定选题,由他的弟弟们撰写,最后由胡愈之修改并誊写。

据胡愈之早年的邻居和朋友吴觉农的回忆,胡愈之办报刊是供别人阅读的。吴说过,胡家兄弟办的报,一次多至十几份,他就成了这张报纸的"发行人"或者说报童,"兴冲冲地奔走散发,分送比较关心时局的同学和亲友传看。……这张报纸受到一些年轻人的欢迎。"

这刊物出了十二期。以后由于胡愈之到外地去读书了,杂志由胡仲持主编,胡愈之从外地还寄稿回来。杂志编完了再寄给他看。

据说,在这个杂志里,胡愈之发表过《斯蒂文生小传》和《家庭迷信费用统计》等精彩的作品。①

胡愈之的兴趣感染了他的弟弟胡仲持。仲持不仅在家里主编报刊,升到中学学习时又同同学们合办过油印和铅印的校刊,进入社会之后也一直从事报刊工作,对胡愈之从事的宣传和统战工作都给过巨大的帮助。

至于胡愈之本人,少年时的编辑报刊的实践就成了他终于成为新闻宣传家、出版家、政治活动家和毕生奉献的重要基础。

本书作者于1991年春末夏初,曾亲访上虞丰惠镇胡愈之故居。那是一个原来很庞大的院落,一共有三排房屋,第一进正房

---

① 瞿光熙.胡愈之的编辑工作[N].新民晚报,1962-3-2(3).

浙江省上虞县丰惠镇胡愈之旧居

已塌落;第二进大厅已不复存在,变成了一个大天井;第三进是两层的楼房,也已破旧不堪。胡愈之一家以前就在西厢的侧房楼上居住。现在住着当地生活十分困难的工人家属。

这个大院解放前居住着胡家三十多户子弟。解放后被征作县政府的招待所,胡家的人就全部迁移了。大院的破烂就由于年久失修。但是在胡愈之一家原先居住的厢房后面还有一些平房,那是胡愈之堂弟胡伯悬一家的住处。由于一直有人居住和维护,还比较完好。据同行的胡伯悬的儿子,现任南京公安学校教授的胡大成说,胡愈之、胡仲持和胡伯悬他们办家庭报刊时工作的地方就是三间平房中偏北的那间。那小屋大约十平米,东面是门和窗,倒也明亮。想不到这里就是胡愈之办的第一个报刊社的社址,我曾问过胡大成教授,“长辈们当年办的那些家庭报刊后来到那儿去了？”

教授说：“这几位主办的人后来都到了上海，办起了正式的公开发行的报刊。家里的人没有一个在多年的变乱中想到保存它们，因此像胡家的许多旧书报一样，都散失了。”

第二章

青年时期

1914年，胡愈之18岁，由于家庭经济情况不佳，就辍学参加工作了。那年夏天，他由父亲陪送到上海，由父亲的一位朋友把他介绍到商务印书馆。当时商务印书馆的总经理张菊生，也叫张元济，负责人员的选用。他看了胡愈之带去的几篇文章，觉得写得不错，就由他决定任用了。

进“商务”当练习生

商务印书馆是清朝光绪二十三年(1897)适应上海工商业发展的需要而开办的一个印刷所。它所以叫“商务”是因为它主要印刷名片、广告传单、账册一类商业用品。它最初并不印书，当时“印书馆”就是印刷所的意思。它的创办人是夏瑞芳、鲍咸昌、鲍咸恩等会排英文、使用印刷机的工人。

商务印书馆最早设在上海江西路德昌里，只有一些字架和圆盘机。由于夏瑞芳、鲍家兄弟都是宁波人，靠着上海做生意人中比较得势的宁波帮的关系，在洋行界兜揽一些印刷生意。

商务的出版书籍，是清朝末年中日战争失败之后中国开始了资产阶级民主革命时开展的业务。当时有一些不满清朝腐败无能的志士仁人组成了维新派，提倡废科举、办学堂、实行新政。戊戌变法失败之后，维新派的革新思想仍然在南方，特别是上海继续流传，并为新兴的企业家们所赞助与支持。上面提到的商务总经理张元济就是维新派的一分子。他是浙江海盐人，曾任清朝总理各国事务衙门章京。他在光绪"百日维新"期间，倡导政治、经济的改良，以求中国的自救。他认为救国一在鼓舞人心，一在培育人才。戊戌变法失败后，他被革去官职，回到上海，在南洋公学任教。早在1901年他就投资于商务印书馆。1902年他到商务主持编译工作，决定商务经营书籍出版业务。张元济同从北京逃到上海的维新派蔡元培、吴稚晖等联系密切。吴曾为商务编了一本《国民读本》，介绍政治常识，第一课为《权利与义务》。商务同时还出了一本英语教学用书《华英初阶》。两书的销路都很大，反映了当时社会上的殷切需要。

张元济像

张元济本人熟悉英语，崇尚西学，与翻译家严复友好，他赞同严复的主张，只要"洞识中西实情日多一日，则炎黄种类未必遂至沦胥，即不幸暂被羁縻，亦将有复苏之一日"。他主张了解世界以扫除闭关思想。1901年1月4日商务出版了第一本杂志《外交报》，它的宗旨就是使朝野"周知世界，免遭物竞之惨"。这

《东方杂志》第一期的封面。《东方杂志》是商务印书馆编辑出版的大型综合性刊物,内容涵盖政治、经济、历史、哲学、文学、社会学等方面,在国内深孚众望。

杂志由张元济本人主编。1904 年商务又出版《东方杂志》,宗旨也与《外交报》类同,它所以名叫“东方”,就意在同西方平起平坐,共同发展。1905 年日本在日俄战争中打败沙皇俄国,越加增强了“东方人能打败西方人”的信念。[①] 商务印书馆编译所第一任所长就是张元济,因此,整个编译所和它的出版物,充满了维新派“反对西方”、“实行立宪”等论调。

胡愈之进商务时,商务已是当时中国最大的出版商,在民国时期思想理论界起着巨大的作用。商务的编译所集中了许多识洋务的优秀人物,正大力编译与介绍当时世界新的知识。编译所分设几个部:国文部部长庄俞,专编中小学教科书,部里全是庄的常州同乡。英文部部长邝富灼,广东人,编辑平海澜、周越然、周由廑等人。二周是兄弟,湖州人。沈雁冰,即茅盾,进商务时,张元济就因为他通英语,分在英文部。这个部主要编译英语书,英文部内同事们交谈

---

① 汪家熔．张元济对出版事业的贡献[J]．民主,1990－7(7):31.

都说英语。理化部部长杜亚泉，上虞人，主持物理化学等书籍的编译，胡愈之就在这个部。这里绍兴人多，《东方杂志》，也由这个部负责编辑。还有一个“辞典部”，没有部的名义，是一个编辑小组。负责编辑《辞源》、《中国人名大辞典》、《中国古今地名大辞典》一类辞书。编译所这时的所长是高梦旦，他手下已集中了近二百位专家学者和颇有才具的年轻人。

胡愈之在理化部当练习生时，就觉得这里的工作很合自己的理想，什么都乐意干。他已懂得一些英语，还学了一些日语。《东方杂志》需要翻译一些外文资料，他就试着翻译一些小文章。他被采用的第一篇译文是关于英法计划开凿英吉利海峡海底隧道的报道。

他受命编写一些小册子，出版的第一本小册子是《利息表》。他还参加“辞典部”编写的《植物大辞典》的索引。他经常跑印刷厂去了解所编文稿的排版，校阅文稿的校样。因而他很快了解了出版工作的全过程。

靠自学增长知识

在我国旧社会的新闻出版界，很少受过专业训练的人员，许多有成就的记者和编辑在他们开始就业时文化程度不高，但是，工作的实践很能锻炼人，他们在工作中取得了迅速的进步，终于成为很起作用的人才。叶圣陶在胡愈之去世后撰写的悼念文章中曾历数胡的长处，他认为胡的最大长处就是自学精神。叶说过，胡愈之“在中学没有读毕业，从职业中学习，从生活中学习，始终不懈，结果既博且通，为多数正途出身的人所不及”。叶圣陶的文章还说：“我们经常标榜自学，也许有人以为徒然说来好听，难收真实效果。但是，我们可以坚决地说绝对不然，胡先生便是个最可凭信的实例。”

胡愈之去世后党报发布他的生平事迹时也说过：“1914 年他考入上海商务印书馆编译所当练习生，刻苦自学。”

自学，确实是胡愈之成长的主要途径。

胡愈之幼年就有自学的习惯，进了商务之后，由于写作和编译工作的需要，学习的热情更高。

商务印书馆早在 1909 年，就在闸北宝山路商务编译所内设立了一个图书馆，叫“涵芬楼”，藏书很多，供职工学习。胡愈之就经常到那里去博览群书。那时他每天工作六小时，他把大部分业余时间都用在读书上了。

位于上海宝山路的商务印书馆总公司及第一、二、三、四印刷所和编译所、外栈房、疗病房等厂屋旧址图（原址在 1932 年“一·二八”事件中被侵华日军炸毁）。

另外，编译所订有许多外国报刊。英文的最多。这里藏有全套有名的英版《万人丛书》(Everyman's Library)和美国版的《新时代丛书》(Modern Library)，两种丛书收罗了很多西方资产阶级的政治、经济、哲学和文学名著。据胡愈之的同事茅盾回忆，当时上海有美国人开的"伊文思图书公司"，出售英美出版的书刊，商务编译所向它购买新书，商务没有的书，它可以代购，书到后付款。编译所还从日本东京丸善书店购买欧美出版的新书刊，也是货到付款。因此，当年商务的编译所，是个西方新知识的宝库，信息也非常灵通。1919 年，茅盾就开始注意俄国文学和苏联的动态，为商务的《学生杂志》写过一篇题为《托尔斯泰与今日的俄罗斯》的评论，文章里探讨了俄国革命的起因。[①]

商务的工作条件对胡愈之的学习非常有利，他说过："我只有中学二年级的学历，我读书都是在商务读的。""我的知识就是靠自学得到增长。"[②]

1914～1918 年正是第一次世界大战时期，胡愈之已开始为《东方杂志》撰写国际问题的文章，他的写作水平也是逐渐提高的。他最初写的一些文章的内容主要是情况和知识的介绍，如《世界当代名人志》、《英政府之印度自治计划》等。以后的一些文章就增加了分析和评论，如《和会和亚得里亚海问题》、《战后欧洲列国之新形势》等。1917 年胡愈之发表过《世界当代人物志》、《欧美新闻事业概况》一类资料性的文章，到 1921 年，他写

---

① 茅盾．我走过的道路[M]．人民文学出版社，1981.

② 胡愈之．我的回忆[M]．江苏人民出版社，1990.

出了《远东列强新形势和中国的生命》、《欧洲问题的缓和和亚洲问题的紧张》一类评论性的文章。

大概在1917年左右，胡愈之被调任《东方杂志》的编辑工作。这本杂志是大型的综合性刊物，内容涉及政治、经济、历史、哲学、文学、社会、时事等许多方面，在国内出版界很有地位。胡愈之开始为它翻译和写作，在工作中接触到许多新知识，了解到世界各国的许多新情况。俄国十月革命爆发后，我国报纸对革命消息采取冷漠态度，很少几张报纸登载有关的消息。胡愈之就利用外文资料，在《东方杂志》上作了综合报道。《东方杂志》上刊登的关于列宁和俄罗斯政局变化的报道，都出于胡愈之的手笔。他从资料员开始逐渐成为一个翻译家，一个评论家。

胡愈之在1917年至1926年间，实际上成为《东方杂志》的主要编辑。他为每期刊物写作文章，有时两篇三篇，甚至五篇。

例如1921年杂志的第18卷第1期，他写了5篇，它们的题目是：

《国际联盟议会闭幕之感想》

《文学批评——其意义及方法》

《威尔士的新历史》

《现代哲学的厄运》

《联邦主义与省界》

又例如1926年杂志的第23卷第1期：

《国民外交与国际时事研究》

《叙利亚问题》

《捷克斯洛伐克的国会选举》

《罗加诺会议中的舌人》

不过当时胡愈之还不是马克思主义者。他受到外来的各种思想的影响。按他自己的说法，"我受当时虚无主义、无政府主义思想影响很深，后来又读托尔斯泰的书，使我成为一个赞美人类爱的理想主义者、唯心论者。"①

第一次世界大战期间，我国国内情势也发生许多变化。由于帝国主义列强忙于战争，半殖民地的中国的民族工业得到迅速发展，产业工人大量增加，广大人民群众的民族民主革命思想迅速发展。它的主要标志是 1919 年"五四"运动的兴起。在国内政治、文化等领域都掀起了革新的浪潮，这时较多接触到外来新思想的胡愈之也就逐渐成为这一阵阵浪潮中的一个弄潮儿。

早年的战友

商务印书馆的编译所那时就产生了不少倾向革命的先进分子，同胡愈之特别接近的是章锡琛、杨贤江和茅盾，他们也是世界大战爆发前后进入商务印书馆的年轻人。

章锡琛也是浙江上虞人，是 1912 年进商务的。他比胡愈之小三岁，但他担任《东方杂志》的编辑的时间比胡愈之稍早。1914 年胡愈之进商务时，同章锡琛住在商务的职工宿舍的同一

---

① 胡愈之．我的回忆[M]．江苏人民出版社，1990.

间房间里，两人的交往很密切。1921年，章担任商务另一本重要杂志《妇女杂志》的主编，成了当年妇女解放运动的积极倡导者。

章锡琛，胡愈之在商务印书馆时的同事和好友。中国新文化和妇女解放运动的倡导者之一。

杨贤江，浙江余姚人，余姚归属绍兴府，也是胡愈之的浙江同乡，他进商务的时间比胡晚一年，他念过师范大学，对教育问题有研究，进商务后担任《学生杂志》的助理编辑，从1915到1926年在刊物上发表了不少文章，都是有关教育和青年修养的。1921年就担任《学生杂志》主编。杂志内容密切联系实际，为广大青年所热爱。杨本人思想进步，1925年"五卅"运动之前就参加了中国共产党。胡愈之对他很尊重，交往较多，曾共同倡导世界语。他们在商务一起工作十一年。大革命中杨离开商务，全力从事革命活动，1931年在日本病故，英年早逝。1981年8月，胡愈之还撰文怀念他，称他同陶行知一样是为人民事业献身的教育家。

茅盾是胡愈之在商务时交往更多的好朋友。茅盾在1916年进商务编译所，由于他在北京大学念过预科三年，英语水平较高，一进编译所就当了英文部的助理编辑。当时茅盾还使用原名沈德鸿，雁冰是他的字。他和胡愈之同龄，是浙江桐乡县乌镇人。父亲也是维新派，但三十四岁时就病故了。他母亲的思想也很开明，对茅盾有过很深的影响。

关于胡愈之在商务初期的形象，茅盾曾在一篇回忆文章里有些描述。文章说他们当年上班下班的时候，从工厂大门到编辑所所在的涵芬楼，时常见面。胡愈之在茅盾印象中是这样一个人："身材矮小，头特别大，脸长额阔，衣服朴素；空手的时候很少，总拿着什么外国书报，低头急走，不大跟别人招呼。"

杨贤江，胡愈之在商务印书馆时的同事和好友。商务印书馆编译所的早期中国共产党员，商务印书馆中共党支部领导成员。对胡愈之的思想有相当影响。

"这时愈之兄虽在理化部，却与'理化'不生关系。他是帮忙《东方杂志》的编辑工作的。""这一个时期(民国九年到十一年吧)，愈之兄主要的工作是选择并介绍欧美杂志上的文章，从政治、经济、乃至哲学、文学。后来他对于文学似乎特别有兴趣了。我们由相识而相熟，也是以'文学'为媒介。"

茅盾在商务这一段时间，和胡愈之就有很多共同的志趣。在"五四"之前，我国文化界就有过一场关于白话文的争论，胡愈之和茅盾都积极提倡白话文，成了亲密的战友，他们在上海《时事新报》的副刊《学灯》和《民国日报》的副刊《觉悟》上发表文

茅盾(沈雁冰),胡愈之在商务印书馆的同事及好友。在“五四”新文化运动中,他和胡愈之热心倡导白话文,志同道合并肩战斗。茅盾是中国共产党早期的党员,他的文艺思想对胡愈之有重大影响。

章,鼓吹白话文。据胡回忆说,“‘五四’时期我和沈雁冰是提倡白话文最力的两个人。”①

胡愈之和茅盾都热衷于接受新思想,倾心于《新青年》倡导的新道理。每逢上海棋盘街群益书店出售北京出版的《新青年》时,他们俩都不约而同地赶到书店去购买。由于当时商务印书馆的领导人并不欢迎由俄国十月革命引起的新思潮,胡愈之和茅盾在馆内都绝口不谈《新青年》,也不谈新文化运动。

当时商务编译所的理化部主任和《东方杂志》主编杜亚泉就反对白话文,他曾撰诗讽刺白话诗。他写道:

一个苍蝇嘶嘶嘶,
两个苍蝇吱吱吱,
苍蝇苍蝇在说什么?
苍蝇说:我在做白话诗。

① 胡愈之. 我的回忆[M]. 江苏人民出版社,1990.

胡愈之在这样的环境下，他只能偷偷地练写白话文，写了文章偷偷地投寄给报社，用笔名发表。那时一些报纸走在使用白话文运动的最前面。

胡愈之显然受到了新文化运动的深刻影响，他在1985年写的生平自述《我的回忆》一文里说过："早在'五四'前，新文化运动已经兴起，《新青年》举起了民主与科学两面大旗，提倡白话文，向封建礼教和封建文化进行冲击，这对我确实起到了启蒙和思想解放的作用。"①

从1918年起，胡愈之在《东方杂志》里发表更多的文稿。胡愈之自小用"胡学愚"这个学名。"胡愈之"是他在1918年起才使用的笔名，以后他在社会上也逐渐用惯了胡愈之这个新的名字。这名字的起用可能同他对当年大名鼎鼎的学者胡适之不满有关，因为"适之"只反映了进化论观点，而"愈之"就有了革命的观点。胡适之在1917年1月在《新青年》杂志上发表《文学改良刍议》一文，开始显露头角，1918年已成为新文化运动中的名人。②

第一次世界大战期间。胡愈之经常在《东方杂志》上发表文章，除用"胡愈之"这笔名以外，还用罗罗、说难、化鲁等比较生僻的笔名。这时他的注意力主要落在国际问题上，他逐渐成为国内少有的国际时事的观察家，成为广大读者认识世界形势的指导者了。

---

① 胡愈之. 我的回忆[M]. 江苏人民出版社，1990.

② 王永均，刘建皋. 中国现代史人物传[M]. 四川人民出版社，1986.

兴趣的转变

1919年的“五四”运动在中国历史上起着划时代的作用，它对于思想文化界的影响尤其突出，它几乎像海洋里的浪潮一样奔腾在古老的中国的大地上，冲激着知识界。反帝反封建的口号是在这次运动中响彻全国，民主的科学的要求也在这次运动中反映得更加明确。许许多多敏感的知识分子走向革命。青年胡愈之就是其中的一员。

商务印书馆在开创之初旨在为发展民族工商业服务，它体现了民族资产阶级的愿望。第一次世界大战中，我国民族资产阶级获得了发展的机会，大战之后，更强烈地反映出争取民族独立和政权民主的要求。因此商务的资方也开始支持新文化运动，它所出版的几种大型刊物如《东方杂志》、《妇女杂志》、《学生杂志》、《教育杂志》、《小说月报》等都改用了白话文。1920年《小说月报》由茅盾担任了主编。

“五四”之后，就是这个商务印书馆，1921年出版的图书中有瞿秋白的《新俄国游记》、《赤都心史》，鲁迅的译文《工人绥惠略夫》。1924年还出了李大钊的《史学要论》、张闻天的小说《旅途》。

当时中国的工人阶级的政治觉悟也很快地提高起来了。商务印书馆的工人尤其敏感，在北京爆发“五四”运动的后一天就开始组织起来。6月3日以后运动的中心移到了上海，6月5日到11日，上海举行大罢工，商务印书馆的工人都参加了。胡愈之作为编译所职员的代表,也参加了这次斗争。胡愈之由于写了许多很有影响的文章,已成为小有名气的文化人。他还参加了多方面的社会活动。

在1922年之前,胡愈之与茅盾、郑振铎等交往,也喜爱文艺工作,不仅从事文艺创作,还翻译了一些弱小民族的文学作品。他除了向《东方杂志》、《小说月报》投稿外,还曾协助郑振铎编辑《文学旬刊》。

从1920年开始,他在《东方杂志》上发表过许多评介外国文艺名人的文章,例如:

《托尔斯泰的莎士比亚论》(1920)

《屠格涅夫》(1920)

《梭罗古勃——一个空想的诗人》(1921)

《得诺贝尔奖金的两个文学家》(1921)

《南非女文学家须林娜》(1921)

《英国诗人克欧的百年纪念》(1921)

《新希腊的女诗人》(1921)

《文明之曙光——南非女文学家须林娜的遗著》(1921)

《法国历史画家罗冷斯的逝世》(1921)

《现代英国诗坛的二老》(1921)

《但丁——诗人及其诗》(1921)

《但丁的政治理想》(1921)

《一个十四岁的著名女画家》(1921)

《意大利歌者喀露莎》(1921)

《陀斯妥耶夫斯基的一生》(1921)

《意大利歌剧家的新著》(1921)

《得 1921 年诺贝尔奖金的文学家——安那却尔·佛朗西》(1922)

《俄国音乐家史克里亚客》(1922)

《意大利著名小说家卫尔箍的死》(1922)

《泰戈尔的东北文化联合运动》(1923)

《演剧界巨星莎拉般哈德》(1923)

这段时间内,胡愈之关于文艺的文章并不限于介绍外国文艺界人物,也介绍外国文艺界的思潮与流派。例如:

《近代英国文学概观》(1921)

《克罗泡特金与俄国文学家》(1921)

《亚美尼亚文学》(1921)

《近代德国文学概观》(1921)

《法兰西诗坛的近况》

《俄国的自由诗》(1921)

《法国的儿童小说》(1921)

《布尔什维克下的俄罗斯文学》(1921)

《俄国新文学的一斑》(1922)

《新德意志及其文艺》(1922)

《最近的英国文学》(1922)

《俄国文学与革命》(1922)

胡愈之的这些文章为 20 年代的中国文艺界提供了许多新的信息,对中国文艺界的趋向是很有影响的。当时胡愈之不仅从事文艺创作,也还写过文艺评论,如《近代文学概论》、《文学批评——其意义及方法》、《近代文学上的写实主义》。

他热心于推进中国的文艺事业表现于1920年参与发起和参加文学研究会的活动。他也是主张为人生的艺术的。但是到1922年5月,中国早年的两个新文学团体文学研究会与创造社发生了争论。文学研究会的主将茅盾、郑振铎同创造社的主将郭沫若、成仿吾之间展开了论战。争论的主要问题是艺术有没有目的,讲不讲功利主义。文学研究会的主张是肯定的,它主张为人生的艺术;而创造社的主张是否定的,认为文艺创作是他们天才的自然流露,“如一阵春风吹过地面所生的微波,是无所谓目的”。①

胡愈之对创造社的个人主义的文艺思想不满,他对争论也不以为然,曾在《文学旬刊》上发表《文艺界的联合战线》一文,呼吁团结,可是两派的争论越来越激烈,他对文艺界的这种派别斗争感到十分厌恶。到1923年争论中止了,可是胡愈之同文艺界从此就疏远了。他再也没有像1921~1922年那样热心于评介国外文艺动态,也从此没有再评论国内的文艺问题。这以后只有两次例外。一次是1933年11月,胡愈之在《东方杂志》上写了篇短文《介绍〈子夜〉》。《子夜》是1931~1932年茅盾创作的长篇小说,遭到了一些不公正的批评,胡为茅盾说了几句公道话。另一回是1934年茅盾为生活书店主编《文学》杂志,胡愈之还在编委名单上挂个名。《文学》二卷四期出“弱小民族文学专号”,胡愈之由于过去长时期注意弱小民族的情况,应邀写了篇题为

---

① 茅盾．我走过的道路[M]．人民文学出版社,1981.

《现世界弱小民族及其概况》的文章，文中涉及到一些文艺。文章是用笔名“化鲁”发表的。

胡愈之的兴趣在1923年开始转向新闻工作和国际问题研究，同文学界从此几乎完全脱离了。看来，胡愈之已感到新闻报道和评论的社会效益更明显，更容易直接服务于政治斗争。到1925年“五卅”运动时，他认为连期刊的工作也太迟缓，因而一度就参加了日报的工作。

热心的世界语者

自从1913年通过上海世界语函授班的函授学会了世界语之后，胡愈之就成为世界语运动的热心分子。1914年，他一进商务印书馆编译所工作，就开始利用世界语翻译一些俄国和其他弱小民族的文学作品。1915年他就在上海《时事新报》上发表题为《世界语与世界和平》的文章，他揭露帝国主义为争夺殖民地发动的罪恶战争，主张世界语为人类的和平而斗争。1917年1月他又在《东方杂志》撰写题为《世界语发达之现势》的文章，宣传世界语的优点，推动世界语的普及运动。两年之后，他终于联合一些上海的世界语者索非、陈兆瑛等创立了“上海世界语学会”，并且在距自家住处不远的宝山路三德里设立学会的会所，开办了讲习班和函授班，推广世界语的学习。尽管当年有人把世界语目为“乌托邦主义的人工语言”，他还是乐此不疲，充满信心。1922年6月，上海世界语学会创办了《绿光》杂志，商务的《学生杂志》开设“学习世界语”专栏，胡愈之为两刊写了许多关于学习世界语的文章。他还让世界语学会同世界上不少国家的世界语团体和学者建立了联系。他被“环球世界语会”聘为上海代理员。

1921年10月间，俄国世界语盲人诗人爱罗先珂被日本政府驱逐出境，到了上海，胡愈之从日本世界语者来信中知道了这个消息，就以中国世界语者的身份接待了他。胡还在《民国日报》的副刊《觉悟》上发表题为《介绍盲诗人爱罗先珂》的文章，并为他举行了一次国际音乐会，有中国、日本、朝鲜和苏联的音乐家参加。这次音乐会也扩大了世界语的影响。

以后，胡愈之把爱罗先珂介绍去北京与鲁迅认识，就住在鲁迅的家里。鲁迅又把爱罗先珂介绍到北京大学讲授世界语课程，听课的学生有五六百人。

这期间，胡愈之译出了爱罗先珂写的世界语散文《春日小品》等著作，胡愈之还和鲁迅同时翻译了爱罗先珂的俄罗斯童话作品。鲁迅从日文翻译，胡愈之从世界语翻译。他们俩的译作合成了一本《爱罗先珂童话集》。这书就在胡工作的商务印书馆出版。

早在1912年，蔡元培担任民国临时政府第一任教育总长时，他就下过命令，要全国师范学校把世界语列为选修课。1919年蔡元培任北大校长期间，北大把世界语列为正式课程。1920年世界语者2000人在北大集会，倡导世界语。当时上海也有七所学校开了世界语班。

胡愈之顺应这样的形势，在1922年4月写了一篇题为《世界语在普通教育上的价值及我国学校加入课程的准备》的文章，为学校进行世界语教学出谋划策。

1923年,胡愈之为商务的《东方文库》编了两本书:《国际与运动》和《新兴国》,都是从世界语翻译过来的。

我国的世界语运动也是波浪式前进的,从1914年到1924年之间,世界语运动一度高涨。胡愈之尽力推动,起了巨大的作用。

鲁迅对世界语运动是尽力赞助的。他在1936年8月15日曾写过一篇《答世界社问:中国作家对于世界语的意见》的短文,其中说道:

"我自己确信,我是赞成世界语的。赞成的时间也早得很,怕有二十余年了吧。但理由确很简单,现在回想起来,一是因为可以由此联合世界上的一切人——尤其是被压迫的人们,二是为了自己的本行,以为它可以互相介绍文学;三是因为见了几个世界语家,都超乎口是心非的利己主义者之上。后来没有深思下去了,所以现在的意见不过这一点。我是常常如此的,我说这好,但说不出一大篇它所以好的道理来。然而确然如此,它究竟会证明我的判断并不错。"①

鲁迅在这里所指的"见了几个世界语家"显然包括他的学生和战友胡愈之在内,因为二十多年前,胡愈之就是同鲁迅有往来的一个热心的世界语者。

对故乡的关怀

早在胡愈之少年时期,由于他父亲尽力从事当地的文化教

① 鲁迅.集外集拾遗[M].人民文学出版社,1976:455.

育事业,他深受影响。在他自立之后,他也热烈关心故乡的文教事业,关心故乡人才的培养。故乡毕竟是祖国中他最熟悉的一部分,当胡愈之热心于改造世界的社会活动时,他很自然地尽力于故乡的改造。

"五四"运动之后,新文化蓬勃发展,胡愈之和当时在上海的上虞同乡青年,深感上虞比较闭塞,有必要通过传播媒介,推广和宣传新的文化。他们筹集了一笔经费,在1920年秋由胡愈之和胡仲持兄弟办起一张四开报纸。报纸起名为《上虞声》。麻雀虽小,五脏俱全。报上不仅有上虞人关心的时事消息,也还有有关的评论。报纸在上海编印,印数近二千份,寄到县里由各文化团体和学校分发。它在上虞县的历史上是第一张报纸,它受到了那里知识界的热烈欢迎。但是,当时出报费用不少,他们筹集的经费太少,只出了两期就出不下去了。1924年初,由于胡愈之和在沪上虞青年同乡,同上虞教育界一些先进青年一起成立了"上虞青年协进社",又共同筹款办报,终于使《上虞声》复刊了。

胡愈之仍然是《上虞声》的主办人,他为报纸写了"复刊词"。他写道:

"上虞人向来是只扫自家门前雪,不管他人瓦上霜。上虞向来没有一个公开的舆论机关,向来没有人说过一句公道话儿。有之,则自《上虞声》始。《上虞声》是上虞人的唯一言论机关。

"我们的目的,是想把复活的《上虞声》作为地方舆论的向导,青年同志的机关,社会改革的先锋。

"我们的宗旨便如下列各端:一、反对土豪劣绅的专横;二、反对堕落生活;三、认真办理地方自治;四、整理小学教育;五、提

上虞聲

第三期

民國十三年十月刊行

本期贈閱不取分文

上虞聲復活

參與教育局董事會

雜感

报纸《上虞声》的复刊词

高人民常识；六、改良农民生活；七、结合青年共谋改良地方。”《上虞声》的宗旨反映了胡愈之和他的朋友们反对封建、争取民主自由的思想，确实受到上虞当地知识界的欢迎。胡愈之曾就出版《上虞声》一事表示过自己的态度，他说过：“我们是上虞人，我们对于本乡的事情不能装聋作哑，不能放弃我们对于地方的责任。”他曾为《上虞声》写过一篇题为《毒蛇》的文章，对上虞的土豪劣绅和讼棍进行了无情的斥责。

由于《上虞声》在上虞受读者欢迎，它的刊期由月出一期发展到十天一期，后来为了发行方便，更为了依靠当地力量，报纸迁到上虞编印，而且成了三日一期。这《上虞声》在大革命期间在当地发挥了很重要的作用。

二十年代初，胡愈之关怀家乡的发展，除了出版《上虞声》之外，还尽力支持上虞的教育事业。1922 年 3 月，胡愈之支持陈鹤琴和胡父胡庆皆创办“昌明国民校”。1921 年当地爱国人士经亨颐开办春辉中学时，胡愈之也尽力支持，他曾到该校讲学，与该校著名教师夏丏尊、叶圣陶、朱自清、匡互生等建立了亲密的友谊，开始了多方面的合作。

1924 年，胡愈之继承父亲胡庆皆的遗志，继续资助他父亲资助过的一些学校，还联合在沪同乡农学家吴觉农共同出资创办上虞义务小学，使当地一些因家贫失学的儿童入学。这学校的教员都是“青年协进社”的成员，使学校办得很有生气。胡愈之从上海为学校的教师提供一些进步书刊，因而学校成了上虞当时的一个进步青年的活动中心。

1928 年 3 月 24 日，已在上虞出版的《上虞声》曾发表一段消息，报道胡愈之赴法留学，其中说到胡愈之支持上虞教育事业的概况。说：

“胡君愈之，乡先生光甫待御之孙，敏达庆皆先生之长子，富天才，长新旧文学，尤擅世界语，于民国三年任上海商务印书馆《东方杂志》编辑，到今已十五年。著作宏富，声名籍盛，而性情和蔼，善交重敬，尤为侪辈所推重。虽淡于名利，然于教育文化事业，提倡赞助不遗余力，既与上海同志创世界语函授学校，以嘉惠青年，复与本邑同志创办本报，以改造地方，而(上海)江湾之立达学园，城中之义务校，君均任为董事，以致笔耕收入，半耗于公益。”

胡愈之为改造家乡，在1924年为父亲办丧事上也立意实行移风易俗的创举。他返乡后力排亲戚们的陈见，改革丧仪。当时绍兴的《越铎日报》作了宣扬新风的报道：“议长胡佚民前月去世，于本月10日出殡，其子胡学愚遵其父之遗命，力矫旧习，黜华崇实，僧道师姑旗伞等种种繁礼一概不用，一路唯见挽联飘展，形如长蛇，执拂者绅商学议员各界约百数十人，多佩鲜花排队而行，为此地特倡之举，似可为丧葬从厚者鉴。”上虞地方历来盛行封建礼俗，胡愈之率先改革，表现了1924年间先进分子的革命精神。[①]

① 胡序文．故乡情深——胡愈之与上虞［G］//上虞县政协文史资料：胡愈之纪念集．

第三章
支援《新女性》和开明书店

《新性道德专号》风波

商务印书馆出版的杂志之一《妇女杂志》,1921 年 1 月号起正式由章锡琛主编。鲁迅的兄弟周建人也参与工作。他们都是"五四"新文化运动的积极分子,在刊物上发表有关妇女解放的新观点,受到读者们的欢迎。这都是"五四"反封建斗争中必然的发展。当年鲁迅就写过《我之节烈观》、《我们现在怎样做父亲》、《娜拉走后怎样》等文章,提倡妇女解放。鲁迅的另一弟弟周作人也写过《性心理研究》、《爱的成年》和《结婚的爱》一类介绍国外新的性道德观念的文章。

1925 年 1 月,《妇女杂志》出版了一个《新性道德专号》,发表了当时一批有关性道德争论的文章。章锡琛在专号上发表了《新性道德是什么?》一文,主张性生活必须以爱情为基础。周建人写了《性道德之科学的标准》一文,提了类似的主张。

《妇女杂志》的这个专号引起了商务印书馆内外一些封建思想"卫道士"的非议,还引起一场公开的辩论。据唐弢回忆,这次辩论主要是在章锡琛、周建人同陈百年(大齐)教授之间展开。鲁迅对争论也很重视。唐弢本人认为"章、周两先生在中国将这些议论发得太早"一些,但又很佩服他们敢于在当时环境下公开这样的议论。唐认为章锡琛可称为旧小说里一名善于冲锋陷阵的骁勇的“白袍小将”。①

为章锡琛鸣不平

当时商务印书馆编译所的所长已不是高梦旦,而是由胡适向张元济推荐的王云五。王云五在商务投了一些资,又担任了编译所的头,大权在握,他对《妇女杂志》出《新性道德专号》深为不满,对章锡琛、周建人毫不容情,撤了他们在《妇女杂志》的职务。章被调到国文部当一般编辑。从此《妇女杂志》的内容就发生了突变,它就不再倡导反封建和妇女解放,而提倡“妇容”、“妇德”,怎样喂小孩、做鸡蛋点心之类。章锡琛对此当然非常气愤,胡愈之、郑振铎等作为章的同事和好友,也为此愤愤不平。

胡愈之向章建议,由章另外办一本宣传妇女解放的刊物,同商务的《妇女杂志》唱对台戏,也向商务的保守派反击。办这刊物的钱就是胡愈之和章的几个朋友凑起来的。胡还为刊物做了一些印刷和发行方面的工作。

1926 年 1 月,一本名叫《新女性》的刊物在上海问世了。由于实际负责的主编章锡琛还在商务国文部任职,这本刊物的主编由章的同乡朋友吴觉农具名。吴是个农学家,也是胡愈之的同乡和同学,由于吴留学日本时,不时为章主编的《妇女杂志》投稿,同情刊物的主张,同章成了好朋友。尽管《新女性》由吴觉农

---

① 唐弢. 印象——关于章锡琛先生[J]. 出版史料,1988(1):29.

具名主编，而且出版者的地址写的是“上海三德里 A19 号”——吴觉农的住址，仍然瞒不过商务老板的耳目，他们把章锡琛辞退了。

章锡琛在商务工作了 14 年，领了一笔退职金，就用了来支持《新女性》的出版。他的全部精力用来为刊物的组稿、编辑、校对和发行而工作。胡愈之、吴觉农等朋友继续给予支持。这期间，章锡琛还陆续出版了《妇女问题十讲》、《新性道德讨论集》一类图书，为妇女运动出力。由于章的精心经营，他负责编印的书质量精美，受到读者欢迎，销路不错。

1926 年 7 月，在胡愈之的鼓励之下，章锡琛决心自办一家书店，胡还为书店规划了经营方针和出版计划。因此章就戏称胡为“参谋长”。办书店这个主意也得到郑振铎、钱经宇、孙伏园、吴觉农等的赞同，并帮助他广泛联系。筹备工作进行得很顺利，8 月间就在章锡琛家里挂出招牌，“开明书店”正式诞生了。用“开明”二字作为书店的名称，一说是诗人孙伏园起的，一说是鲁迅向章锡琛建议的。[①]

开明——知识分子办的书店

开明书店开办之后，成为一个生气勃勃的书店，对进步思想的传播起到了巨大的作用。按胡愈之的说法：“中国的出版机关，第一家是商务印书馆，1897 年创办的。那时候正讲维新章

① 吴觉农．怀念老友章锡琛[J]．出版史料，1988(1)：32.

法，商务印书馆的创办顺应了旧民主主义的革命潮流。1912年创办了中华书局，已经到了民国时代。以后还创办了许多书店。但从办杂志开始，靠几个知识分子办起来的书店，开明是第一家。”

章锡琛为了感谢胡愈之，曾送给胡几份开明书店的股票。1940年胡已去内地，胡的亲属因生活无着，把几份股票卖掉了。

章锡琛在1925年“五卅”事件爆发以后，仍同商务印书馆编译所的进步同事茅盾、郑振铎，胡愈之、杨贤江等密切合作，他曾以“妇女问题研究会”代表的名义参加了“上海学术团体对外联合会”，奔走呼号，站在反帝斗争的前列。妇女问题研究会是支持《公理日报》出版的十一个团体之一。

章锡琛为人正直、善良、勇敢，同时又很谦虚，开办开明书店时他就提倡一条办店方针——“不投机，不冒险，正正经经出好书，”“实实在在地为读者服务。”在当时历史条件下，出好书，一要实事求是地宣扬真理与文化知识，有助于人民群众文化素质的提高；二要不听命于当时的反动统治，不为他们所驱使。参加当年开明工作的主要编辑人员，也都是赞同这种实事求是的精神的。

夏衍是上世纪二十年代入党的共产党员，他在留学日本时与吴觉农相识。夏衍1927年由日本回国时，处境很困难，需要解决生计问题。当吴觉农介绍他与章锡琛相识时，吴就十分信任章的政治态度，毫不介意地说出了夏衍的政治面貌。那时正是“四一二”事件之后不久，国民党反动派的刽子手杨虎、陈群在上海杀人如麻的时候，这时章锡琛就毫不介意地给夏衍安排译书的工作，让夏衍翻译德国杰出的马克思主义者倍倍尔的《妇女与社会主义》一书，还介绍夏衍到当时章的朋友匡互生等举办的立达学园去教书。在白色恐怖如此严重的时刻，章敢于支持一个地下党员译出一本宣传共产主义的书，这充分显示了章的巨大勇气。

1929 年 6 月，开明又出版了夏衍翻译的俄国妇女运动先驱柯仑泰的《恋爱与新道德》。

1935 年，还是开明书店，出版了夏衍所译高尔基的小说《母亲》。这时国民党已查禁这本宣传革命的书，但开明书店把夏衍原来用的署名沈端先改为“孙光瑞”，把书名《母亲》改为《母》，重新出版，印了六版，又一次被查禁。

胡愈之在 1926 年，远去法国，但他对新兴的开明书店仍然十分关怀。他在巴黎学习国际法、新闻和马克思主义，抽空还到装订作坊去学习书籍装帧，他把学到的技术，写信传授给开明书店。开明出版的一些新书，从此都比较讲究装帧和版面设计。

当《中学生》的编委

1932 年 2 月，胡愈之从法国回来，尽管他又回商务印书馆，主编《东方杂志》，工作很忙，但他仍然多方支持开明书店。当时开明已经办起了《中学生》杂志，并且确定把中学生作为出书的重点对象。胡愈之就开始为《中学生》杂志撰写时事政治和国际方面的文章，并担任刊物的编委。据了解开明书店历史的叶至善(叶圣陶之子)说，这期间，开明书店和《中学生》杂志的政治态度主要受胡愈之的影响。[①]

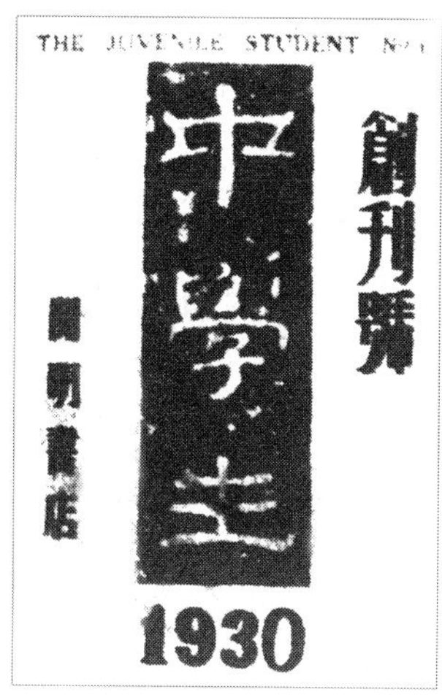

开明书店出版的《中学生》杂志。这是一本向中学生传授综合知识的杂志，叶圣陶为主编。胡愈之担任编委，为杂志撰写过不少时事政治和国际问题方面的文章。

按解放前一直同《中学生》杂志具有很深的关系的历史学家胡绳的说法，《中学生》“既是我的启蒙老师，又曾给我机会，让我为它作了些工作”。他还说：

“全国解放以前，各个时期都有很多青年受过《中学生》的教益，《中学生》给了他们许多着着实实有益的知识。那时《中学生》虽然不是直接鼓吹革命，宣传马克思主义，但是在促进青年思想进步，推动进步文化方面，确实起了积极的作用。”[②]另外，按参与创办开明书店的农学家吴觉农的说法，“胡愈之虽然没有主持开明书店的工作，但他同开明的关系也是很深的”。吴具体地说到：“从开明主要成员的思想来看，大都是有些清高气节、正义感很强的知识分子，大革命之后，国民党反动面目日益暴露，他们对此有一定的认识，从整体来看，开明书店不同任何派别发生关系，不受国民党的支配，不为国民党作宣传，坚持中间偏左的路线。尤其是胡愈之同志对开明同仁

---

① 叶至善．胡愈之先生和开明书店[J]．出版史料，1986(6)：26.

② 中国出版工作者协会．我与开明[M]．中国青年出版社，1985.

有不小的思想影响，‘四一二’事变时，愈老带头起草了致蔡元培等的公开信，在《商报》上发表，对国民党‘四一二’大屠杀表示了愤慨和抗议。签名者如郑振铎、章锡琛、周予同、冯次行和我，都是组成开明的基本成员。”①

尽管在开明的历史上，胡愈之曾经是一个相当重要的角色，但是胡愈之一直很谦逊。在开明书店成立六十年纪念时，胡愈之应邀撰文，一谈到开明，他就说；“我没有在开明书店做过事，也没有写过一本书。不过在开明书店的编辑部里，我有好多老朋友。”②

他说的老朋友是指叶圣陶、夏丏尊，章锡琛、周予同、傅彬然、顾均正等。

---

① 中国出版工作者协会．我与开明[M]．中国青年出版社，1985.

② 中国出版工作者协会．我与开明[M]．中国青年出版社，1985.

第四章

参加“五卅”运动

“五卅”运动爆发

1925年春，由于上海日本的一些纺织厂残酷剥削工人，这些工厂的工人不断开展罢工斗争，要求改善待遇。当时中国共产党和社会主义青年团派出许多党团员，在上海开展工人运动。优秀的共产党员邓中夏就常到沪西工人区进行宣传鼓动工作；上海大学的女学生共产党员杨之华也参加工人的集会，发表讲演，显示出她非凡的活动能力和卓越的组织才能。她也就在这个时期，与同党的领导成员瞿秋白结了婚。[①]

上海日本纺织厂工人2月间的这次罢工，到2月末取得了全面的胜利。上海许多工厂成立了工会。到5月初，日本纺织工业的资本家对工人发起反攻，决定不承认工会，并要求租界工部局和中国军警当局取缔工会，日本资本家还大批开除工会的活动分子。5月15日日本“内外棉”所属第七织布厂厂方借口没有棉纱，拒绝工人进厂做工。工会活动分子顾正红带领工人涌进厂门，这时内外棉厂的副总大班和第七厂的大班带领打手来到现场，七厂大班看到带头的人正是他久已注意的顾正红，就对顾连

① 茅盾．我走过的道路[M]．人民文学出版社，1981．

开四枪，顾正红当即受伤倒地，16日下午顾因伤重不治而光荣牺牲。

顾正红像

顾正红的去世，激起了上海各日本纺织工厂的工人的愤怒，一万多工人全部罢工，并引起了上海许多大中学校学生罢课。5月30日，工人和学生汇合于南京路，游行示威，演讲宣传。南京路老闸捕房出动大批巡捕，进行镇压，逮捕了一些演讲队的人。于是学生和工人都涌到老闸捕房，要求放人。在捕房甬道口，巡捕开了排枪，当时就有十多人死伤。这就是中国历史上记录的“五卅惨案”。

惨案发生当天，中国共产党的一些在上海的领导人陈独秀、蔡和森、李立三、恽代英以及上海地方兼区执委会的负责人罗亦农、王一飞等在闸北开会，决定发动全市的罢市、罢工、罢课运动。又拟定要求：租界必须承认这次屠杀的罪行，负责善后；租界统治权移交上海市民；废除不平等条约，废除帝国主义各国在中国的领事裁判权；撤退驻在中国各地的外国军队。至于行动计划，有立即组织上海总工会，并由上海总工会、全国学生总会和上海学生联合会，上海总商会和上海各马路商界联合会共同组织工商学联合会，作为这次运动的领导中心。

5月31日，上海举行了规模宏大、组织严密的大游行。

6月1日,声势浩大的“三罢”实现了。上海各阶层人民的反帝斗争达到了新的高峰。这一天,工部局宣布戒严,巡捕又在南京路上对赤手空拳的群众连开排枪,死伤群众20余人。

6月2日,英捕又在东新桥开枪打死2人,在虹口打死3人。

6月3日,美国水兵又在杨树浦枪杀准备罢工的厨师1人,枪杀在街头演讲的工人2人,学生1人。

6月4日,上海大学、大夏大学等多处大专院校被英军占领。

压迫愈大,反抗更烈。“五卅”运动不仅在上海一地掀起了反帝高潮,北京、天津、汉口、长沙、南京、济南、青岛、杭州、福州、郑州等全国各主要城市都先后举行了声援的示威游行,发动了抵制英货日货的运动。

创办《公理日报》

在上海的“五卅”运动中,商务的工会成了运动的骨干力量。商务编译所的许多职员都成为运动中的积极分子。沈雁冰(茅盾)参加了几次南京路的示威游行。他和周越然、丁晓先、杨贤江等商务同事还联名发起成立上海教职员救国同志会。这个会曾应邀到各学校团体发表讲演。6月中起该会还举行讲演会,分别由同志会成员作专题演说。杨贤江讲了《“五卅”运动和民族革命》、《国民外交》等问题,沈雁冰讲了《“五卅”事件的外交背景》。①

① 茅盾.我走过的道路[M].人民文学出版社,1981.

公理日報

恐怖世界的上海

《公理日报》创刊号

“五卅”事件发生后，上海各报都因受租界工部局的警告，没有据实报道，封锁了所有反帝运动的消息，工部局还出版了一张《诚言报》，专门制造谣言，挑拨劳资之间的团结。在这种情况之下，中国共产党在1925年6月4日出版了《热血日报》，爱国知识分子比较集中的商务印书馆的职工办了《公理日报》。《热血日报》的主编是瞿秋白，《公理日报》名义上由上海学术团体对外联合会主办，主要负责人是郑振铎、王伯祥、叶圣陶和胡愈之。

上海学术团体对外联合会由十一个团体联合组成，它们是少年中国学会、中华学艺社、文学研究会、太平洋杂志社、孤军杂志社、醒狮周报社、上海世界语学会、妇女问题研究会、中国科学

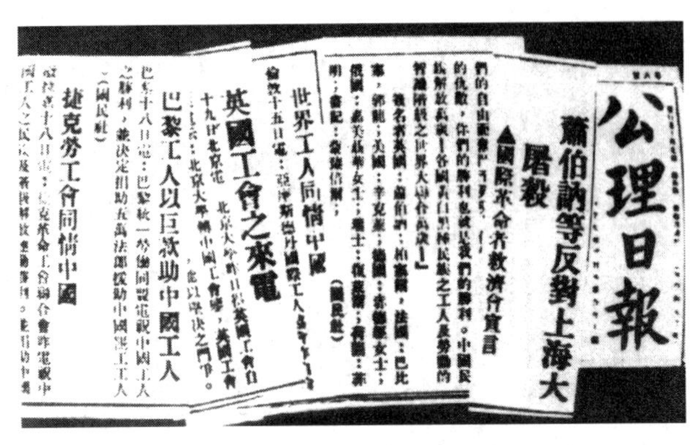

公理日報

蕭伯訥等反對上海大屠殺

國際革命者救濟會宣言

世界工人同情中國

英國工會之來電

巴黎工人以巨款助中國工人

捷克勞工會同情中國

《公理日报》刊登的英国著名作家肖伯纳和世界各国工人阶级声援“五卅”运动的电文

社上海社友会，大部分在政治上都是中间偏左的，还有上海世界语学会和妇女问题研究会这两个左派组织。胡愈之作为世界语学会的代表积极参加《公理日报》的工作。这张报的编辑部就设在郑振铎在宝山路宝兴西里9号的家里。这张报每份定价一个铜板。

《公理日报》当时的政治态度比较激进。它的创刊号刊登过上海学术团体对外联合会的宣言，提出六项为解决“五卅”事件的要求：一、收回全国英租界；二、英政府向中国道歉；三、立刻释放被捕学生；四、要求英政府惩办肇事捕头及巡捕，西捕头爱伏生及其他凶手一律抵偿生命；五、要求抚恤死者；六、要求赔偿伤者损失。

它提出了三个号召：一、全国排斥英货；二、凡在英国私人或机关中服务的中国人一律退出；三、全国不卖任何物品给英国人。

《公理日报》还揭露上海各报不敢报道“五卅”惨案的真相，

特别斥责《申报》、《新闻报》和《时报》的媚外言论，痛斥上海银钱业私下接济外国银行的罪恶行径。

胡愈之主要同新闻界联系，他把那些别的报纸不敢刊登的消息和文稿拿来，由《公理日报》发表。《公理日报》显示了爱国群众拥护的公理，实际成了宣传和指导运动的重要舆论。这张报纸坚持了22天，最后由于入不敷出，用完了资金停刊。（报纸每天印一万五至二万份，印刷费需80元，但卖报收入仅30元）。

关于《公理日报》，叶圣陶的儿子、建国后民主促进会的副主席叶至善写过一篇回忆录《五卅运动中的〈公理日报〉》，文里提到：

> 使我不能忘记的还有《公理日报》。每天上学回家，我得经过郑振铎先生家门前。郑先生住宝兴西里9号，这条弄堂在商务印书馆东边，是一排朝西的两开间的西式楼房。每幢楼房前面有用铁栅和铁门拦着的一块小小的园地。那些日子里，我早晨上学，总看到郑先生家的铁栅和铁门上爬满了报童，重叠好几排，闹嚷嚷的，好像蜂房门口的蜜蜂。一会儿，一叠又一叠的报纸从报童的头上递出来了。报童们分到了报纸就分头开跑，一边跑一边喊："《公理日报》，刚刚出版！《公理日报》，一只铜板！"好像满街都是他们的声音。我羡慕极了。我知道，租界上是不准卖《公理日报》的；谁手里拿着《公理日报》走过北火车站的铁栅栏，就可能被英国巡捕抓去蹲监牢。也许正因为这样，报童们跑得越发快，喊得越发欢，带着示威的劲头。我要是不用上学，很可

能跟他们到北火车站去跑一趟，看看铁栅后面的英国巡捕英国水兵怎样干瞪眼。

还有个使我起劲的原因，我知道《公理日报》是父亲和他的朋友们编的。可是我究竟只有七岁，没有正经看过这份日报，上面印些什么，我也看不懂，更不知道在运动中，这份日报到底起了什么作用。后来进了中学，在国文课上念到父亲写的《五月卅一日急雨中》，以及再往后听到别人谈到那篇散文，我总要想起《公理日报》来。近几年我问父亲，他只记得《公理日报》是商务印书馆编译所的一班朋友编的，郑振铎、沈雁冰、胡愈之诸先生出力最多，当时很受读者欢迎，甚至拥护。

《公理日报》态度激烈，大报不敢说的话，它敢说，大报不敢刊登的消息，它敢刊登，所以一经创刊，声誉就超过了《申报》、《新闻报》、《时事新报》、《时报》等大报。大报都是要赚钱的，又都在租界里，他们得维护买办资本家的利益，对帝国主义的暴行，至多只敢做客观的报道，当然不合已经被激怒的群众的口味。《公理日报》一再发表文章揭露大报那种畏首畏尾的态度，要它们采取鲜明的反英立场，最咄咄逼人的一项是要求各报一致拒绝刊登英货广告，还陆续列表公布英货的商标和英商公司的名称。大报只好装聋作哑，弄得很狼狈。

《公理日报》除了刊登新闻、评论、通讯和读者来函，还有一个战斗性很强的专栏，叫做《社会裁判所》。专栏的标题下面有两段表明宗旨的文字：

我们为整齐步调，惩戒与人异趋的奸细起见，特辟这一栏。裁判官是全体同胞。读者诸君如有所闻见，希望提笔一判，寄给我们，在这里宣布。

但是被裁判的罪人有自己申辩的权利。在这里被提及的，如其不服裁判，尽可来函剖白。只要他有坚强的证据，正当的理由，我们很愿意给他平反。

举个例说，对于这次运动起了很大的破坏作用的是上海总商会。《公理日报》除了发表社论抨击总商会，还在《社会裁判所》中揭露这伙买办阶级的阴险和无耻。

胡愈之先生是极会出主意的。《公理日报》有些做法在当时是非常新鲜的，很可能就是胡先生的主意。我很想去问问他，可是他说，他也记不起来了。[①]

《东方杂志》“五卅”增刊

“五卅”运动期间，胡愈之除了参加《公理日报》的工作以外，还专门组织出版了《东方杂志》“五卅”事件临时增刊。他在增刊中发表了题为《五卅事件纪实》的长文，详细报道了运动的起因和发展过程，指出由“五卅事件而引起的全国民众运动，是中华民族要求独立与生存的大抗争的开始”，是中国人民近百年来反抗帝国主义的新起点。

---

① 叶至善文章载[J]. 出版史料，1982(2)：23.

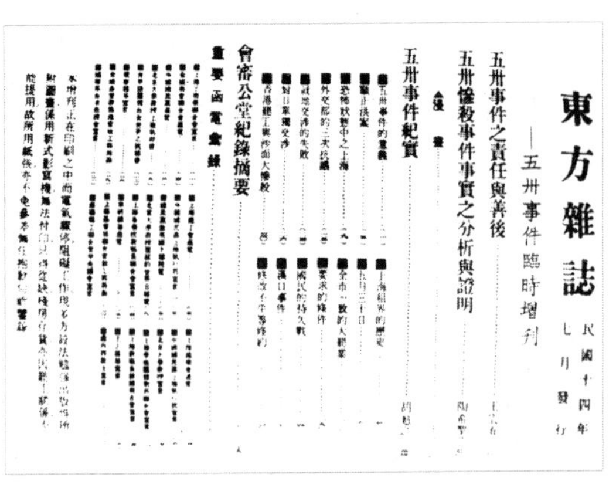
東方雜誌

——五卅事件臨時增刊

民國十四年七月發行

五卅事件之責任與善後

五卅慘殺事件事實之分析與證明

五卅事件紀實

五卅事件的意義

上海租界的歷史

五月三十日

全市一致的大罷業

外交部的三次抗議

要求的條件

國民的持久戰

對日單獨交涉

漢口事件

香港罷工與沙面大慘殺

會審公堂紀錄摘要

重要函電彙錄

胡愈之认为“五卅”运动斗争的目标不能停留于惩凶、赔偿、释放被捕者一类要求上，而应当以“废除外人对我之种种不平等待遇”，即废除帝国主义强加于我国的不平等条约为最终目标。

胡愈之还坚持争取胜利的希望寄托于人民群众斗争的观点。这也比当时梁启超等人主张通过“和平外交”、“友谊的协商”的观点进步。胡愈之当时的《五卅事件纪实》一文就大声疾呼：“我们自然希望当局能够强硬到底，但国民外交却为此次交涉的最大声援，我国民应该继续斗争，始终不懈，才能把垂危的局势挽回来。”

胡愈之的上述论点，同瞿秋白当时在中共机关刊物《响导》上发表文章的观点是一致的。瞿秋白认为“着眼民族的利益，根本要求中国的解放独立，脱离殖民地的地位，才是革命派的主张”。[①] 瞿秋白当时是中共中央执行委员和中央局委员，他同陈

① 秋白．帝国主义五卅屠杀与中国的国民革命[J]．响导(119)．

独秀、蔡和森等一起领导了“五卅”运动。中共当时办的《热血日报》就由瞿任主编。

《东方杂志》“五卅”增刊

胡愈之主编的《“五卅”事件临时增刊》在编辑工作上明显地显示了革命的立场。《增刊》内有一部分是《会审公堂纪录摘要》，它选用了双方辩护律师的辩论。在审讯中，被捕群众作为被告，但被告的辩护词义正辞严，完全暴露了作为原告的巡捕房的强词夺理和蛮横无理。历史的记录表明，帝国主义者屠杀了中国人民，它才是应该判罪的被告。

《增刊》辑录的《重要函电汇录》，也反映了国内外各界对“五卅”运动的积极支援。

《增刊》作为《东方杂志》的“号外”，封面设计也表现了中国人民悲愤的心态。《东方杂志》一贯用三色套印的封面，图案纤巧精美，但是《增刊》采用了单一的黑色，图案是上海高楼大厦的阴影，外加黑框，墨色厚重，透视焦点很低，给人以悲愤、压抑、沉痛的感觉。

《增刊》内刊登的广告也充满爱国思想，每一广告的图案内印着“欲雪国耻必先试用国货”一类字样。

中国新闻史的一位研究者认为《增刊》表现了《东方杂志》编辑人员的爱国立场，也表现了中国民族资本企业的反帝倾向。

这“是它的历史意义之所在”。①

由于《东方杂志》出版了临时增刊，曾引起了租界工部局的不满，对商务印书馆提起刑事诉讼，最后由法院判商务罚款二百元了事。②

在“五卅”运动中，胡愈之第一次积极投身于轰轰烈烈的群众运动，他和大部分商务职工一起参加了游行集会和罢工，同时也是他第一次参加日报工作，对全国的重大事件进行了采访和报道。他为《东方杂志》临时增刊所写《五卅事件纪实》已成为记述“五卅”这场大运动的一个历史文献。

在“五卅”运动中，商务的工会起了巨大的作用，当时商务职工中已经有了中国共产党的秘密组织。沈雁冰、杨贤江等都是十分活跃的党员。陈云当时的名字是廖陈云，他是商务发行所虹口分店的职工，1925 年任商务职工会第一届执行委员会委员长。“五卅”运动之后那年 8 月间，商务职工会曾发动对资方斗争的罢工。廖陈云是领导这次罢工的 15 位临时委员之一，主持过 8 月 23 日商务职工四千人的群众大会。③

胡愈之参加了商务职工的几次经济斗争。中共领导商务职工的这些活动，都使胡愈之受到很深的影响，但他当时还是个激进的民主主义者，同沈雁冰、杨贤江、丁晓先和陈云他们不同，还没有党组织的联系。

---

① 李斯颐．期刊界一份难得的“号外”[G]．中国社会科学院新闻研究所新闻研究资料总第 44 辑．中国社会科学出版社，1988:201.

② 胡愈之．我的回忆[M]．江苏人民出版社，1990.

③ 茅盾．我走过的道路[M]．人民文学出版社，1981.

第五章
“四一二”抗议信

支援工人起义

早在1924年1月,国民党举行第一次全国代表大会时,国民党就同共产党开始了第一次合作,并在广东建立了革命根据地。1926年7月,国民革命军开始北伐,向当时控制华中,华东与华北的直系吴佩孚、奉系张作霖以及自成一派的孙传芳等军阀势力发动进攻。经过不到九个月的征战,军阀部队节节败退。蒋介石担任总司令的各路北伐军已攻抵上海附近。经过1925年"五卅"运动这场反帝斗争,上海的工人斗志昂扬,在共产党的领导之下,已在1926年10月和1927年2月先后两次发动武装起义,都因为准备不足失败。1927年3月,中共中央派周恩来到上海,领导第三次武装起义。当时,随着北伐战争的胜利发展,蒋介石开始显露了反共面目,开始暗害中国共产党,企图把盟友一脚踢开。3月6日他在江西指使部属杀害了赣州总工会委员长共产党员陈赞贤,就是一个征兆。于是3月15日上海地区中共领导人之一罗亦农曾在活动分子大会明白指出,"党在上海必须很自信地去领导革命的民众,积极地向一切反革命势力进攻,建立民众政权。"中共决心领导上海工人武装起义并取得这场斗争的胜利。[1]

为了领导好这次起义,周恩来采取了一系列准备措施,特别是军事力量的准备。

当时上海工人武装力量最强的单位就是商务印书馆、法商电车公司和沪东地区。周恩来曾亲自到这些重点单位检查与布置。黄埔一期毕业生侯镜如曾被派担任起义前工人纠察队的训练工作。周恩来和赵世炎的指挥部就设在宝山路横浜桥南的商务印书馆职工医院内。

周恩来曾亲自动员商务印书馆的工人去参加闸北商会会长组织的保卫团。

商会征募保卫团时,周恩来问商务印书馆的工人:"我们是不是要参加?"

"我们参加保卫团?"有的工人怀疑说,"难道去保卫资本家?"

周哈哈一笑,又问:"我们现在缺什么?"

"缺长枪。"工人说。

"那好,保卫团有枪,又有制服。"周说:"我们打进去,是为了把枪掌握在我们手中。"

经过周恩来这一番启发教育,商务有二十多个工人参加了保卫团,占了保卫团总人数的三分之一。保卫团团员每人有一支长枪,还有三十发子弹,平时还可以把枪放在家里,到执行任务时才带枪出发。以后第三次起义时,这些参加保卫团的商务

---

① 中共中央文献研究室. 周恩来传[M]. 人民出版社,1989.

工人就是利用保卫团的长枪攻打北火车站的重要力量。①

3 月 21 日在北伐军攻抵松江时,周恩来正式下令发动第三次武装起义。这次起义行动在上海其他地区进行得非常顺利,主要的斗争发生在闸北。

当时,商务在闸北宝山路新建的东方图书馆是奉军据守的弹药仓库,起义工人就利用图书馆对面商务印书馆的大楼与敌人对峙。指挥部后来通过喊话劝令东方图书馆的守军投降。指挥部从而就移设东方图书馆。

到第二天下午起义工人最后攻下了北火车站,取得了解放上海的胜利。这是中国革命史上的光辉一页,也是世界工人阶级武装起义史上有数的成功记录之一。

在上海工人第三次起义中,胡愈之参加了支援商务工人起义的斗争。他曾以上海编译出版工会的代表身分,出席过解放后上海的市民大会,选出了上海特别市临时政府。他亲眼看到,工人阶级和人民群众依靠自己的力量,使上海回到人民的手里,心情十分兴奋。

胡愈之曾经在回忆到这段经历时说过:"这个时期,我读了一点马列著作,也结识了一些共产党员,看到了工人阶级的力量,对工人阶级的斗争抱有深刻的同情。但我对国民党仍抱有希望,从我的思想来说,仍然是一个民主主义者。"②

但是,从胡愈之思想发展的进程来看,1927 年继上海第三次

---

① 中共中央文献研究室. 周恩来传[M]. 人民出版社,1989.

② 胡愈之. 我的回忆[M]. 江苏人民出版社,1990.

工人武装起义之后，发生了“四一二”反革命政变，他的思想又发生了迅猛的变化，他对国民党的幻想终于破灭了。

亲睹反动派的血腥暴行

3月下旬，上海回到人民手里的日子非常短暂。蒋介石的黑手不久就使上海陷于新军阀的黑暗统治之下。

3月26日蒋介石就从江西赶到上海，其时听命于蒋的部队已进驻上海部分重要地区。蒋同帝国主义和江浙大资产阶级达成了秘密协议，加紧进行了反共的密谋。4月11日深夜到12日清晨，蓄谋已久的反动派终于下毒手了。

4月12日上海青红帮流氓黄金荣、杜月笙、张啸林指挥下的大批便衣党徒从租界冲出，向设在闸北湖州会馆的上海总工会、设在东方图书馆的工人纠察队总指挥部和商务印书馆印刷所、华商电车公司等处冲锋，然后跟在流氓后面的反革命部队，借“调解工人内讧”之名，用欺骗和武力强迫手段，收缴“双方”枪支。二千七百多名工人纠察队全部被解除武装，工人死伤达三百多人。上海工人和市民悲愤交加，纷纷集会抗议，斥责反动派倒行逆施，要求惩办反动分子。当天下午，闸北五万多工人的游行队伍徒手夺回总工会会所。

第二天，上海二十多万工人举行抗议罢工，并有六万多群众示威游行，行至闸北宝山路，遭到反动军队机枪扫射，牺牲一百多人，伤者无数，当时正下大雨，尸横满街，血流成河。同一天，南市游行工人也遭到反动军队射击，被屠杀十多人，伤几十人。

接着市总工会被取消，市临时政府被查封，市党部、市妇联、市学联等革命团体被接收，大批工人和共产党员被捕杀。在反革命政变后三天之内，仅上海一地，被杀害三百多人，被捕五百多人，五千多人下落不明。

就在4月13日这一天下午，胡愈之在闸北宝山路朋友的住处，曾亲眼见到反动派在宝山路上对工人群众的大屠杀，当时他的心情十分愤慨，当晚他就起草了一封对国民党的抗议信。”

据当时同胡愈之在一起的吴觉农所写回忆文章说：“那天傍晚，我同愈之从章锡琛家出来，心情极度沉重，在走到闸北鸿兴路口，微雨之后，血水向阴沟里流淌，我们的鞋底踏上了血迹。我小声惊呼：‘血！血！’愈之脸色阴沉，一言不发，匆匆走到我家，愈之愤然说：‘没想到他们比北洋军阀还要凶狠。’他向我索取纸笔，我当时是中华农学会的总干事，就给了他农学会的信封信笺，愈之奋笔疾书，写下了一封抗议信……”①

抗议信全文

胡愈之起草的这封抗议信，强烈地表达了胡对蒋介石叛变革命的义愤。信是写给国民党中央委员中的文化界著名人士被称为“三大知识分子”蔡元培、李石曾、吴稚晖的。信的全文如下：

---

① 费孝通等．胡愈之印象记[M]．中国友谊出版公司，1989．

子民、稚晖、石曾先生：

自北伐军攻克江浙，上海市民方自庆幸得从奉鲁土匪军队下解放，不图昨日闸北，竟演空前之屠杀惨剧。受三民主义洗礼之军队，竟向徒手群众轰击，伤毙至百余人。“三一八”案之段祺瑞卫队无此横暴，“五卅”惨案之英国刽子手，无此凶残，而我神圣之革命军人，乃竟忍心出之！此次事变，报纸记载，因有所顾忌，语焉不详。弟等寓居闸北目击其事，敢为先生等述之。

4月13日午后1时半，闸北青云路市民大会散会后，群众排队游行，经由宝山路。当时群众秩序极佳，且杂有妇女童工。工人纠察队于先一日解除武装，足证是日并未携有武器。群众行至鸿兴路口，正欲前进至虬江路，即被鸿兴路口二十六军第二师司令部门前卫兵拦住去路。正在此时，司令部守兵即开放步枪，嗣又用机关枪向密集宝山路之群众，瞄准扫射，历时约十五六分钟，枪弹当有五六百发。群众因大队拥挤，不及退避，伤毙甚众。宝山路一带百余丈之马路，立时变为血海。群众所持青天白日旗，遍染鲜血，弃置满地。据兵士自述，游行群众倒毙路上者五六十人，而兵士则无一伤亡。事后兵士又闯入对面义品里居户，捕得青布短衣之工人，即在路旁枪毙。

以上为昨日午后弟等在宝山路所目睹之实况。弟等愿以人格保证无一字之虚妄。弟等尤愿证明群众在当时并无袭击司令部之意，军队开枪绝非必要，国民革命军为人民之军队，为民族解放自由而奋斗，在吾国革命史上，已有光荣之地位，今乃演此灭绝人道之暴行，实为吾人始料之所不及。革命可以不讲，主义可以不问，若并正义人道而不顾，如此次闸北之屠杀惨剧，则凡一切三民主义、共产主义、无政府主义，甚或帝国主义之信徒，皆当为之痛心。先生等以主持正义人道负一时物望，且又为上海政治分会委员，负上海治安之最高责任，对于日来闸北军队演成之恐怖状态，当不能恝然置之。弟等以为对于此次四一三惨案，目前应有下列之措置：

(1)国民革命军最高军事当局应立即交出对于此次暴行直接负责之官长士兵，组织人民审判委员会加以制裁。

(2)当局应保证以后不向徒手群众开枪，并不干涉集会游行。

(3)在中国国民党统辖下之武装革命同志，应立即宣告，不与屠杀民众之军队合作。

党国大计，纷纭万端，非弟等所愿过问，惟目睹此率兽食人之惨剧，则万难苟安缄默。弟等诚不忍见闸北数十万居民于遭李宝章、毕庶澄残杀之余，复在青天白日旗下，遭革命军队之屠戮，望先生等鉴而谅之。涕泣陈词，顺祝革命成功！

郑振铎、冯次行、章锡琛、胡愈之、
周予同、吴觉农、李石岑同启
四月十四日

胡愈之以外那六个签名者都是胡的好朋友，郑、周、李是商务的主要编辑。冯、章、吴是与开明书店关系较深的文化人，他们都不是共产党人。签名时有些人是亲自签的，有些是胡打电话征求了意见代签的。胡写信的时间实际上是4月14日晚间，写完后当晚投入邮箱寄出，原稿同晚送到上海《商报》，胡的二弟胡仲持在那里当编辑。这封信由《商报》在4月15日发表了。

4月12日以后，蒋介石在上海的刽子手杨虎、陈群（杨为淞沪警备司令，陈为警察局长）继续搜捕和屠杀革命者，上海变成帝国主义和蒋介石血腥统治的世界。工人领袖赵世炎、汪寿华、刘华、陈延年（陈独秀的长子）就在这时先后英勇牺牲了。商务的共产党员廖陈云、杨贤江等也就在这时被迫出走，离开了商务。胡愈之等抗议信的签名者，都随时有被捕杀的危险。抗议信签名的次序是按笔划多少排的，列头名的郑振铎就因为他的亲戚的劝告，不久就逃难到英国去了。胡愈之是发起人，危险自然也不小，在郑振铎的劝说下，在第二年1月去了法国。

周恩来的评价

胡愈之在4月14日正当血雨腥风的白色恐怖情况下，起草这样义正辞严的信，作这样强烈的谴责，并在报上公开发表，无疑是非常勇敢的行为。

据夏衍在1988年所写纪念胡愈之的文章里说："当时，宝山路上的血迹未干，正是白色恐怖笼罩上海的时刻，公开发表这样一封抗议信来揭露蒋介石屠杀革命者的罪行，的确是需要有很大的勇气的。"

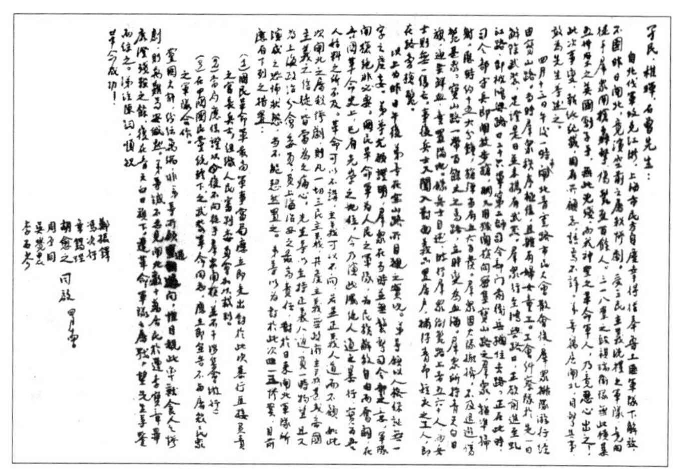

胡愈之等人联署的抗议信

夏衍还说，“记得抗战初期周恩来同志曾和我说过：‘中国知识分子是有勇气、有骨气的，“四一二”事件之后有两件事我一直不会忘记，一是胡愈之、郑振铎他们写的抗议信，二是郭沫若写的《请看今日之蒋介石》，这是中国正直知识分子的大无畏的壮举。’”①

郭沫若的《请看今日之蒋介石》，是3月31日发表在上海的报纸上的。当时郭是国民革命军总司令部政治部副主任，1927年3月被主任邓演达派到上海。郭沫若当时得知蒋显露反革命面目，即撰文痛斥了蒋介石。文中写道：“蒋介石已经不是我们国民革命军的总司令，蒋介石是流氓地痞、土豪劣绅、贪官污吏、卖国军阀，所有一切反动派——反革命势力的中心力量了。”“愿

① 费孝通等．胡愈之印象记[M]．中国友谊出版公司，1989.

我忠实的革命同志,愿我一切革命的民众迅速起来”,“打倒背叛革命、屠杀民众的蒋介石!”夏衍在1927年5月从日本回国后才读到这篇文章。他当时就认为郭沫若已经不只是民族民主革命者,而已经是站在中国共产党的立场上用阶级分析方法来痛击国内外一切反动派的无产阶级革命家了。[①]

胡愈之、郑振铎的抗议信和郭沫若的文章是异曲同工的讨蒋檄文,反映了大革命时期知识分子的政治敏感和勇敢精神。

全国解放后,上海市人民政府从李石曾在上海的住宅里搜到了胡愈之亲笔写的抗议信,这封信现在收藏在上海中国共产党第一次全国代表大会会址纪念馆里。

---

① 会林,绍武. 夏衍传[M]. 中国戏剧出版社,1985:42.

第六章

在欧洲三年

由于“四一二”反革命政变之后七位正直的知识分子联名发表了抗议信，国民党反动当局就蓄意要追究他们。于是，在抗议信上署名在最前面的郑振铎就不得不首先逃亡到了英国。经亲友们的劝告，胡愈之也需要尽快离开。可是他经济上有困难，考虑到当时法国法郎同中国的银价比值低，去法国生活费用比较俭省，他同商务约好，出国后为《东方杂志》写稿，由编辑都开支

1928年1月，胡愈之赴法国留学之前回上虞家乡，和开明书店友人同游白马湖，并在夏丏尊住宅前合影。左起：叶圣陶、胡愈之、章锡琛、贺昌群、周予同、章克标、夏丏尊。

稿费,用以维持在法国的生活。他好容易凑足了旅费,终于在1928年1月逃亡到了巴黎。

在法国留学

胡愈之这时还不懂法语,在巴黎开始时全靠世界语,靠法国的世界语团体给予他各种帮助。胡愈之既懂世界语又懂英语,因此在法国一段时间之后就逐渐学会了法语。他进了巴黎大学国际法学院,学习国际法,继续研究国际问题,这使他对国际问题有关的知识掌握得更加丰富。他还到巴黎的新闻专科学校去听课,学一点新闻学。

其实那时他最主要的还是自学。那时他注意的主要现实问题是资本主义的经济危机,他在法国和他去过的欧洲几个国家,都看到一片萧条景象,生产不足,失业人数增加,经济危机的阴影笼罩着每一个人的心。资本主义的现实,使他产生了学习马克思主义经济学的强烈愿望,他到大学图书馆里去阅读马克思的《资本论》,对《资本论》第一卷尤其下了一番苦功夫。这一番学习使他思想上发生了一个飞跃,由民主主义向社会主义的飞跃。他当时认识了"资本主义已经阻碍社会生产力的发展,社会主义才是资本主义社会的出路"。从此他就有了社会主义的信念,他认为这一点"可算是我在法国留学最大的收获"。①

胡愈之为了学好法语还到瑞士日内瓦去暂住,那里也通用

---

① 胡愈之．我的回忆[M]．江苏人民出版社,1990.

法语，而生活费用比在法国还便宜，而且那里还有一位法语教师是华人。

他在法国注意过书籍装订艺术，抽时间到一些装订作坊去参观访问。巴黎大学附近就有几个装订作坊。有一年暑假，他自己花钱到装订作坊去学艺，花了两个月时间，学会了书籍的精装技术。他们是用摩洛哥出产的皮张制作封面，全部制作过程都是手工的。他学会以后曾把经验写信告诉他在上海帮助创办的开明书店。开明书店作为一个新办的书店，负责人都兢兢业业，颇有创业精神，因此对胡愈之提供的装订技术的信息，也曾十分重视，在出版一些名著时加以运用。

胡愈之在法国交往得最多的是法国的一些世界语者，大都是一些思想觉悟较高的工人，其中有些是法国共产党党员，也有一些无政府主义者。有时他还参加工人世界语小组的学习活动，会上谈论得多的是经济危机中的社会问题。因此他比较深刻地了解了法国的社会真相，特别是工人阶级的生活情况。

胡愈之在法国结识的朋友巴金(李芾甘)

他在法国交往的中国人主要是以前在国内熟识的孙伏园和李石岑。前者是他在绍兴府中学时的同学，一位“五四”时期已经在国内出名的诗人；后者是商务印书馆编译所的同事，也是“四一二”抗议信七位联名者之一，也因逃避迫害来到了法国。

胡愈之在法国遇到了作家巴金。巴金也是一位世界语者，一位爱国的民主主义者，他当时到法国的目的是“向西方找真理”，住在巴黎拉丁区的一家小旅馆里。他曾下工夫钻研过大量十八世纪法国资产阶级革命的历史。在巴黎期间他还翻译小说，并写作了他第一本长篇小说《灭亡》。胡愈之曾帮他把小说介绍到商务印书馆出版的《小说月报》去。巴金也靠国内汇寄的稿费，维持在法国的生活。他在法国时间较短。总共不到两年。

胡愈之还结识了一位叫孟雨的留学生，是早年来法国参加勤工俭学的，后来在法国的一个细菌研究所工作，在当地参加了法国共产党。他介绍胡愈之认识许多法国工人和共产党员。他们之间交往比较多，胡愈之认为自己受他的影响比较大。

为《东方杂志》寄稿

为了履行与商务的《东方杂志》订的君子协定，胡愈之到法国之后在学习之余，他仍然得研究时事，为《东方杂志》写作一些评论和通讯。《东方杂志》采用这些文稿时，在胡的署名上加了“本刊巴黎特约通讯员”名义。

胡愈之根据他在巴黎掌握到的新鲜材料，为《东方杂志》写些评论，谈的主要是欧洲各国，特别是西欧国家的问题。从1928~1931年间《东方杂志》上可以看到，用“愈之”、“胡愈之”和“化鲁”等署名写的许多文章，足以说明，这位被迫出国的留学生依然勤奋地在为祖国人民服务，用国际形势的分析辅导当年最主要的时事刊物的广大读者。

本书笔者在这里抄录一下当年胡愈之为《东方杂志》所写文章的标题，借此反映留学生胡愈之研究时事的认真，涉猎范围的广泛，以及他写作的勤奋。

《巴黎国际戏剧节的两晚》（第 25 卷第 15 期）

《和平的新方案——“战争非法”运动》（第 25 卷第 16 期）

《纸上和平的凯洛公约》（第 25 卷第 17 期）

《教皇的新国与罗马问题的解决》（第 26 卷第 7 期）

《裁军问题与列强之战争准备》（第 26 卷第 12 期）

《英国总选举与工党政治之开始》（第 26 卷第 13 期）

《苏联的陆军》（第 26 卷第 16 期）

《梵蒂冈与中国》（第 26 卷第 16 期）

《海牙会议的前夜》（第 26 卷第 17 期）

《伦敦会议与帝国主义海上势力的消长》（第 27 卷第 3 期）

《欧陆短简》（第 27 卷第 6 期）

《德国选举的经过及其国际的反响》（第 27 卷第 21 期）

《印度革命论》（上）（第 28 卷第 1 期）

《印度革命论》（中）（第 28 卷第 2 期）

《印度革命论》（下）（第 28 卷第 3 期）

《西班牙的革命高潮》（第 28 卷第 3 期）

《芬兰的总统选举》（第 28 卷第 4 期）

《意外相的时局演说》（第 28 卷第 7 期）

《第二国际与政权问题》（第 28 卷第 8 期）

《国际劳工局与失业问题》(第 28 卷第 10 期)

《法兰西总统选举》(第 28 卷第 13 期)

《教皇与棒喝团反目》(第 28 卷第 19 期)

《一年来的国际》(第 28 卷第 24 期)

这里 21 篇文章的总字数共达 17 万多字。胡愈之在欧洲平均一年写了将近 6 万字,一个月 5000 字。在我国历史上旧社会报社派出的专职驻外记者为数是不多的,能像胡愈之那样不断为国内寄国际新闻评论的更是十分罕见的。

朱光潜难忘的印象

胡愈之在巴黎留学期间有一段时间,每月曾花 600 法郎,在拉丁区(大学区)的一家旅馆租了一间很宽大的房间,这在当时中国穷学生中还是很少的。据当年在英法两国留学的朱光潜说。他留学法国时期,借住在一个法国裁缝工人的家里,每月只花房租 300 法郎。但是胡愈之吃得很省,为了节省饭钱,他往往到街头饭摊上站着吃一种"鱼餐"——几条炸小鱼和一些土豆。朱说,胡愈之"在吃的方面极其节省,而使住房宽敞一些,就为了便于上课学习和参加各种社会活动,接待巴黎文化界的各国人士"。

朱光潜当时先后进过爱丁堡大学和伦敦大学,攻读英国文学、心理学、哲学和美术史。由于英法之间渡海交通十分便利,他也曾在巴黎大学进修法语。他同胡愈之早在他任教于上虞春晖中学时熟识。他 1984 年 1 月曾向访问他的记者谈过留学时他同胡愈之的交往和胡给他的深刻印象。他说过：

“我每逢进城上课，都要去看胡愈之。当时和他住在一起的是陈诚的兄弟陈忠恕，此人也很勤奋好学，保持着书生本色，胡愈之待他很好。

“在我的印象中，胡愈之的大衣口袋里经常塞满报刊，大半是国际政治活动动态或是世界语方面的报刊。世界语和国际政治这是他当时最关心的两件事。他在巴黎很活跃，同各国左派留学生接触较多，并且开始研究世界语。胡愈之是在中国最早提倡世界语的，对世界语在中国的发展功劳很大。当时胡愈之和共产党似乎还没有直接关系……

“胡愈之是我生平最敬佩的一位老友，我一直把他看作治学做人的榜样。他年纪比我还大一二岁，身体也比我差，可是工作头绪比我多几倍。他从容不迫地处理着多方面的繁重工作。我每逢想松劲偷懒时，一想到他的榜样，就提高自己的勇气。”①

胡愈之在法国由于积极参加世界语者的活动，他在 1928 到 30 年期间，曾先后到比利时的安特卫普和英国的牛津，参加过国际性的世界语者的会议。这样，他在欧洲到了好几个国家，学习到的东西比较广泛。对于一个中国的国际问题研究者，在欧洲多得到些感性知识，很有好处。

胡愈之在法国的生活全靠国内汇稿费来维持。到 1930 年由于法郎增值，法郎同白银的比值逐渐增加到了 1928 年初的四倍，尽管他的二弟胡仲持和其他亲友也资助他一些钱，他也终于维

---

① 邹士方．名人纪实[M]．沈阳辽宁大学出版社，1988：80～82．

持不下去了。因此,他就不能不离法回国了。

不寻常的采访

《莫斯科印象记》是胡愈之一次不寻常的采访的成果。

1931年的苏联,已是1917年十月革命之后第13年,第一个五年计划已开始执行了两年。由于它是当时第一个社会主义国家,全世界的资本主义国家都一直在反对它、歧视它,对它进行新闻封锁,或者报忧不报喜,或者无中生有,造它的谣,说它的坏话。当时我国国民党政府也列身于反苏国家,没有同苏联建立正常的外交关系。我国读者对苏联是很陌生的。

苏联的社会主义制度究竟怎样,是胡愈之当时很感兴趣的一个问题。他很想回国时途经苏联,看看这个社会主义国家的实际。他早年在国内受"五四"运动的影响,已经是个倾向进步的知识分子,在法国期间,又认真读了马克思主义的著作,了解了资本主义发生危机的本质,他相信世界向社会主义发展的趋势,因此,他一心要亲自到苏联访问。但是,这是他个人的愿望,出版《东方杂志》的商务印书馆没有给他访苏的任务。他在离法之前,曾与苏联驻法国使馆联系,没有得到在苏联逗留的许可,只准他过境。他于是试着写信同莫斯科的世界语者联系,他写信给他们,告诉他们他到莫斯科的日期,希望得到他们的帮助。还没有接到回应,他就搭车出发了。到莫斯科,可以有一天的换车时间,他本想就利用这一天时间认识一下莫斯科。他一下车,就在车站上看到了两位打着绿色星旗(世界语者的旗帜)的妇女，她们是来迎接他的。莫斯科的世界语同志已收到了他的来信。多数世界语者信奉国际主义，都乐意帮助世界语的外国同志。当他们知道他想在苏联参观但还没有得到签证的情况之后，就积极通过交涉，取得了让他在莫斯科停留一周的许可。莫斯科的世界语学会还帮他解决了食宿问题，并安排了一个参观的日程。他终于实现了访问莫斯科的愿望。

胡愈之在莫斯科的七天，是他异常忙碌的七天，从早到晚排满了活动。

1 月 27 日，他经世界语同志帮助向莫斯科苏维埃交涉，得到停留七天的许可后，中午就见到了苏联世界语同盟总书记 D 同志，与 D 同志在记者食堂共进午餐。下午忙于解决住宿问题，住进福金街二号无产者旅行社的招待所，受到同住的旅客们的热烈欢迎。

1 月 28 日，起身较晚，下午再到苏联世界语会总事务所，请他们介绍到苏联对外文化协会访问，在总事务所了解到爱罗先珂的消息，他在乌克兰的一个盲童学校教书，距莫斯科太远，没法去探望了。当晚参加了莫斯科和列宁格勒两市旅馆业劳动者的生产竞赛大会，应邀在主席团就座，还用世界语致了贺词，由陪同 R 同志翻译，受到全场热烈鼓掌。会后参加了宴会和舞会。

1 月 29 日上午，访问苏联对外文化协会总部，遇世界语者 U 同志，应邀到他家午餐。饭后参观莫斯科南郊工人住宅区，还参观了乡苏维埃和两处医院，晚间参观中央电报局，还到附近一家大戏院参加了少年先锋队大会。

1月30日，上午参观共产主义学院，拜会著名的经济学家瓦尔加教授和中国问题专家沃伊金斯基教授，又顺道参观了中央图书馆。午后访问了《文艺新闻》主笔I同志的家。I同志不在，认识了他的夫人和讽刺画家女同志K。

1月31日，参观三山纺织厂，午后参观谷麦托拉斯。

2月1日，参观克里姆林宫，拜谒列宁墓。晚间参加了在福金街联络工人俱乐部举行的家庭妇女苏维埃代表选举会，还参加了莫斯科世界语者为胡愈之举行的招待会，在会上讲了话。

2月2日，上午到职业工会总部访问J同志，同进午餐后，一起去参观阿摩汽车厂，了解工厂的各种设施，参观了工人食堂、工人补习学校、工厂日报编辑部和托儿所等。晚间到莫斯科大戏院观看关于中国革命的舞剧《红花》。

2月2日，参观莫斯科模范小学，到国家银行兑换外币。当晚搭火车离开莫斯科。

胡愈之在短暂的七天之内，参观了工厂、国营农场、商店、学校和托儿所，接触到苏联的工人、农民和知识分子，他觉得这些

胡愈之在苏联与世界语者合影

成人都像大孩子，天真、活泼、和蔼、勇敢。他觉得那里人与人之间的关系发生了根本的变化。他还观看了莫斯科大剧院演出的舞剧。苏联这世界上第一个社会主义国家给了他深刻的印象。

说胡愈之这次采访不寻常，还由于当年很少中国人前往苏联，中国报纸很少派人去苏联采访，报纸上没有关于苏联的忠实报道。1920 年入党以前的杰出作家瞿秋白曾以北京《晨报》特派记者的身份赴苏访问，同期间还有记者俞颂华也以《晨报》特派员身份去过苏联，都写过关于苏联的通讯，但那都是 20 年代早期的情况。这以后有十年时间，苏联发展的情况就没有中国记者如实地采访。而这期间，我国的革命力量中国共产党正在江西"以俄为师"，建立苏维埃，进步人士十分关怀着苏联的进展。因此，相信社会主义的胡愈之在苏联的采访是异常珍贵、异常难得的。

尽管苏联才度过艰难的过渡时期，胡愈之认识到"十月革命却已产生了许多奇迹"，而且使他确信，未来的世界肯定是社会主义的，他对中国发展的前途也从此充满了信心和希望。

2 月初，他怀着十分愉快的心情离开莫斯科，经西伯利亚铁路回到东北。同月末，他回到了上海。那时祖国可正处在最黑暗的时期，国民党政府忙于镇压人民的反抗，"围剿"中国共产党的各个革命根据地。可是前一年年末中国红军已胜利地粉碎了蒋介石的第一次围剿，蒋介石在整个春季正向红军中央根据地发动第二次"围剿"。与此同时，国民党内部矛盾激化，蒋介石将立法院长胡汉民监禁起来，引起了国民党内部的激愤。而民间各界十分忧虑，切盼了解中国的出路何在。

创作《莫斯科印象记》

胡愈之出国三年，不时从欧洲寄回通讯和论文，已在舆论界享有较高的威信，因此他一回上海，商务印书馆聘他回任《东方杂志》编辑工作。由于原主编钱智修年老，并受聘于于右任主持的国民政府监察院，《东方杂志》的主编责任实际上由胡愈之承担了。

与此同时，原在商务印书馆《东方杂志》工作过的樊仲云在上海自办一个新生命书店，还办了一本《社会与教育》杂志。樊是国民党汪精卫一派的人，他为了增加《社会与教育》的吸引力，向胡愈之约稿，胡同樊说明可以写点旅途见闻，主要是莫斯科的见闻，并要求不予删改，樊一口答应。这样胡愈之就写了《莫斯科印象记》，每周在《社会与教育》上发表一段。文章一共六万字。详细记录了胡在莫斯科的七天活动，还讲了自己的感想，从事实到见解都非常新鲜，非常吸引人，大开了关心世界大事的人们、特别是青年人的眼界。

胡愈之讲了社会主义苏联欣欣向荣，社会主义特别对劳动人民有利，是社会发展的必然趋势。这在苦难中的中国，自然是具有很大启示的信息。于是《社会与教育》销路陡增，新生命书店生财有道了。樊仲云决定为《莫斯科印象记》出单行本。1931年8月新书出来，销得很畅快，到1932年10月一共再版了五次。

在出版《莫斯科印象记》的单行本时，作者胡愈之又热情地写了一篇序。序言的开头是这样的：

《莫斯科印象记》1931 年版和 1984 年版

“日本的世界语者秋田雨雀先生于参加十月革命十周纪念游俄归来后写了一本《青年苏维埃俄罗斯》。在那书里，他说：‘知道苏俄的将来的，便知道了全人类的将来。’

“苏维埃联邦正在改造的途程中，它的将来，还没有人能知道。但是单就目前说，十月革命却已产生了许多奇迹。而就我所见，最大的奇迹是人性的发现。

“在莫斯科使我最惊奇的，是我所遇见的许多成人，都是大孩子，天真、友爱、活泼、勇敢。有些人曲解唯物主义，以为苏维埃的生活是冷酷的、机械的、反人性的。我的所见，恰巧是相反。我在那里是一个生客，但是住了一二天，就觉得个个人是可亲的、坦白的、热情的。

“但是想起来这也并不足以惊异。因为苏维埃革命，是以废除掠夺制度、奴隶制度为目的的。掠夺制度一旦废除以后，有手有脑的人，不必再为生活而忧虑；人不必依靠剥削别人或向人求乞而生存;这样成人与孩子间的鸿沟自然是给填平了。"

胡愈之在序言的最后谦逊地说:"我劝告读者,对于本书最好不要有什么大奢望。诚然,现在有许多人,颇想明了苏联的内情。但我这一本小书却不能给他们一个满足。我只是偶然在莫斯科停留了一个星期。除了首都以外,占全世界陆地六分之一的苏维埃联邦,我都没有到过。靠了这一点浅薄的经验,想明了苏联及其空前的革命事业的实迹,那简直是梦想了。"

"要是有人想从我这书中,找出一些观念,或者一些主义。他的失望一定是更大了。"

《印象记》的序是通讯发表之后同年 7 月间写的,在这里作者写下了一些很有理论色彩的语言。例如:"苏维埃联邦正在改造的过程中,它的将来,还没有人知道。但是单就目前说,十月革命已产生了许多奇迹。"

这本书宣传了社会主义的光辉成就,实际上就宣传了拯救中国的新道理,这正是对国民党向共产党当年所传播的革命思想进行污蔑的一个反击。因此后来国民党政府查禁了这本书,但是它已经在海内外广大青年中流传,激起了强大的反响。

读者的反映

著名翻译家戈宝权在 1986 年撰文,回忆《莫斯科印象记》对他的影响:"记得当时我刚从上海大夏大学毕业,进入望平街(现山东路)的《时事新报》工作,曾到报馆斜对面的新生命书店买了这本书,无论是这本书的封面和封里的设计,还是里面附的多幅精美的插图,更不用说正文的生动而有趣的叙述,都非常吸引人。我差不多一口气把它读完。……当1935年初我作为天津《大公报》的记者和上海《新生周刊》、《世界知识》、《申报周刊》的特约通讯员前往莫斯科时,就带着这本《莫斯科印象记》。我按照这本书一一寻访旧地,因为当时莫斯科刚开始进行改建,面貌变化还不大。从那时起,多少年来我都珍藏着这本书,因为它最初使我认识了苏联这个'普罗'之国。"①1984年是他建议一家出版社将这本书再版,作为《现代中国人看世界丛书》之一。

当年鲁迅对《莫斯科印象记》十分赞赏,他在撰写的文章里说道:"这一年内也遇到两部不必用心戒备居然看完了的书,一是胡愈之先生的《莫斯科印象记》,一就是《苏联见闻录》。"②

著名的记者邹韬奋和名律师沈钧儒都在读了《莫斯科印象记》之后才和胡愈之相识的。当时担任《生活》主编的邹韬奋在刊物上发表了他的读后感,对作者胡愈之深为钦佩。他们以后成为胡愈之最亲密的战友,终身的知己。他们在一起创立过辉煌的事业。

著名作家夏衍在80年代所写文章中提到《莫斯科印象记》,说它当年曾轰动了知识界。

直到20世纪90年代,还有文字改革专家周有光怀念胡愈之,说起自己是读了《莫斯科印象记》之后才走上了奋斗的道路。他的文章写道:"读过这本小册子的青年们都受到了电一般的感

---

① 费孝通等. 胡愈之印象记[M]. 中国友谊出版公司,1989.

② 胡愈之. 我的回忆[M]. 江苏人民出版社,1990.

染,在可望而不可即的社会主义理想中,看到了具体的现实。当时作为社会主义革命中心的莫斯科,在胡老的笔下,放射出希望的曙光。这本小册子在许多许多新思想的读物中独放异彩,使一代青年产生强烈的心向往之的情绪。”

另外,作家冯亦代等等许多人在1996年写文章谈自己的经历时提到,胡愈之的《莫斯科印象记》教育了他们,他们确认胡愈之是他们的引路人。

《莫斯科印象记》在1931年发表足以说明胡愈之的政治态度是拥护社会主义制度的。这就引起中国共产党的注意。但是,胡愈之当年还没有被吸收入党。

在胡愈之看来,30年代前期中国共产党的领导是过左的。他在1981年4月悼念茅盾的文章《早年同茅盾在一起的日子里》中曾说过:“武汉大革命失败以后,党中央仍然在上海进行地下工作。当时领导思想仍然是‘左’的,认为革命正在由一个高潮到另一个高潮中间,革命的主要任务是城市和农村的起义,向国民党夺取政权,建立中华苏维埃。”胡愈之认为“中共过左的作风,使党脱离了广大群众”。[1]

---

① 胡愈之. 怀逝者[M]. 生活·读书·新知三联书店,1986.

第七章

呼吁抗日救亡

发表《寇深矣》等文章

1932年2月，胡愈之重新回到商务印书馆，主持《东方杂志》的编辑工作。这个时期，他对国际问题已有更多切实的了解，为刊物写了不少国际评论。他的论见显然比出国以前更加鲜明。早在“五四”时期，他就倾向变革，但政治上还有无政府主义倾向，1921年他宣扬过克鲁泡特金的无政府主义政见和道德观。1923年还赞扬过墨索里尼，视为意大利民族复兴的英雄。“棒喝主义”是墨索里尼搞的一种鼓吹集权的思想，胡愈之当年也曾多次给予赞扬。这说明在出国之前，胡愈之观察国际时事还有唯心主义的观点。但是，当他再次主持《东方杂志》时，他的国际问题评论已明显具有辩证唯物主义的观点，反帝反封建的民族民主革命倾向。

在1931年“九一八”事变之后，他为《东方杂志》写过《寇深矣！》、《日本帝国主义的挑战》一类呼吁抗日救亡的文章。他还为樊仲云主编的《社会与教育》杂志写过题为《尚欲维持中日邦交乎》的文章，他明白指出“‘九一八’事变是庚子联军入京以来最重大的事变。也就是我民族有史以来所受最大的屈辱”。他认为“我国政府已请国际联盟及非战条约签字国干涉援助，但也决不会得到什么结果……决不能有利于我国”。

他于是根据国际法的原则指出，日本帝国主义已经向我们不宣而战，因此，“在目前最必要的紧急外交行动应该是：立即向日本政府送致最后通牒，限期撤退辽吉两省占领军队，如到期仍未撤退，立即宣告对日断绝外交关系”。这样，“即未立即宣战，中日两国已处于交战国地位”，这可引起国际的干涉和援助，可取消日本在华经济政治利益，可维护我民族尊严。

作者还强调，“非取断然措置，便是投降。现在是只有这两条路。”

当时国民党政府的态度是不抵抗主义，蒋介石命令东北军张学良撤退到关内，乞求国际联盟“主持公道”，实际上就是对日妥协投降。胡愈之的文章所提主张代表了广大爱国群众的心意，正好同政府卖国投降的主张针锋相对，因此受到社会上的热烈欢迎。胡愈之由于最早公开提出抗日的主张，他作为爱国的评论家的名声大噪。

与邹韬奋合作

就在这时，主编《生活》周刊的邹韬奋注意到了胡愈之。《生活》周刊于 1925 年由教育家黄炎培主持的中华职业教育社创办，它的宗旨是“传播职业教育的消息”，最初由从美国学银行学回国的王志莘主编，1926 年起由邹韬奋接任主编。邹注意反映职业界青年读者的愿望与要求，逐渐加强了爱国思想的宣传。邹韬奋认为胡愈之是他志同道合的同行。邹由《生活》周刊的同

胡愈之的挚友邹韬奋

事毕云程介绍同胡愈之认识。

据曾在《生活》周刊工作过的邵公文回忆:邹韬奋与胡愈之会面的时间就在“九一八”事变发生后十几天,地点在上海闸北宝山路东方图书馆。韬奋在谈话时提出了一些有关“九一八”事变后国内外形势的问题。两人足足谈了三个小时。韬奋很满意。就在这次谈话中,韬奋向胡愈之约稿。①

胡愈之对韬奋说:“现在办刊物,首先就应该宣传抗日,你要我写文章,我就写抗日的文章。”韬奋表示同意。

这样,胡愈之就为《生活》周刊写了第一篇文章《一年来的国际》,发表于《生活》周刊辛亥革命20周年的专刊上。在这篇文章里,胡愈之指出,“假如我们的推断不错,1931年日本对我国东三省的强暴侵略行为,亦将成为第二次世界大战的序幕”。以后1937年,中国对日本开始全面抗战,1939年希特勒德国进攻波兰,发生了欧洲的战事,这就是第二次世界大战的发展过程,历史的发展完全证实了评论家胡愈之的预言,虽然当时胡愈之还没有加入中国共产党,但他的预见为中国共产党所赞同。毛泽东在1939年9月14日所写《第二次帝国主义战争讲演提纲》中

① 费孝通等. 胡愈之印象记[M]. 中国友谊出版公司,1989.

就说：

“第二次帝国主义战争早已开始了，已经打了好几年了。日本帝国主义侵略中国是从 1931 年开始的，他首先占领了东三省，然后又于 1937 年大规模侵略中国。意大利帝国主义则于 1935 年侵略阿比西尼亚（按：即今埃塞俄比亚）。1936 年德意两国联合侵略西班牙。1938 年德国占领了奥、捷两国……”①

《生活》周刊倾向革命

这以后，邹韬奋就经常约胡愈之为《生活》周刊写稿。胡愈之每周为《生活》周刊撰写国际问题评论，胡每次都以“伏生”为笔名撰文评论新的时事问题，很受读者的欢迎，胡成为《生活》周刊的“专栏作家”。从此主编邹韬奋把胡愈之这位作者当作主要的依靠。此后，胡愈之不仅为《生活》撰写国际问题文章，还用“景观”的笔名撰写了国内问题的政论，例如：《大众利益和政治》、《革命的人生观》、《廉洁论》、《领袖论》等等，他以社会科学的观点阐述当时的热门问题，备受读者的喜爱。

由于胡愈之的国际问题文章阐明了许多观察国际时事的基本观点，有长时间参阅价值，1933 年生活周刊社将它们汇编成书，以《伏生国际论文集》书名出版。

胡愈之的这些文章的连续发表，使《生活》周刊日益变成政

① 北京大学法律系．毛泽东同志国际问题言论选录［M］．世界知识出版社，1959：70．

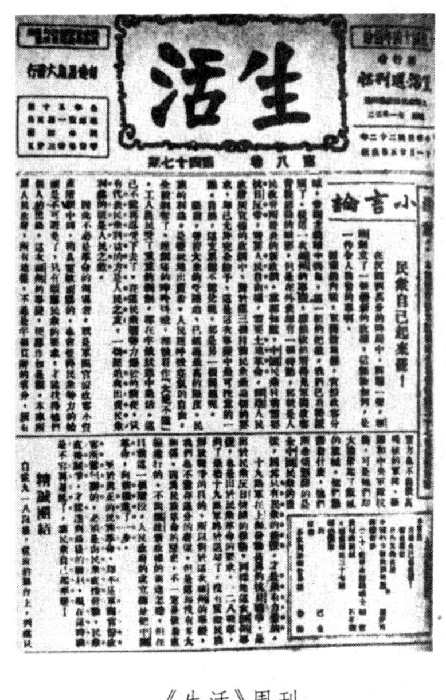
生活

第八卷　第四十七期

小言論

民衆自己起來罷！

《生活》周刊

治性的刊物，与现实政治密切联系起来，从而受到社会上广大关心国事的读者的欢迎。主编邹韬奋显然也赞同胡愈之的政治主张，他们经常在一起商量刊物的选题，考虑组稿的内容，有时还探讨国内外的形势，研究一些政治理论问题。邹和胡愈之在共同的工作中建立了非常亲密的友谊。

据邵公文同志所写《胡愈之与邹韬奋》一文说过：

“那时，韬奋往往自谦说他不懂政治，但是当时客观形势却逼迫他不能不去研究国内外形势。所以自从和胡愈之结识后，谈论政治问题就更多了。他们有一次召开一个座谈会，参加者除胡、邹、毕（云程）、艾（寒松）四人外，还专门约请了一些别的朋友。会上胡愈之提出了三个问题：第一，阶级重于民族，还是民族重于阶级？第二，生产力改变生产关系，还是生产关系改变生产力？第三、为理论而理论还是为行动而理论？大家纷纷发言，讨论很久。这些讨论，促使韬奋的思想进一步改变和《生活》周刊内容向革命的方面前进。”①

邹韬奋诞生于1895年，胡愈之诞生于1896年，他们是同时

① 费孝通等．胡愈之印象记[M]．中国友谊出版公司，1989．

代的知识分子。邹韬奋于1921年毕业于上海圣约翰大学，胡愈之只有初中二年级的学历。但胡从业于商务印书馆的编译所，受五四新文化的影响较早，特别由于在“五卅”的反帝斗争和1927年上海工人武装起义时，胡曾亲身参与，受过革命斗争的洗礼，流亡欧洲时期不仅同法国共产党人往来，而且认真研读过马克思主义的理论，他较早接受了社会主义思想。因此当他和邹韬奋开始往来时，对邹的走向进步和走向革命起到了带头作用。胡愈之和邹韬奋的30年代的战友胡绳曾在纪念胡愈之的文章中说过：“愈之和韬奋的友谊是感人的。……韬奋终于进步到共产主义者的水平，有他自己认识的基础，但愈之对他的帮助是有很大作用的。”

重新主持《东方杂志》

这期间，胡愈之还在商务印书馆工作，可是商务的编辑方针由胡适之的老师亲国民党的王云五把持，因此，《东方杂志》还不可能像《生活》周刊那样明显地宣传抗日和民主。1932年1月28日，日本帝国主义发动了对上海的进攻。闸北是十九路军据守的重点，这里的战火烧毁了商务印书馆的印刷厂和编译所，也烧毁了胡愈之的家。当时胡愈之因病住进了租界内的医院，后来又转移到了故乡上虞。直到5月间才病愈返沪。这时商务暂时停业，胡主要仍帮助邹韬奋编辑《生活》周刊。一直到8月间商务复业，胡又应王云五邀请主编《东方杂志》。当时胡愈之同王云五约定编《东方杂志》采取承包办法，由商务拨给编辑经费，

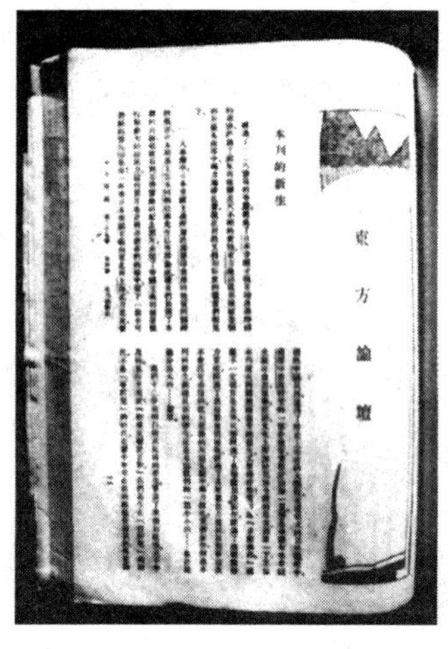

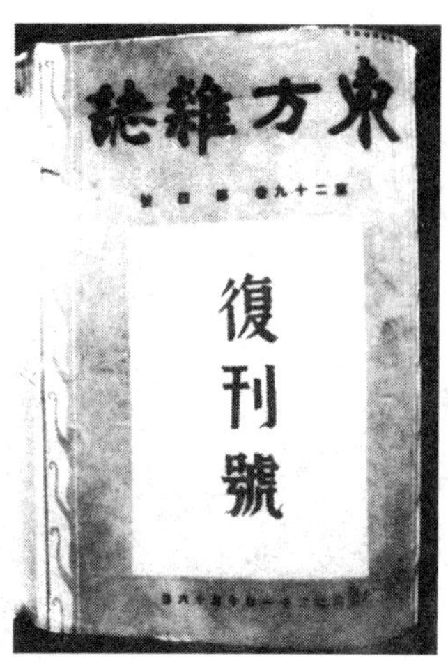

《东方杂志》复刊号及胡愈之为《东方杂志》复刊撰写的《本刊的新生》

由胡自己找房子，请编辑，定内容，商务不加干涉。王云五也表示同意。

1932年10月16日，《东方杂志》复刊了。胡愈之为复刊号写了一个卷头语《本刊的新生》。这篇文章明白表达了胡愈之宣传抗日救亡的主张。文中写道：

“一年来日本帝国主义向东北与上海武力进攻，整个的民族，遭遇了稀有的大牺牲，在这巨大的民族牺牲中，商务印书馆所受的一部分损失，实等于沧海一粟。要是拿历年来帝国主义在政治、军事、经济、文化上所加于民族全体的危害总算一下，那么本刊这次因国难而遭受的损失，又算得什么！常言道：‘多难兴邦’。国难不一定就算是灾害……

“从兵焚后的灰烬和瓦砾中，竭力挣扎，重新振作，创造本刊的新生，创造民族的新生，这是本志复刊的一点小小的——也许是过分夸大的——愿望。

“以文字作分析现实指导现实的工具，以文字作民族斗争社会斗争的利器，我们将以此求本刊的新生，更以此求中国知识者的新生。我们不敢相信一定可以达到我们的标的，但是能做到几分，我们就做几分。”

胡愈之按这样的方针编辑复刊后的《东方杂志》，它的销路大大地增加了。《东方杂志》还团结了十分广泛的作者，许多知名的进步作者都在《东方杂志》上发表文章了。可是《东方杂志》这样的成就，王云五老板是并不满意的。

据茅盾所写《商务印书馆编译所》一文的回忆，1932 年胡愈之接任《东方杂志》主编后颇具革新雄心。他说：

“胡愈之想在商务这个顽固堡垒中辟出一块进步的阵地来，把《东方杂志》办成一个宣传进步思想的刊物。他乘当时民众抗日热情的高涨，在《东方杂志》上大登宣传抗日的文章和揭露帝国主义实质的文章，他又借中苏复交之机，大力介绍苏联的建设成就，甚至出了一期《苏联现状专号》。胡愈之这样做，阻力很大。”

《新年的梦想》事件

1933 年 1 月，《东方杂志》出新年号，胡愈之为它组织了一次以《新年的梦想》为题的征文，他写的征稿信一开头就说：

“在这昏黑的年头，莫说东北三千万人民，在帝国主义的枪刺下活受罪，便是我们整个国家，整个民族也都沦陷在苦海之中。沉闷的空气窒塞住每一个人,在家只是皱眉叹气挨磨自己的生命。先生,你也应该有同样的感觉吧?

“但是我们真的没有出路了吗?我们绝不作如此想。固然!我们对现局不愉快,我们却还有将来。我们诅咒今日,却还有明日。假如白天的现实生活是紧张而闷气的,在这漫长的冬夜里我们至少还可以做一二个甜蜜的舒适的梦。梦是我们所有的神圣权利啊!

“虽然是梦,但如果想到梦是代表‘希望’与未来这一点,就可见不是全然无益的事,它或者竟是能够鼓舞我们前进的勇气的,我们想。

“因此,我们特发起,在1933年的新年,让我们大家来做一回好梦。对于理想的中国、理想的个人生活,各人应该有各人不同的梦。”

征稿信末附了两个问题。一个是“先生梦想中未来的中国是怎样的?(请描写一个轮廓或叙述未来中国的一个方面)。”一个是“先生个人的生活中有什么梦想?(这梦想当然是不一定能实现的。)”

应征的都是知识分子,共142人,据前《东方杂志》编辑张明养的回忆,其中有:柳亚子、徐悲鸿、罗文干、郑振铎、巴金、郁达夫、老舍、叶圣陶、陈翰笙、金仲华、穆藕初、邹韬奋、张君劢、周谷城、陶孟和、俞平伯、何思敬、章乃器、茅盾、顾颉刚、周作人、杨杏佛、洪深、傅东华、马相伯、林语堂、夏丏尊等。[①]

① 费孝通等. 胡愈之印象记[M]. 中国友谊出版公司,1989.

另据《出版史料》1986 年第 3、4 期合刊记载，还有范寿康、韦丛芜、钱君匋、伊罗生、周宪文、李石岑、毕云程、李青崖、顾均正、徐调孚、娄立斋、韦息予（即丁晓先）、艾逖生（即艾寒松）、楼适夷、宋云彬、周予同、吴研因、施蛰存、张锡昌、孙伏园、漆琪生、俞颂华、孙福熙、陈乃乾、冯自由等。

在《东方杂志》的征稿信的鼓励下，不少应征知识分子讲了一些平时没说过的心里话，邹韬奋讲得很直率：

“我所梦想的未来中国，是个共劳共享的平等的社会，所谓‘共劳’，是人人都须为全体民众所需要的生产作一部分劳动，不许有不劳而获的人，不许有一部分榨取另一部分劳力结果的人。所谓‘共享’，是人人在物质方面及精神方面都有平等的享受的机会，不许有不劳而获的人……政府不是统治人民的，却是为全体大众计划、执行及维护全国公共生产及公平支配的总机关。”

杨杏佛于 1932 年 12 月正担任中国民权保障同盟总干事，他写的征文表达了向往社会主义的思想：

“我梦想中的未来中国应当是一个物质与精神并重的大同社会，人们有合理的自由，同时有工作的义务。一切斗争的动机与力量应用在创造与服务方面。物质的享受应普遍而平等。”

鲁迅提出了批评

胡愈之征求知识界人士说梦时，鲁迅没有应征，却在征文发表之后写了一篇杂文《听说梦》。文末注明是 1933 年 1 月 1 日写的。文章发表在《申报》副刊《自由谈》上。当时副刊《自由谈》

由黎烈文主编，所登杂文比较尖锐泼辣。鲁迅对《东方杂志》这次征文有所批评。下面就抄录鲁迅的《听说梦》一文：

做梦，是自由的，说梦就不自由。做梦，是做真梦的，说梦，就难免说谎。

大年初一，新得到一本《东方杂志》新年特大号，临末有《新年的梦想》，问的是"梦想中的未来中国"和"个人生活"，答的有一百四十多人。记者的苦心，我是明白的，想必以为言论不如来说梦，而且与其说所谓真话之假，不如来谈谈梦话之真，我高兴的翻了一下，知道记者先生却大大的失败了。

当我还未得到这本特大号之前，就遇到过一位投稿者，他比我先看见印本，自说他的答案已被资本家删改了，他所说的梦其实并不如此。这可见资本家虽然还没法禁止人们做梦，而说了出来，倘为权力所及，却要干涉的，决不给你自由。这一点，已是记者的大失败。

但我们且不去管这改梦案子，只来看写着的梦境罢，诚如记者所说，来答复的几乎全部是知识分子。首先，是谁也觉得生活不安定，其次，是许多人梦想着将来的好社会，"各尽所能"呀，"大同世界"呀，很有些"越轨"气息了。（末三句是我添的，记者并没有说。）

但他后来就有点"痴"起来，他不知从哪里拾来了一种学说，将一百多个梦分为两大类，说那些梦想好社会的都是"载道"之梦，是"异端"，正宗的梦应该是"言志"的，硬把

“志”弄成一个空洞无物的东西。然而，孔子曰，“盍各言尔志”，而终于赞成曾点者，就因为其“志”合于孔子之“道”的缘故也。

其实是记者的所以为“载道”的梦，那里面少得很。文章是醒着的时候写的，问题又近于“心理测验”，遂致对答者不能不做出各各适宜于目下自己的职业，地位，身分的梦来（已被删改者自然不在此例），即使看去好像怎样“载道”，但为将来的好社会“宣传”的意思，是没有的。所以，虽然梦“大家有饭吃”者有人，梦“无阶级社会”者有人，梦“大同世界”者有人，而很少有人梦见建设这样社会以前的阶级斗争，白色恐怖，轰炸，虐杀，鼻子里灌辣椒水，电刑……倘不梦见这些，好社会是不会来的，无论怎么写得光明，终究是一个梦，空头的梦，说了出来，也无非教人都进这空头的梦境里面去。

然而要实现这“梦”境的人们是有的，他们不是说，而是做，梦着将来，而致力于达到这一种将来的现在。因为有这事实，这才使许多知识分子不能不说好像“载道”的梦，但其实并非“载道”，乃是给“道”载了一下，倘要简洁，应该说是“道载”的。

为什么会给“道载”呢？曰：为目前和将来的吃饭问题而已。

我们还受着旧思想的束缚，一说到吃，就觉得近乎鄙俗。但我毫没有轻视对答者诸公的意思的。《东方杂志》记者在《读后感》里，也曾引佛洛伊特的意见，以为正宗的梦，是“表现各人心底的秘密而不带着社会作用的”。但佛洛伊特以被压抑为梦的根柢——人为什么被压抑的呢？这就和社会制度、习惯之类连结了起来，单是做梦不打紧，一说，一问，一分析，可就不妥当了。记者没有想到这一层，于是就一头撞在资本家的朱笔上。但引“压抑说”来释梦，我想，大家必已经不以为忤了罢。

不过，佛洛伊特恐怕是有几文钱，吃得饱饱的罢，所以没有感到吃饭之难，只注意于性欲。有许多人正和他在同一境遇上，就也轰然的拍起手来。诚然，他也告诉过我们，女儿多爱父亲，儿子多爱母亲，即因为异性的缘故。然而婴孩出生不多久，无论男女，就尖起嘴唇，将头转来转去。莫非它想和异性接吻么？不，谁都知道：是要吃东西！

食欲的根柢，实在比性欲还要深，在目下开口爱人，闭口情书，并不以为肉麻的时候，我们也大可以不必讳言要吃饭。因为是醒着做的梦，所以不免有些不真，因为题目究竟是“梦想”，而且如记者先生所说，我们是“物质的需要远过于精神的追求”了，所以乘着 Censors（也引用佛洛伊特语）的监护好像解除了之际，便公开了一部分。其实也是在“梦中贴标语，喊口号”，不过不是积极的罢了，而且有些也许倒和表面的“标语”正相反。

时代是这么变化，饭碗是这样艰难，想想现在和将来，有些人也只能如此说梦，同是小资产阶级（虽然也有人定我为“封建余孽”或“土著资产阶级”，但我自己姑且定为属于这阶级），很能够彼此心照，然而也无须秘而不宣的。

至于另有些梦为隐士，梦为渔樵，和本相全不相同的名人，其实也只是预感饭碗之脆，而却想将吃饭范围扩大起来，从朝廷而至园林，由洋场及于山泽，比上面说过的那些志向要大得远，不过这里不来多说了。

由于《新年的梦想》征文集中宣扬了鲁迅认为“越轨”的思想，不待鲁迅批评，商务的老板王云五早就兴师问罪了，他找了胡愈之谈话，先说：“有的文章最好不要用，或者改一改。”胡愈之不同意，回答说：“你不是把刊物包给我办的吗？不干涉编辑内容吗？”

王云五就接着说：“那就不包吧。”①

这样，胡愈之在半年承包合同期满后于1933年3月离开了他工作了20年的商务印书馆。

对于这件事，鲁迅说对了，《东方杂志》没有必要搞这样一次“梦”的征文。胡愈之在1986年所写的《我的回忆》中也不无悔悟地说：“《东方杂志》是一个很有影响的刊物，失去这个阵地是可惜的。”“今天回过头来看，当时我们如果做得更策略一些，保持这块阵地，对革命文化工作的发展更有利。”②

1933年3月，胡愈之承包《东方杂志》半年期满，他在该刊第30卷第6期封里刊出了《胡愈之启事》，向读者告别：

“敝人与商务印书馆订约编辑《东方杂志》，至本期止，契约

---

① 胡愈之. 我的回忆[M]. 江苏人民出版社，1990.

② 胡愈之. 我的回忆[M]. 江苏人民出版社，1990.

业已满期。自第三十卷第七号起不再由鄙人负责编辑。此后除抽暇仍当投稿本志外，最近时期内，拟专力写作《国际政治经济地图》及《苏联的现状》二书，此外不担任其他职务，倘蒙赐函，请由上海汉口路申报馆胡仲持君转交。知承友好眷注，并此附闻。”

这以后《东方杂志》改由王云五聘请的李圣五负责编辑，李圣五是投靠汪精卫的国民党文人。《东方杂志》第三十卷第七期第一篇文章就是汪精卫写的。(1938 年汪精卫投降日本后，李圣五就当了南京伪政府的教育部长——作者注)从此有影响《东方杂志》的内容大变。

在哈瓦斯通讯社

胡愈之于脱离商务印书馆之后，不久就参加了法国在上海新开办的哈瓦斯通讯社分社的工作。分社曾在《申报》刊登广告，公开征聘编辑。当时胡愈之的二弟胡仲持在《申报》工作，他知道消息之后，就把胡愈之介绍到哈瓦斯。由于胡愈之既懂英文，又懂法文，还很有新闻工作的经验，通晓世界知识，就立即受聘为中文部编辑，负责翻译电讯，并编成中文电讯稿，向上海各报发稿。他的工作使哈瓦斯社负责人张翼枢十分满意。他们付给胡愈之相当高的工资。哈瓦斯的电讯经过胡愈之编译，各报采用的数量大大超过了其他外国通讯社，哈瓦斯社又给胡愈之加几次薪，最高达到 320 元。由于胡愈之的工作效率高，他每天实际上只工作两个小时，上午 10 时收译电报，编成电讯后 11 时发稿。晚上10时又收发一次，时间也只花一小时。这样，胡愈之就有了很多业余时间从事别的工作。

这时期胡愈之主要在搞两项工作，一是继续同邹韬奋合作，使《生活》周刊成了全国最有影响的刊物，成了抗日救亡运动的号角，而且办起了一个强大的出版机构——生活书店，一个革命的文化堡垒。

二是参加了中国民权保障同盟，为营救受国民党政府逮捕的共产党员和进步人士出力。

这两项活动都具有反对国民党反动统治的巨大政治作用。他所从事的这些活动得到了哈瓦斯负责人张翼枢的多方掩护。据胡愈之回忆，这位张翼枢，湖南人，家境贫寒，年少时就到了越南，在法国人那里当帮工，学会了法语，并得到法国人的信任，回到上海时当了法国人的买办，他还成了上海流氓头子杜月笙手下的人，因而还当上了上海法租界工部局的华人董事，在法租界很有一点势力。他也还有点民族意识，因此当他知道胡愈之从事一些抗日救国的政治活动，他给予一些帮助。他曾对胡愈之说过："我是了解你的，你不是共产党。你不要到公共租界去。在法租界我可以保证你的安全。"他还用他的汽车接送胡上班和回家。胡愈之把张翼枢称为"保护伞"，给他的活动带来不少方便。

胡愈之在哈瓦斯工作了大约四年时间，一直到1937年抗战爆发时才离开。这期间，他介绍了两个人分担他的工作，这两人是费彝民和杨承芳。因而胡有时还能几个月都不上班，从事别的工作。

《生活》周刊独立经营

在胡愈之任职哈瓦斯期间，他以巨大的精力投入到《生活》周刊的工作上。

生活书店旧址

由于《生活》周刊逐渐加强了抗日救亡和反蒋的宣传，终于引起了蒋介石的注意和不满。他找到中华职业教育社的负责人黄炎培，因为《生活》周刊还是职教社的机关刊物。另外黄炎培还是《申报》的董事长，《申报》那时由史量才主办，“一·二八”战争时也宣传抗日。

大约在1932年底前后，黄炎培被找到南京，蒋介石把他痛斥了一顿，要《申报》和《生活》周刊改变态度，拥护国民党，否则就要查封，黄炎培回到上海之后，《申报》就不再宣传抗日。《生活》周刊的负责人邹韬奋和胡愈之商量，决定为了不使黄炎培和职教社为难，《生活》周刊以后同职教社脱离从属关系，成为一个独立刊物。双方曾订了书面协议。《生活》周刊还在报上登载了启事，公开表明脱离与中华职业教育社的关系。

当时《生活》周刊已销到十五万份以上,独立经营的条件已经具备。由于韬奋不愿意当老板,他同胡愈之商量,刊物究竟怎么经营好。胡愈之建议把《生活》周刊改组为生活出版合作社,对外称生活书店,这样既可以出刊物,还可以出书;有了书店,一种刊物被禁,还可以主办第二种。胡愈之帮助韬奋起草了合作社的章程,章程规定了宗旨:“为进步文化出版事业努力。”于是 1932 年 7 月 1 日上海四马路(今福州路)上就办起了一个新型书店——合作社性质的“生活书店”。

生活书店又在胡愈之的创议下,大张旗鼓地出版了许多传播社会科学知识的书籍。1933 年 3 月,书店把胡愈之在 1932 年 6 月至 12 月这半年间以“伏生”笔名所写国际问题论文编辑成《伏生国际论文集》出版。这是胡愈之在生活书店出版的第一本书,韬奋看到广大青年读者对国际时事十分关切,他又约请胡愈之主编了一套《时事问题丛刊》。1933 年当年出了 18 种,其中包括金仲华所著《国际新闻读法》,张明养所著《世界经济会议》等,都很受读者欢迎。以后书店在胡愈之策划下,不但出版了几种很受欢迎的丛书,还出版了许多种很有影响的杂志,先后出版图书 700 多种。生活书店成为反对国民党文化“围剿”的革命文化阵地,不但击败反动的文化“围剿”,而且大量传布了进步思想,培育了无数的革命者,壮大了我国民族民主革命的力量。

生活书店创办以后,事业发展得很快。当时用人不多,在职的都很精干。韬奋本人主持编辑部,艾寒松是他唯一的助手。徐伯昕也是《生活》周刊的老人,长于经营管理,1926 年起主持

《生活》周刊的出版发行工作,成立书店后,他担任经理。当时全店也就二十人不到,但是不仅刊物照常畅销,书籍的出版也兴隆起来。胡愈之参加了不少编辑业务,也参加了新书店经营管理的研究和规划工作,可是他没有在生活书店担任正式职务。

先进的合作社制度

关于《生活出版合作社章程》的意义和作用,生活书店的一个社员严长衍曾在一篇回忆文章中作过回顾。文章肯定这个《社章》为促进进步文化事业做出了重大贡献。他说:"《社章》指引我们的事业走上社会主义道路",因为生活书店的体制是按照社会主义原则制订的。"它的目标明确,为服务社会,为大多数民众谋福利,绝不是只谋私利的工具。《社章》规定以职工劳动酬报的一部分为资金,社员是参加工作的职工;企业的体制是劳动群众合作经营的集体所有制,分配原则是各尽所能,按劳取酬。这样一个先进的合作社组织和民主集中制的制度,在当时国民党统治区是绝无仅有的,是非常了不起的。"

他还说,《社章》的合作社原则"使全体社员树立了主人翁之感,热爱整个事业,增强了集体责任的重要性"。

文章最后说,"生活书店的职工大多数都具有一定的政治认识,他们朝气蓬勃,斗志昂扬,对工作认真负责,积极肯干,在困难的条件下能始终朝着进步的目标迈进,为人民热忱服务;能在惊涛骇浪中历尽艰险,不被恶势力冲倒,而能坚持下来,并且在事业上取得了巨大的成绩。其中一大批同志,在革命队伍中成为坚强的骨干。这些成就都是同《社章》的优越性分不开的。

“《社章》是缔造生活书店的基本原则,是发展进步文化事业的革命动力。《社章》是我国现代出版史上的珍贵的一页。”①

① 严长衍.现代出版史上的珍贵文献[J].古旧书讯,1981(3):17~21.

第八章

参加中国民权保障同盟

与韬奋结成知己

1933年初，胡愈之同邹韬奋也有了一年多时间的合作，对韬奋逐渐有了较深的认识，他认为韬奋不同于一般的知识分子，而确实是一个坚定而热情的爱国者，而且韬奋嫉恶如仇，勇于同恶势力进行斗争，不愧是个真正的战士。他们成了知心的朋友。

胡愈之曾撰文回忆，他对韬奋的认识发生过很大的转变。他说：

“1931年，从欧洲回到国内时，我是一个悲观论者。

“当时白色恐怖达到最高点。无数的青年们被逮捕，被屠杀。优秀的青年作家遭活埋。进步的书报被查禁。连家中藏一本《马氏文通》都有罪。

“许多‘革命同志’，当我出国之前，都是热血青年，现在都跃而为贵人，摆出一副奴隶总管的样相。我看见一个人道主义者做清党的刽子手。自命为无政府主义者却替独裁者歌功颂德。‘五四’的英雄提倡读经。新时代的知识分子和军阀时代的帮闲文人，并没有两样，所不同的就是更加阴险狡猾的多。

“我对于自己所代表的阶层失望了。知识分子不是给权贵帮闲，就只配当奴隶总管。他永远是背叛人民大众的，是靠了出卖人民大众来肥己的。

“在当时在上海出版的一个小刊物上，我曾写过一篇《知识易主论》。我愤恨。我咒诅我自己的阶层。我觉得使知识分子爱国家民族，比骆驼穿针孔还难。

“但是到了‘九一八’事变以后，我的悲观论开始动摇。而我对于知识分子的观点的改变，则是在我认识了韬奋以后。

“当我最初和韬奋认识的时候，我对韬奋的理解十分不够。我只觉得韬奋是个平常的知识青年。他是天真而热情的，但是他对一般问题的了解不够深刻，就是当时他主编的《生活》周刊的内容也还是带些低级趣味。虽然当时韬奋已在呼喊着抗日救国，收回失地，我以为这是一时的感情冲动，日后他会动摇，会改变他的态度。老实说，当时我对人就没有信心。许多口头说的十分漂亮的知识分子，到头来无恶不作，我不是已见的太多吗？

但是，我和韬奋相识渐久，我对他的观感逐渐不同了。”

胡愈之终于发现韬奋有四个不同于一般知识分子的特点：一、他有一副硬骨头，内心坚强无比。二、他有真正的热情，对国家、对民族、对人类的真正热情。三、从善如流，不断虚心学习。四、嫉恶如仇，决不和恶势力妥协。胡愈之确认韬奋是一个伟大的爱国者，献身于艰苦的文化事业，而至于“乐此不疲”。因而他们成了亲密无间的合作者。①

---

① 胡愈之．伟大的爱国者——邹韬奋[J]．风下，1946－7－20(33)．

应鲁迅的邀约

1932 年末,宋庆龄、蔡元培、鲁迅、杨杏佛等人在上海发起组织一个"中国民权保障同盟",它的宗旨是反对国民党反动派的迫害,援助革命者,争取言论、出版、结社、集会等自由。这个组织同第三国际的"济难会"的活动一致。济难会曾为营救一些国家的政治犯多方呼吁,争取国际上和平民主力量的声援。中国民权保障同盟也进行这样的活动。鲁迅了解到胡愈之和邹韬奋两人都坚持进步,而且在国内外都有名声,特地在 1933 年初邀约他们两人参加同盟的工作。

中国民权保障同盟第一次会就在蔡元培主持的中央研究院的上海分院举行。胡愈之通知邹韬奋同去参加。这次会是同盟

民权保障同盟的部分盟员合影。右起:宋庆龄、黎沛华、胡愈之、鲁迅。

的总会和上海分会的成立会。会上选举宋庆龄为会长，选举蔡元培、鲁迅、杨杏佛、胡愈之、邹韬奋等九人为执行委员，杨杏佛任总干事。

关于民权保障同盟总会的活动，邹韬奋曾有一段回忆写道；

"总会开会时总是和上海分会开联席会议。每次参加者有蔡元培、孙夫人、她的英文秘书史沫特莱女士、鲁迅、林语堂、杨杏佛、胡愈之诸先生，我忝陪末座。每次开会总是由蔡先生主持，因为有西人参加（还有一位是西报记者，忘其名），中文文件每由林先生当场译成英文，译得很恰当。开会时最有趣的是鲁迅先生和胡愈之先生吸纸烟。他们两位吸纸烟都用不着火柴，一根刚完，即有一根接上，继续不断地接下去。"

他还说："杨杏佛先生是总干事，决议案的执行当然偏重在他，他又很热心干事，所以任务的进行很积极。"①

杨杏佛其人

杨杏佛，名铨，江西清江人。杨杏佛是中国民权保障同盟的核心人物，他之所以受到宋庆龄、蔡元培和鲁迅等人的信任是有许多历史渊源的。

1911 年 10 月武昌起义时杨杏佛才 18 岁，就到武昌投身于民主革命，加入同盟会。1912 年 1 月，孙中山在南京就任中华民国临时大总统时，他任总统府秘书处收发组长。同年冬，他被孙

---

① 邹韬奋．韬奋文集第三卷．三联书店，1955：334～335.

杨杏佛像

中山派往美国留学，曾先后在纽约康奈尔大学和哈佛大学攻读机械学和经济学。在美时和同学任鸿隽、赵元任、胡明复等成立中国第一个综合性科学团体——中国科学社，它后来成为我国最大的学会。1918年回国后曾在南京东南大学任教，1924年初到广州，担任孙中山秘书，11月随孙北上。1925年3月，孙逝世后，他被推选为葬事筹备处总干事。

1926年杨杏佛在上海同恽代英、侯绍裘等共产党人发起成立中国济难会，开始营救和接济被捕的共产党员和进步青年。同年7月因为北伐军提供情报，被孙传芳勾结法租界巡捕房逮捕，已被判处死刑，经宋庆龄委托郑毓秀女律师设法营救后获释。1927年，他曾积极参加周恩来、赵世炎、罗亦农等领导的上海工人第三次起义，起义后召开上海市民大会，杨就是十五名主席团的主席之一，成立市府时他任上海市临时政府常委兼土地局局长。“四一二”反革命政变后，他被杨虎扣押，经国民党中央政治委员会委员郭泰祺营救，才被释放。1928年蔡元培主持中央研究院，杨被任为总干事。他们俩都主张学术自由，保护进步学者。1931年7月19日杨杏佛曾在英文《字林西报》上发表了一个题为《共产党现况》的调查报告，比较客观地报道了中国共产党和红军成长和战斗的历史。这篇文章曾引起斯诺等国际友人的浓厚兴趣，促使斯诺想方设法到陕北去采访。[①]

杨杏佛同胡愈之也在中国民权保障同盟成立以前早就相识。胡愈之在1932年末曾特约杨写《新年的梦想》的征文。

营救了陈赓等人

中国民权保障同盟成立以后，实际上继承了中国济难会的工作，它多方了解国民党特务机关抓人和迫害政治犯的情况，向外国记者揭露，或者公开发表宣言，对国民党侵犯人权的罪行提出抗议。当时同民权保障同盟联系得最紧密的外国新闻界人士是史沫特莱和伊罗生（伊罗生 H. R. Issacs，美籍犹太人，1930年毕业于哥伦比亚大学，不久来到中国，在上海《大美晚报》担任记者。1932年伊罗生本人在上海创办《中国论坛》China Forum）。他们把同盟的呼吁传到国外，发表在许多国家的报刊上。国外的一些有声望的正义人士如萧伯纳、爱因斯坦、罗曼·罗兰等就据此进行声援活动。国民党反动派对西方国家有依赖，就怕西方国家的人对它不满，因此有时也不能不有所收敛。

民权保障同盟同时还直接向国民党进行斗争，营救一些知名的中共党员和进步人士。宋庆龄和蔡元培曾多次出面向国民党交涉，要求释放被迫害的政治犯。

---

① 王永均，刘建皋．中国现代史人物传［M］．四川人民出版社，1986．

民权保障同盟的部分盟员合影。右起：宋庆龄、杨杏佛、黎沛华、林语堂、胡愈之。

陈赓是红军重要指挥员，1932 年在红四方面军入川途中受伤，被秘密送到上海治疗。1933 年伤愈出院曾会见鲁迅。在他将归队时，被租界工部局巡捕房逮捕，并引渡给了国民党政府。陈赓被捕之后，中共和民权保障同盟都竭力设法营救。同盟主要通过宋庆龄亲自到南京向蒋介石交涉，蒋介石慑于宋庆龄的威望，又考虑到陈赓是黄埔军校一期学生，还救过蒋本人的命，杀陈赓怕自己手下的黄埔学生将领离心，才同意将陈赓释放了。[①]

民权保障同盟还营救过中共重要党员罗登贤和廖承志。罗登贤曾与苏兆征一起领导过省港大罢工，1927 年 12 月参加领导广州起义，1928 年 7 月当选为中共六届中央委员和中央政治局候补委员，1932 年任中华全国总工会上海执行局书记，1933 年 3 月和当时全国海员总工会党团书记廖承志一起在上海被捕。民

① 蒋洪斌．宋庆龄［M］．江苏人民出版社，1987.

权保障同盟为了营救他们，宋庆龄曾公开发表声明，但蒋介石拒绝释放罗登贤，并在 1933 年 6 月将罗杀害，仅许廖承志保释出狱。[①]

民权保障同盟还保释了 1931 年 7 月在北平被捕的共产党员刘尊棋。刘在狱中从外文报纸上得知民权保障同盟致力于营救政治犯，用英文写信给宋庆龄，宋得信后曾托总干事杨杏佛到北京探监，与刘联系，两人在监狱中曾用英语交谈。事后杨曾对陪同探监的张学良的外交秘书、东北大学代理校长王卓然说过："像刘(尊棋)这样的爱国青年，正是今天国家最需要的，怎么可以关在监牢里呢？务必请你转告少帅(当时人们对张学良的称呼)释放他们吧。"当时张学良是国民党军事委员会北平分会的主任，掌有平津统治的大权。因此最后经张学良下了手令，刘尊棋获得了自由。[②]

中国民权保障同盟还营救了进步人士许德珩等人，对陈独秀、邓中夏、丁玲等重要政治犯，也进行过救援。

杨杏佛遭暗杀之后

由于中国民权保障同盟针对蒋介石种种蔑视人权、无法无天的罪行进行揭露与斗争，蒋介石对同盟的活动恨之切骨，非常恼火，他终于决定采取特务手段，迫使同盟停止活动。他不敢对

---

① 王永均，刘建皋．中国现代史人物传[M]．四川人民出版社，1986.

② 刘尊棋．一次难忘的谈话[N]．文汇报，1983－03－10.

宋庆龄、蔡元培下毒手,就决定先暗杀杨杏佛这位同盟的总干事。

杨杏佛住在上海亚尔培路331号(今陕西南路147号)的一幢小楼内,这里也是中国民权保障同盟的办公处。1933年6月18日,他偕同他14岁的长子杨小佛外出。他们乘坐的敞篷汽车刚刚开出亚尔培路331号大门,就遭到隐蔽在马路两侧四个蓝衣社特务的射击,顿时枪声大作,杨杏佛为掩护儿子,全身伏在杨小佛身上,结果,小佛幸得保全性命,而他自己胸腰两处各中一弹,满身是血。经对面俄籍邻居驾驶汽车把杨杏佛送到近处广慈医院(今瑞金医院)。因杨伤在要害,到医院不久,就气绝身亡。

蒋介石的特务这次在上海租界枪杀杨杏佛,被蒋帮特务们自己欣赏为"杰作",制造了一种恐怖气氛。① 但是中国民权保障同盟的领导人员,依然镇定自若。宋庆龄当天就公开发表声明,揭露国民党反动派进行暗杀的卑鄙行径。蔡元培积极准备杨杏佛身后的丧事,决定由中央研究院举行公祭。

6月20日下午,中央研究院举行公祭仪式时,宋庆龄、鲁迅、邹韬奋、胡愈之、沈钧儒、洪深、刘海粟、黎照寰、伊罗生、叶企荪等一百多人前往吊唁。蔡元培致悼词时不禁失声痛哭。鲁迅也就是这次离家参加杨杏佛丧仪时,他不带回家时用的钥匙,准备在外面像杨杏佛一样遭到暗杀。

当时,国民党蓝衣社特务已经把宋庆龄、蔡元培、鲁迅、茅盾、邹韬奋、胡愈之、王造时等民权保障同盟的主要人物列入黑

① 王林,华平. 名人之死[M]. 新华出版社,1989:246.

名单，要逐个暗害，但是，暗杀杨杏佛已引起国内外强烈的反响，国民党反动派慑于各方的责难，没有进一步进行恐怖活动。

宋庆龄于杨杏佛被害后发表的声明，代表中国民权保障同盟的领导成员说话，特别强调指出："杨杏佛被残酷地杀害了，但是我们并没有被压倒，杨杏佛为同情自由所付的代价，反而使我们更坚决地斗争下去，再接再厉，直到我们达到我们应达到的目的。"①

杨杏佛事件发生之后，中国民权保障同盟的领导人员邹韬奋因主持《生活》周刊，反蒋态度明显，被迫于同年 7 月 14 日秘密出国躲避。邹主持《生活》周刊的工作就移交给了胡愈之。胡一面继续为法国哈瓦斯工作，一面接手了生活书店一摊子的工作。他继续像邹韬奋一样撰写《生活》周刊上的"小言论"，但一律不署名。生活书店为他预备的写字台一直空放着，他的稿子都在家里写好后送到生活书店去。②

---

① 蒋洪斌．宋庆龄[M]．江苏人民出版社，1987.

② 费孝通等．胡愈之印象记[M]．中国友谊出版公司，1989.

第九章

入党的历程

愿望日趋强烈

早在“五四”以前，胡愈之就已经接触到俄国“十月革命”的信息，他在《东方杂志》上对这次人类社会的重大变革作过综合报道，显示他对这场革命的同情；而且他在国内事务的许多方面积极鼓吹改革。他和茅盾一起宣传白话文，他同章锡琛、周建人等一起提倡妇女解放。早在1917年，他就参加推广世界语运动，到20年代，他显然受到世界无产阶级革命思想的影响，热心于报道世界工人运动和被压迫民族的革命斗争。当1924年，1月21日列宁去世时，他在《东方杂志》上曾分别以“化鲁”、“愈之”等笔名，发表介绍列宁的生平、列宁的继承人、列宁的著述、世界各国名人论列宁、列宁与美国总统威尔逊比较等五篇文章，文章都集中登在第21卷第3期上。他对苏联人民的革命事业显示了深厚的同情。当时《东方杂志》在国内已是影响最大的杂志。

到1925年“五卅”运动时，本书在前面已经叙述过，胡愈之不仅是运动的参与者，还是运动的喉舌《公理日报》的编辑人之一。他已投身于这场伟大的革命运动中。

1927年春，上海工人三次武装起义时，他是同革命工人共同战斗的知识界代表之一。同年“四一二”反革命政变时，他更喊出了知识分子一声强烈的怒吼，他是中国共产党十分突出的一个同情者。但是胡愈之当时还不像他在商务的同事茅盾、杨贤江等那样，成为中国共产党的一个成员，成为一个职业革命家。为什么？他在他写的回忆录中曾说过：

“1921 年，中国共产党诞生。我积极支持了工会的斗争，还作为编译所职工工会代表，向资方争取职工的经济利益。党成立后，沈雁冰早期就参加了党的组织，我与他文学研究上虽往来密切，而在政治活动上对他却一无所知。后来随着革命运动的发展，‘商务’的沈雁冰、杨贤江、丁晓先等都弃职参加了革命。我家庭负担重，1924 年我父亲去世，留下上万元的债务，还有两个弟弟要上学，都得靠我这个家里的长子来负担，所以不能弃职。我在大革命兴起后，只同情和支持革命，参加‘商务’内部的职工运动，没有参加政团组织和直接的革命斗争。”“这个时期，我读了一点马列著作，也结识了一些共产党员，看到了工人阶级的力量，对工人阶级的斗争抱有深刻的同情。但我对国民党仍抱有希望，从我的思想来说，仍然是一个民主主义者。”①

可是 1931 年初，胡愈之归国以后，他不仅著书立说，宣传革命思想：写了《莫斯科印象记》，成了一个鼓吹社会主义的宣传家，而且他同中国共产党的党员开始了工作联系，充分表达了他加入中国工人阶级先锋队的热切愿望。

---

① 胡愈之．我的回忆[M]．江苏人民出版社，1990.

担任"语联"书记

胡愈之在法国留学时期已经通过世界语同法国的共产党员往来,他回国以后,同国内的青年世界语者建立了密切的联系。他写作的《莫斯科印象记》给世界语者以巨大的鼓舞,也给世界语运动以有力的推动。

这时文艺作家楼适夷从日本归国,他参加中国左翼作家联盟的活动,编辑左联办的刊物《文艺新闻》,他在旅日期间与叶籁士一起同日本的世界语者有过接触。两人在国内就同胡愈之建立联系,积极倡导世界语。

1931 年 12 月 3 日,他们共同发起成立一个"中国青年世界语者联盟",楼适夷主编的《文艺新闻》在 12 月 14 日出版的一期上发表过有关的消息:

"国内青年世界语者多人,外受国际新兴世界语运动的刺激,内感文化工作的迫切要求,觉得世界语运动已经展开了一个新的时期,同时也只有适应这个新的时期,世界语运动才有它本身存在的意义;因此,发起了一个 CPEU(中文名称为'中国青年世界语者联盟')于本月三日在北四川路新雅茶室举行第一次发起人会,到会者有胡愈之、张明理、乐嘉煊、陈世德、覃净于、适夷等十余人。胡愈之、适夷等相继发言,阐明世界语的新的任务与意义。在会场一致的决议下,规定纲领四条,并产生临时执行委员五人,组织临时执委会,推定胡愈之担任书记,适夷、张明理、包叔元、陈世德分别主持组织、传播、国际通讯、研究等四部。决定目前工作为创设学习班,及开展国际通信、发行杂志。最后推定适夷起草宣言及章程。”

上述消息里提到的张明理即张企程、包叔元即叶籁士,两人以后一直同胡愈之密切合作,推动世界语运动。消息里提到的CPEU的世界语全称是Cina Proleta Esperatista Unio,直译为“中国无产阶级世界语者联盟”,它是中共外围组织“中国左翼文化总同盟”的一个附属团体,与“左翼作家联盟”、“左翼社会科学家联盟”、“左翼戏剧家联盟”、“左翼美术家联盟”等为兄弟组织。因此胡愈之担任了“语联”的书记,工作上已接受了中共的领导,加强了同文化界共产党人的联系。而“语联”的成立,标志着中国世界语运动进入了一个新的阶段。

胡愈之对语联工作的开展起过巨大的作用。当时国民党政府在白区进行文化“围剿”,摧残进步文化事业。“语联”的许多活动只能秘密进行。“语联”工作人员肖聪于1932年7月的一天晚上到左翼美术家联盟所属的春地画会教世界语,突然遭到法国巡捕房密探的袭击,肖聪和当时学世界语的诗人艾青等十三人一起被捕。肖聪因带有一本“语联”的刊物,封面上印有镰刀斧头的图案,就成了他被扣押的“罪证”。当时,胡愈之已同宋庆龄、蔡元培、杨杏佛等酝酿成立“民权保障同盟”,他对肖聪等世界语者被捕,多方奔走营救,曾为他们送书刊食品,支持他们在狱中推广世界语。与此同时上虞有徐懋庸等七位青年世界语者被捕,经胡愈之设法营救,获得自由。

“语联”出版的会刊《世界》(La Mondo),经费困难,曾在刊物上呼吁读者捐款。鲁迅得知后,曾委托胡愈之给刊物转送一笔捐款，这给了《世界》的编者与读者以极大的鼓励。

据1982年叶籁士所写《回忆语联》一文的记载，胡愈之与语联的实际工作人员张企程、乐嘉煊、叶籁士、肖聪等四个人，当年常在上海外滩一家外国人开的邓脱摩饭店碰头，在那里环境清静，便于谈话。叶籁士等向胡愈之汇报语联的工作和世界语运动的情况，胡向四人介绍国际国内形势，并对世界语运动的开展提出他的意见。每次用餐的钱都是胡个人支付的。

1933年春，法国著名进步作家巴比塞受国际进步组织"世界反对帝国主义战争委员会"的委托，准备率领一个调查团到中国来，在上海与该组织的中国代表宋庆龄一起召开一个有各国代表参加的反战大会。巴比塞是世界语的积极支持者。胡愈之及时地在《世界》4月号上发表了《巴比塞与世界语》一文，介绍了巴比塞反对帝国主义的主张，他在文章里还提出了"世界语者要改造世界"的革命口号。文章指出，世界语者不能陷入"乌托邦主义"，而要去帮助世界的改造。他写道：

"很多世界语者，忽略了世界语者改造世界的实际任务，以为世界语本身就是目的，却不必过问一切实际的世界。这样便把世界语运动和现实世界隔离了。这是世界语的乌托邦主义，应该对大战后世界语运动的消沉负大部分责任。真正的世界语者却不能抛弃现实世界。除了文字以外处处要想到怎样用世界语去帮助世界改造，并且亲自参加这改造工作。"

胡愈之参与领导的世界语运动，在三十年代提出了"为中国的自由解放而用世界语"的明确口号，鼓舞中国所有的世界语者投身到中国共产党领导的民族解放斗争中去。

胡愈之对“语联”出版的PEK(即《普罗世界语通讯》)极为重视。这个通讯的宗旨是运用世界语打破帝国主义和国民党的新闻垄断和封锁,传播各国人民革命斗争的消息,以增进全世界人民的团结和互相支援。PEK经常用世界语向国内外报道有关中国苏区工农红军以及中国革命斗争的情况。PEK传到国外,不仅许多国家的世界语报刊转载,像法共机关报《人道报》,德共机关刊《红旗》等,也经常译出后转载。苏联的不少地方报纸和工厂壁报也都译成俄文后转载。日本的“普罗世界语者同盟”的工作人员往往把部分重要稿件译成日文后随时印成传单在工人群众中散发。

这时胡愈之实际上已积极参加了中共的秘密工作,同党组织发生了十分亲密的关系。

同张闻天谈话

1931年秋天,“九一八”事变之前,还是胡愈之的老朋友茅盾了解到胡愈之的心愿,为他联系了当时党中央的领导人张闻天,约胡到茅盾家,与张闻天谈话。

张闻天这时是中共临时中央政治局常委,还兼任着中央宣传部和农民部两部的部长。由于张闻天过去也常给《东方杂志》写稿,因此同胡愈之早就认识。胡愈之途经苏联时,因听说张闻天在苏联,也曾打听过他,结果他在苏联学无线电技术的弟弟回答胡愈之说:“张闻天到外地去了,不在莫斯科。”实际上那时张已经被调回国内工作了。

胡愈之这次同张闻天在茅盾家里见面，胡向张谈了工作，也谈了思想。张闻天显然有意了解胡对党的看法，试探胡对党的态度。[①]

但是，不久发生“九一八”事变，张闻天就没有继续同胡愈之联系。当时已是王明路线在党内占统治地位时期，在发展组织的问题上也显然有“左”的偏向的。当时苏区党内正进行肃反工作，开展反对“AB团”、“社会民主党”、“改组派”的斗争，不少地方出现扩大化的现象，任意捕杀被怀疑的对象，牵连的范围很广，造成大量的冤假错案。处于上海由博古负责的临时中央推行的是比李立三更“左”的错误路线。

毛泽东曾说过一段话，深刻地讽刺当年王明之流的关门主义。他说：

“革命的力量是要纯粹又纯粹，革命的道路是要笔直又笔直。圣经上载了的才是对的。民族资产阶级是全部永世反革命了。对于富农，是一步也退让不得。对于黄色工会，只有同它拼命。如果同蔡廷锴握手的话，那必须在握手的瞬间骂他一句反革命。哪有猫儿不吃油，哪有军阀不是反革命？知识分子只有三天的革命性，招收他们是危险的。因此，结论：关门主义是唯一的法宝，统一战线是机会主义的策略。”[②]

尽管胡愈之已是一个比较熟悉马克思主义的知识分子，他

---

① 胡愈之．我的回忆[M]．江苏人民出版社，1990.

② 毛泽东．论反对日本帝国主义的策略[M]//毛泽东选集第一卷．人民出版社，1991：154～155.

仍然遭到了排斥。

“九一八”事变之后，上海一些研究国际问题的共产党员筹备成立“苏联之友会”，胡愈之因刚发表《莫斯科印象记》也应邀参加。在该会讨论发表一个成立宣言时，胡对这问题发了言，他说：“我们成立苏联之友会，就是要促进政府和苏联恢复邦交，实现联合苏联共同抗日，宣言主要应体现这个精神。”

胡愈之这个意见当场就遭到了反对。反对的人们说，“中国苏维埃政府与苏联联合是没有问题的。现在日本侵占了东北，其根本目的是为了进攻苏联。所以成立苏联之友会的目的，是要号召全国劳动者起来武装保卫苏联。”

“武装保卫苏联”，这是当时党内“左”倾冒险主义的口号，胡愈之是不知道的。胡的意见显然和参加会议的党员们并不一致。这次会议的讨论没有结果就散了。胡愈之怀疑，他的不同的意见，可能是他当年不能很快入党的一个原因。但是，他没有灰心，没有消极，而且还坚持自己的政治主张。当时是1931年冬。

坚持全国团结抗日主张

在1933年2月号《东方杂志》上，胡愈之用“仲逸”的笔名，撰写了题为《寇深矣！》的文章，说明日本帝国主义野心勃勃、霸占了我国东北之后又开始入侵华北，而国民党政府仍热衷于内战，对日步步退让。文章作者激动地呼吁，全民族一切爱国力量团结起来，实现全民族的对日抗战。

胡愈之确信在日寇侵略面前，全国人民包括民族资产阶级都有抗敌的决心。1932年“一·二八”十九路军抗日作战和上海各界积极起来支援是一个有力的证明。他的文章宣传了这样的观点。

胡愈之同年离开商务之后，在哈瓦斯工作期间，更多为《生活》周刊出力，宣传抗日救亡。《生活》周刊上国内问题的评论“小言论”专栏是邹韬奋执笔的，但邹执笔前往往经过同胡愈之、艾寒松等人一起研究，结果每期的内容都着重抗日的宣传。邹韬奋出国之后，由胡愈之执笔的《生活》周刊的“小言论”仍坚持全国团结一致抗日的主张。

当时中国共产党仍在“左”倾机会主义的错误统治之下，王明分子认为，“九一八”后日本主要在向苏联进攻，国民党反动派内部是铁板一块，要国民党抗日是幻想，民族资产阶级是紧跟国民党的，中间阶级正是最危险的敌人。于是上海党组织主办的刊物就有人写文章批判胡愈之的观点。把胡看作是第三党改组派的人物，有的党员在公开发行的小报上甚至谩骂胡是“想到国民党外交部去做官”，“是喝了宋美龄的洗脚水，迷了魂”。

据夏衍在《中华民族的脊梁——胡愈之》一文中回忆，“胡愈之当年并没有被错误的批评所吓倒，他还是不断地发表文章，指出在日本帝国主义的进攻中，民族资本家开始对国民党不满，国民党内部也有‘不愿做奴隶的人’，蔡廷锴、蒋光鼐的十九路军在上海奋起抗战，就证明了这一点，而这一场淞沪战争又得到了上海工商界头面人物的支持，这一切也就说明了当政的国民党也不是铁板一块”。夏衍赞扬胡愈之“在三十年代初期王明路线占上风时期，在进步文化界能有这种实事求是的远见卓识，实在是难能可贵的”。

经受了严重的考验

1932年下半年中国共产党党内已经有人看到“左”倾关门主义的错误。张闻天于1932年11月在中共中央机关刊《斗争》上发表文章，反对“同志中间所存在的非常严重的‘左’的关门主义”。这种关门主义在文艺运动中表现在对第三种人与第三种文学的否认，抛弃了革命的统一战线。[①]

在上海的中国共产党党员中间，有位叫宣侠父的，在杨杏佛被暗杀之后不久，主动找胡愈之谈话，要胡隐蔽起来，把《生活》周刊和生活书店的事业尽最大力量保存下来，避免遭受国民党反动派的破坏。

1933年初，有位以牧师身份作掩护从事地下活动的共产党员张庆孚，通过张志让律师的关系与胡愈之联系。张庆孚长得很胖，熟识的人叫他“张胖子”，他学过经济，担任着左翼社会科学联合会书记，同文化界有广泛联系，胡愈之得知张是党员以后，同他作过几次长谈，表达了入党的愿望。张庆孚就要求胡愈之为党提供情报。当时胡愈之同社会各界的联系比较广泛，他通过邹韬奋和职教社能了解到民族资产阶级的动向；通过与国民党要人孙科相识的张志让能了解到国民党的一些情报；他在

① 张闻天．文艺战线上的关门主义[M]//张闻天选集．人民出版社，1985:8.

保障民权同盟内同不少法学界的人士往来,从而能了解到国民党政府特别是司法界的信息。他的二弟胡仲持一直在《申报》编辑部工作,他从《申报》能听到各种重要信息。因此,他从多方面了解到许多政治情报,向张庆孚报告。当时他充分理解政治情报对中国共产党的重要意义,因此工作情绪很高,心里非常高兴。

1933 年,正是白色恐怖特别猛烈的年代。国民党反动派在发动对中央苏区第四次"围剿"的同时,对国统区的文化"围剿"也跟着加剧。1933 年 4 月 23 日,北平文化界为革命领袖李大钊安葬,有三十多人被捕,几天之内又逮捕了成千青年。著名作家、"左联"七名常委之一共产党员洪灵菲就在这次事件中被害。同年 5 月,上海"社会科学家联盟"的领导成员潘梓年和"左联"作家丁玲同时被捕,作家应修人因拒捕被当场开枪杀害;同年 6 月,杨杏佛被杀。8 月 16 日上海反动当局悍然逮捕了反法西斯代表大会参加者一百五十多人,其中许多人遭到屠杀。

但是,白色恐怖没有削弱胡愈之加入共产党的决心,他依然坚定地、巧妙地为党工作。他坚定不移的决心和艰苦奋斗的精神终于使党组织对他有了深切的了解。1933 年 9 月,张庆孚正式告诉胡愈之,中央组织部已通过决定吸收他入党,作为特别党员,由党中央特科直接领导,不参加基层组织生活,只和张庆孚个人发生单线联系;在公开活动中不以共产党员面目出现。①

为了在严重的白色恐怖之下,保证中共中央的安全,中共中央常委会会议在 1928 年 11 月 14 日决定,成立特别委员会和由

---

① 胡愈之. 我的回忆[M]. 江苏人民出版社,1990.

这个委员会领导的中央特科，负责搜集重要情报，加强党的保卫工作。这个特科曾由李克农负责，由周恩来直接领导。胡愈之归中央特科领导，说明他已经过了严格考验，他是特别忠诚，特别机智与勇敢的共产党员。

胡愈之自从进入社会以后，经过了近二十年的探索与追求，终于加入了工人阶级的先锋队，成为党的一名战士，他曾在回忆录中说过，他的内心是非常激动的。

为同志的牺牲痛哭

胡愈之是个感情丰富的人。1933 年 9 月他入党以后，对党内同志更产生了亲切的感情。1934 年冬的一个星期日，当他收到北平寄来的一份材料，知道参加冯玉祥的抗日同盟军的地下党员吉鸿昌被害的消息时，就不禁失声痛哭，陷入了极度的悲哀之中。材料的内容是这样的：

"吉鸿昌于本月初，在天津法租界被捕，解到国民党第五十一军拘留所。军法官审问时说：'你在张家口组织抗日同盟军，军队里有很多共产党员，你把他们的姓名、地址写下来，免得动刑。'吉鸿昌冷笑一声：'我抗日是为了救中国，做地下工作是为了中国人民求解放，早把生死置之度外，随时准备坐牢，随时准备杀头！用一句刑讯的话想吓唬住我，那是想错了。'大义凛然的话，使法官慌得哑口无言。吉鸿昌随即被押送到北平。何应钦接蒋介石密令：就地处决。11 月 24 日，吉在狱中就义。殉难前，吉用树枝作笔，大地作纸，写下了一首诗：'恨不抗日死，留作今日羞,国破尚如此,我何惜此头!'吉对监刑者说:'给我搬过椅子来,我为抗日而死,死得光明正大,要坐着死,死了也不能倒下。'他像泰山一般稳稳地坐在椅子上……"

胡愈之反复背诵着吉鸿昌那首绝笔诗:

恨不抗日死,
留作今日羞,
国破尚如此,
我何惜此头。

他两眶满含眼泪,突然放声大哭。当时在场是他的两个一起生活的兄弟,胡仲持和胡学恕,还有年轻的同乡进步青年谷斯范,他们也都深为悲痛。谷斯范于五十多年之后,曾在回忆文章中追记过这段往事。[①]

① 谷斯范. 文化巨星的陨落[J]. 新文学史料,1987(2).

第十章

生活书店的扩展

1933年7月，邹韬奋被迫出国，胡愈之承担了《生活》周刊的编辑工作，还多方经营生活书店，使它成为传播进步思想的文化堡垒。

胡愈之为生活书店起草的生活出版合作社章程规定的三原则，大大鼓舞了生活书店职工的积极性。生活书店刚创办时人少事多，编辑、出版、发行、行政事务千头万绪，工作人员公而忘私，往往主动晚间加班，把当天的工作干完。经理工作的主要领导人是徐伯昕。他千方百计地搞好为读者服务，也为书店的兴旺发达作过巨大贡献。当年书店的邮购读者就发展了好几万，这是出版界的一个创举，是以往许多大书店都没有办过的。

创办一系列的刊物

韬奋出国期间，胡愈之主要是为书店延揽人才，充实编辑力量。他的这项工作从创办杂志开始。首先在1933年7月创办了《文学》杂志，参加杂志编委会工作的就有郑振铎、傅东华、茅盾、洪深、陈望道、郁达夫、叶圣陶、徐调孚等，连胡愈之一共九人。这本刊物由于作者阵容强大，发行量很大。

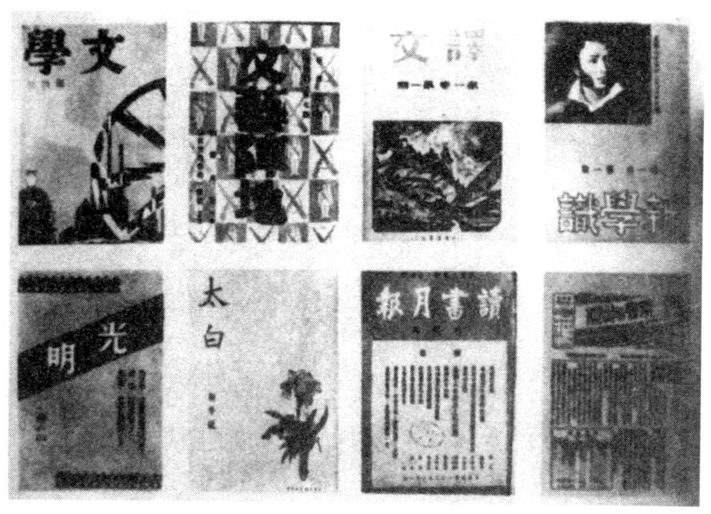

生活书店陆续刊行的部分刊物

接着书店在1934年9月16日创办了《世界知识》。《世界知识》是半月刊。在当年国际风云变幻莫测、国际斗争和各国国内阶级斗争日趋紧张尖锐的形势下,它的创刊是十分及时的。关于这本刊物,本章后面还要详细记述。它是当年胡愈之投入力量较多的一本刊物。

《译文》是由鲁迅、茅盾、黎烈文发起的,着重介绍世界各国进步的文艺作品。鲁迅同意由生活书店发行,也在1934年9月16日出版。

四天之后,9月20日,生活书店又推出由陈望道主编的《太白》半月刊。《太白》是本专登小品文的文艺性刊物,编者除陈望道外,有朱自清、叶绍钧(即叶圣陶)、黎烈文,郑振铎、郁达夫、曹聚仁、傅东华、徐调孚、艾寒松、徐懋庸等。《太白》创刊号上登了胡愈之的一篇文章《怎羊打到方块字》,倡导汉字改革。

1935 年 5 月,由平心、艾寒松主编的《读书与出版》,由生活书店出版。

1935 年 7 月,生活书店又出版了沈兹九主编的《妇女生活》月刊。沈兹九原来在《申报》主编《妇女园地》副刊,宣扬妇女争取解放与参与民族解放斗争的思想。《申报》总经理史量才被暗杀之后,《妇女园地》被迫停刊。她把读者都转移到生活书店来了。这是沈兹九同胡愈之第一次合作。

以后生活书店又出版了陶行知主编的《生活教育》,洪深、沈起予主编的《光明》半月刊。

出版七百多种图书

与此同时,胡愈之又扩大图书出版的工作,聘请了由苏联回国的地下党员张仲实担任总编辑,出版一系列宣传马克思主义的图书。钱亦石、钱俊瑞、沈志远、林默涵等都先后参加了图书编辑的领导工作。

图书部先后出版了《时事问题丛刊》、《学习与研究丛刊》、《黑白丛书》、《青年自学丛书》、《世界学术名著译丛》(都是马列主义著作)、《新中国大学丛书》等,它们不仅传播了科学文化知识,而且教育了广大读者用辩证唯物主义和历史唯物主义的观点认识世界,看清世界的趋势,从而了解中国革命问题的性质,认清中华民族的出路。

生活书店在 1933 年到 1935 年三年之间,图书出版了 700

多种。

按当年生活书店的工作人员胡耐秋的回忆,“胡愈之紧抓编辑工作这三年,正是《生活》周刊和生活书店同国民党反动派已经发生尖锐矛盾的时期,也是革命阵营同国民党反动派之间进行文化‘围剿’和反‘围剿’的时期,斗争虽然很尖锐,但生活书店却在斗争中得到了发展。”胡耐秋称胡愈之为“生活书店的总设计师”、“令人崇敬的纯真无私的无产阶级出版家”。①

关于韬奋出国期间生活书店的工作,韬奋本人回国后曾做过一个总结,他说:

“本店在我出国后,由于诸位同事的努力,在我出国后的第二年间,不但不衰落,而且有着长足的发展。伯昕先生的辛勤支撑,怨劳不辞,诸同事的同心协力,积极工作,愈之先生的热心赞助,策划周详,以及云程、仲实诸先生的加入共同努力,为本店发展史上造成最灿烂的一页。试举其荦荦大端:

(一)杂志种类大增,有《文学》、《世界知识》、《妇女生活》、《太白》、《译文》、《生活教育》等等,都是风行一时,万人争诵,杂志订户亦随着突飞猛进。

(二)本版书大增加。我们最初是以经售外版书为大宗,这时自己也有了编印本版书的计划。

(三)邮购户大增。

(四)创制全国出版物联合广告,首创十大银行免费汇款,以便读者订购书报。

---

① 费孝通等. 胡愈之印象记[M]. 中国友谊出版公司,1989.

(五)同事人数由三十人左右突增至六七十人。

(六)租赁四马路店址。(按,今福州路 384 弄 4 号),并在该屋三楼之上自建四楼。"①

当年四马路是书店街,商务、中华、世界、开明、以至许多国民党开设的书店都设在四马路。四马路寸金田地,能在那里占一席之地,尽管是在胡同里的楼上,也是便于联系读者的宝地。因此,韬奋很自然地把在四马路租到了一个店址也看作是生活书店历史上一个重要的进展。它是生活书店开始具有重要社会地位的又一个标志。

《世界知识》问世

补充说一说,胡愈之创办《世界知识》的情况。

前面已经叙述过,胡愈之早在商务印书馆就受到进步的出版方针的影响,注重引进"西学",从社会科学理论一直到科技知识。胡愈之因爱国心切,特别关心政治,关心世界形势,早在他主持《东方杂志》编务之前,他已经不断评论国际时事。在十月革命之后,他更认真注意并介绍苏联的情况。他相信中国的出路在于"走俄国人的道路"。当他为《生活》周刊写稿时也着重评论国际时事。以后他逐渐感到国际知识有加强传播的需要,因此在生活书店增办《文学》、《太白》一类杂志的同时,他就自然想到加办一本普及国际知识的刊物。《世界知识》由胡愈之在生活

① 钱小柏,雷群明. 韬奋与出版[M]. 学林出版社,1983:19~20.

书店创办是势所必至的事情。

《世界知识》

1933年冬，胡愈之已入党，他参加了地下党员钱俊瑞等主持的“苏联之友社”（即1931年冬胡称之为“苏联之友会”的组织）。据钱俊瑞回忆，那时，有一天晚间，他和这个社的其他一部分成员在一起聚会，商讨怎样开展研究和宣传苏联以及批判资本主义世界的工作，他们就在这次会议上决定了创办一个刊物，当时与会的除胡愈之外有钱俊瑞、金仲华、钱亦石、曹亮、张仲实、沈志远、毕云程、张明养、王纪元、章乃器等十几个人。会后由胡愈之向生活书店建议，得到书店的其他负责人同意，再经过几个月的筹备，他们终于办起了《世界知识》。在生活书店任职的毕云程出面担任主编，但实际上主持编辑工作的是胡愈之。

另据夏衍回忆，当胡愈之筹备出版《世界知识》的时候，胡曾单独向夏说过：“希特勒的纳粹党在德国登台之后，国际形势瞬息万变，现在急需要有一本专门介绍和评论国际局势的杂志，缺乏这方面的知识，就不可能正确地认识当前的形势。”

胡愈之还说，出书和办杂志，首先要考虑到读者的需要和他们的接受水平，一定要心平气和地说理，切不可居高临下地训人。

胡请夏衍为《世界知识》创刊号写文章，夏就用“韦彧”的笔名,写了一篇论美国电影的文章。[①]

响亮的创刊词

胡愈之撰写的《世界知识》创刊辞

《世界知识》这本刊物的发刊词是胡愈之写的,发刊词讲了传播国际知识的意义。文章写得鲜明而生动,是胡愈之宣传国际主义观点的杰作之一。全文转录在这儿也许不是多余的。请一读当年的这篇创刊词:

中国是“世界的中国”了。

假如西藏高原和印度洋中国海的深渊,永远是不可飞越的天然门户,那末一切洋鬼子都给滚出去,让我们关上大门,维持着“光荣的孤立”罢。

但是不能。

假如二千余年前建造的万里长城,还能抵挡近代的进攻武器,教胡骑不敢进窥中原,那么,就算已丢失了东北四省,我们也只好将就些,过着偏安的日子。

① 费孝通等. 胡愈之印象记[M]. 中国友谊出版公司,1989.

可是要将就也不让你将就下去。

假如从我们老祖宗一直用到如今的那一套锄头犁耙，比得上最新式的电耕机和联合机；假如原始的手工业，抵得过机械化的大量生产；假如张天师的灵符，孔夫子的微言大义，能够抵挡这经济侵略的狂潮，挽救这农村没落的命运，那么我们也不妨坐守五千年的家园，读圣贤书，念弥陀佛，做个安分的大平百姓罢。

可是事实显示着，这尤其是一个永不会实现的梦想。

总之，不管我们愿意也罢，不愿意也罢，中国——

中国到底是“世界的中国”了。世界却又是一个什么世界呢？

近代的一大怪物——资本帝国主义——用了本国和殖民地内整千整万平民的血汗和枯骨作基础，建造起一座大厦，这就称作“文明世界”。“文明世界”的外表原是光辉灿烂的，可是内面和底层，却充满了丑恶、肮脏，黑暗和崎岖不平，因此这大厦建造得不到几时，现在却已在整座儿动摇着了。

可不是吗？称为现代的奇迹的科学发明和技术进步，并不能造成“世上乐园”，却产生了战争、掠夺、饥饿和失业。帝国主义百余年来，从本国和殖民地巧取豪夺所积累的无数财富，却变成阻碍肠胃消化的毒素，徒然使战争和屠杀连续地发生，失业队伍一天天扩大，人类休想再过一天安澹的日子。要是单从黑暗的方面来看，20世纪过去了三分之一的今日，比罗马帝国没落期的黑暗时代，并没有相差的多少。

这“文明世界”的大厦，会整座儿坍倒下来吗？那是断没有疑问的。但是在将近坍倒以前，这大厦的主人却必须拼命支撑着，挣扎着。这自然再没有别的办法，只有更多地掠夺，更多地巧取豪夺，更多地用血汗枯骨来动摇着它的基础。因此销货的市场，是感到过分狭隘了；积累的资本是过分膨胀了；殖民地是不够分配了；堆栈里容纳不下的商品，只好抛掷在大洋里，或者付之一炬了。总而言之，世界是非经一度分割不可了。

大战后短时间的稳定和繁荣，早就成为水花泡影。经济、军缩会议相继夭亡。和平公约早成为一撮废纸。日内瓦的和平鸽子，只想在欧洲大陆展开翅膀，却也未必能畅快地飞翔，更谈不到干涉远东和美洲的战争。在百业萧条中，只有兵工厂、飞机厂是在日夜不停地赶造定货。一面各国拼命地扩张军备，一面又在结成军事的经济的国家集团。假定我们不是健忘，那么，都会明白眼前的世界，和二十年前第一次大战爆发的前夜，几乎是相同的。

可是历史到底是在不绝地演进着，而不是循环着的。假如目前的世界和二十年前表面是相同的，实质上却已起了显著的变化。

第一、资本帝国主义以不同的面目来出现了。这近代怪物要想挽回没落的命运，就顾不得表面的一切。民主主义，个人自由，国际协调，这些原是“文明世界”的美丽外衣，现在索性都褫下了。留下的只是榨取，掠夺，压迫，屠杀的赤裸的本质。从北海到地中海，从大西洋到太平洋，到处掀起法西斯的狂潮。在政治上表现着极端的国家主义、黩武主义，在经济上表现为锁国主义、自给自足主义、货币关税的战争。一切的民主主义者，自由主义者，人道主义者，现在已消失了他们的本来任务，被送入牢狱，或圈禁营里去。因此，"文明世界"不但内部溃烂，连外部的光辉也褪了色。最后坍倒的日期，是更加迫近了。

第二，和这"文明世界"对峙的另一个世界，已建下基础了。十七年前，在世界六分之一的土地上；开始向"文明世界"竖起反叛的旗帜。这些叛徒们，最初为了肃清内部敌人而斗争，他们是胜利了，后来又为了合力征服自然，提高生活水准而斗争，他们也快得到胜利了。现在他们正在赶工建造一座新的大厦——以平等自由作栋梁而不以汗血枯骨作基石的大厦。无疑地这新大厦完工的时候，便是旧大厦崩溃的日子。在当初，这些叛徒们，不过给"文明世界"以精神的道德的威胁，现在又加上了物质的威胁。他们的物质建设，超越了先进的帝国，他们的防卫威力，吓退了挑战的敌人。旧世界虽然切齿痛恨着，却不得不前倨后恭起来。至今世界政治，经济，文化各方面，都不能不让它占着主要的地位了。

第三，斗争的场面也变换过了。假如二十年前的大战，只是帝国主义的内部火并，而一切殖民地弱小民族，只处于被支配的消极地位，那么，在目前，情形都完全不同了，占世界人口半数以上的被压迫民族，现在已不能而且不愿束手待毙了。东亚大陆的一片肥沃土地，和广大群众，已不只是资本帝国主义贪欲的最后目的物，而且直接促成“文明世界”坍倒的主要动力。飓风是从最低的气压产生的。火山是从最脆弱的地面爆发的。远东战争的开始，如今已三年了，但是它的终了，一定是整座“文明世界”倒坍的日子罢。

我们的后面是坟墓，我们的前面是整个世界。怎样走上这世界的光明大道去，这需要勇气，需要毅力，——但尤其需要知识。

《世界知识》都在这个时候，呱呱坠地了。这绝不是偶然的。

祝福这小东西罢！它将帮助你认识世界！在走向“世界的中国”的途程上，它将尽一点小小的力量。

祝福这小东西罢！

祝福这小东西的朋友们罢！

（1934 年 9 月 16 日）

战友们的回忆

《世界知识》旨在帮助人们认识世界。初期参与写稿的有夏衍、钱俊瑞、钱亦石、金仲华、张仲实、平心、张明养、羊枣、孙怀仁、胡仲持、王纪元、邵宗汉、郑森禹、姜君辰等①。钱亦石、张仲

① 钱俊瑞等．回顾与前瞻[G].《世界知识》创刊五十周年纪念集．世界知识出版社，1984.

实、金仲华、钱俊瑞等四人在1937年10月以前先后担任过主编。但按钱俊瑞的说法，胡愈之一直是这本刊物的"主帅"。

由于《世界知识》的持续出版，增进了广大读者对世界的认识，而且增进了他们认识世界的求知欲，这就促进了生活书店一系列有关世界各国的图书的出版。生活书店成了30年代以关于世界的新知识武装读者的主要的书店。

1936年，世界知识社还创办了第一本《世界知识年鉴》。

以后，尽管时局的变化，《世界知识》几度中断出版，几度搬迁，它一直坚持出版到现在。这本刊物已成为我国连续出版达七十多年的仅有的刊物之一（另一长命的刊物是《中国青年》。）它长时期为广大读者提供爱国主义和国际主义思想的营养，培养了大批的先进人士。

1984年，《世界知识》纪念创刊50周年，胡愈之的老战友夏衍撰文《一个老兵的祝愿》，其中特别提到：

"在纪念《世界知识》创刊五十年的时候，我们应当记住，在夜色如磐的日子里，在国际问题这个荒芜的土壤里亲手播下这颗种子的胡愈之同志，要具有何等的勇气、卓识和远见。他的白骨之心，青云之志是永远值得我们学习的。"①

80年代主持编纂我国第一本大百科全书的出版家姜椿芳也给《世界知识》50年的成就以很高的评价。他的纪念文章提到：

"50年形势大变，中国面目也大变。一个期刊能基本上连续

---

① 钱俊瑞等．回顾与前瞻[G].《世界知识》创刊五十周年纪念集．世界知识出版社，1984.

不断地维持50年,反映、分析论述这翻天覆地的半个世纪的世界大事,向中国人民介绍世界各方面的知识,在世界范围内说,也是少有的。

“引导中国人民放眼世界,用中国人的眼光来看世界,用世界形势发展的角度来看中国的事情,必须有一个望远镜式的、显微镜式的刊物来肩负这个任务。从这一点说,1934年在上海创刊的《世界知识》半月刊,应该受到极高荣誉,大声赞美,高度评价,隆重纪念。”①

同《世界知识》一直保持联系的国际问题专家张明养,在《东方杂志》工作时就是胡愈之的同事,他说得很明确:“胡愈之同志是《世界知识》的创办人和第一任主编,他对这个刊物的创刊和成长,贡献最大,我们都称他为《世界知识》的开国元勋。”②

---

① 钱俊瑞等. 回顾与前瞻[G].《世界知识》创刊五十周年纪念集. 世界知识出版社,1984.

② 钱俊瑞等. 回顾与前瞻[G].《世界知识》创刊五十周年纪念集. 世界知识出版社,1984.

第十一章
“新生事件”前后

支持福建事变

1932 年 7 月，韬奋出走之后，胡愈之为生活书店承担了更大的责任，他挑起了《生活》周刊主编的职务。

《生活》周刊坚持抗日救亡的宣传，成为当年广大爱国力量的喉舌，销数最高时达到 20 万份。胡愈之不具名的《小言论》依然受到读者的热烈欢迎。他还以“景观”的笔名撰写一些通俗的政治专论，另外他仍以“伏生”的笔名撰写国际时事评论，引导读者认识世界局势，几乎每期都有一篇。

1933 这一年德国希特勒的法西斯势力抬头，胡愈之曾紧随局势的发展，为《生活》周刊撰文分析。这里抄录几篇专论的题目，就可以看到当时胡愈之观察国际局势的严肃与认真：

《德国法西斯政治的开始》(2 月 11 日)

《欧陆危机的再现》(3 月 12 日)

《德国往哪里去?》(3 月 26 日)

《犹太运动与排犹太运动》(4 月 2 日)

《希特勒运动的清算》(5 月 7 日)

《希特勒往何处去?》(8 月 26 日)

《生活》周刊如此认真地为读者认清国内、国际的局势进行讲解，为读者启蒙，特别是启迪读者奋起反对腐败无能的国民党政府，又反对国民党反动派吹捧的法西斯主义，自然要引起国民党政府的仇恨，《生活》周刊的遭受打击早在邹韬奋和胡愈之意料之中。所以邹韬奋出国之前已经写好了《生活》周刊终刊词，准备在周刊被查封时最后一期上刊登。

另外，《生活》周刊单独设置了一个杂志社，在环龙路办公，与设在陶尔斐斯路（今南昌路）的生活书店形式上分开，也是为了避免《生活》周刊被查封时牵累整个书店。

1933 年 11 月间，陈铭枢、蔡廷锴、蒋光鼐、李济琛等国民党内反对蒋介石的一派在福建组织了“人民政府”，召开了“中国人民临时代表大会”，发表了《人民权利宣言》，号召全国的革命大众立刻起来打倒蒋介石御用的国民党南京政府，“建立生产人民的彻底民主政权”。这就是民国史上有名的“福建事变”。蒋介石曾污蔑它“叛党叛国”，对它发动了军事进攻。这次事变历时仅两个月就失败了。

中国共产党对“福建事变”是支持的，事变之前，蒋光鼐、蔡廷锴率领的十九路军代表，曾与苏区红军代表潘汉年在瑞金签订过《反日反蒋的初步协定》。但是双方没有进一步合作的具体措施，因此福建事变终于失败。

福建事变爆发之后，胡愈之为《生活》周刊撰写以《让人民起来吧》为题的“小言论”，公开支持福建人民政府的行动，这就引起了国民党极大的不满，终于由国民党上海市党部出面以《生活》周刊同情人民政府“叛乱”为由，下令查禁。从此《生活》周刊这享誉多年的爱国群众的喉舌就停刊了。

1933 年 12 月 16 日,《生活》周刊最后的一期上刊出了邹韬奋出国前就写好了的题为《与读者诸君告别》的《终刊词》。文中说:

“记者所始终认为绝对不容侵犯的是本刊在言论上的独立精神,也就是所谓报格。倘须屈服于干涉言论的附带条件,无论出于何种方式,记者为自己人格计,为本刊报格计,都有宁为玉碎不为瓦全的决心……

“总之本刊同人自痛遭无理压迫以来,所以始终自勉者、一为必挣扎奋斗至最后一步;二为宁为保全人格报格而决不为不义屈,现在压迫已至封闭地步,已无继续进行之可能,我们为保全人格报格计,只有听其封闭,决无迁就屈服之余地……

“本刊在六年的短时期内,由每期二三千份达到十余万份,承蒙读者的热烈爱护,足见本刊言论上的主张适合中国的需要,获得民众的同情,数年来辛勤并非完全虚掷。……故记者此后不但不消极,且当本其赤诚,坚其意志,积极在实际方面力求对民族前途有切实的贡献……”

胡愈之仅在文末加了一个《附言》:

“本篇系韬奋先生于去年十月所作。当时本刊已准备被封,直延至目前,文中所述,已成事实。故照原稿登出。虽文内所述时间,业已不符,不加改正,以存其真。”

杜重远创办《新生》

《生活》周刊被查禁后,生活书店还照常营业,胡愈之考虑到

宣传抗日救亡的刊物仍是当时爱国群众的迫切需要，他就和邹韬奋的好友、东北爱国人士杜重远商量，由杜出面主持一本新的刊物，

杜重远及《新生》周刊

杜重远是吉林怀德县人，“九一八”前在沈阳兴办陶瓷业，“九一八”事变后流亡到关内，在支援马占山抗日的斗争中与邹韬奋相识，并成为好友。由于杜重远与国民党上层有些关系，同上海的淞沪警备司令蔡劲军又是旧友，胡愈之约他出面主持刊物，并办理了登记。这刊物定名为《新生》周刊，实际上就是《生活》周刊的接替者，编辑工作也仍由胡愈之和艾寒松负责。新刊出版，读者也都明白，它是又一个《生活》周刊，纷纷订阅，销数比《生活》周刊更大。

《新生》周刊办到 1935 年 5 月 4 日，发表了艾寒松以“易水”笔名写的题为《闲话皇帝》一文；因涉及日本天皇，日本政府认为污辱了天皇，向国民党当局提出严重抗议。国民党政府怕得要死，终于将主编杜重远拘押审讯，企图借此与日本妥协。

可是从 1934 年下半年起，国民党政府颁布了图书杂志送审办法，所有准备出版的图书杂志，都须把清样送国民党市党部审查，凡是它认为不满意的文章，往往加以删改或禁止刊出。《新生》周刊那篇《闲话皇帝》是经过审查批准的。这个情况日本方面也都了解，所以日本认定是国民党有意“侮辱”天皇，兴师问

罪。国民党对此怕得要命。国民党曾派了“党国要人”专程到上海，向杜重远再三哀求，要杜在法庭上承认《闲话皇帝》没有送审；国民党方面答允如果杜重远把责任承担起来，避免日本借口向国民党政府敲诈，法庭就判杜重远罚款了事。

当时，杜重远和胡愈之等人商量，决定把经过国民党审查机关审批的《新生》周刊清样存放到银行保险箱里，以便保留好国民党应当负责的证明，一面考虑到为了共同对付日本，接受了国民党提出的条件。后来法庭开庭审判时，初判杜重远罚款，但日本方面坚决不同意，日本蓄意要让国民党政府重罚，借此压制中国人民的一切抗日言论。结果国民党法官判了杜重远十四个月徒刑。《新生》周刊也由法庭判决停刊。《闲话皇帝》一文作者艾寒松就被迫不得不出国到欧洲去暂避。至于那份送审证件，国民党也曾借口免得落到日本人手里，要求杜重远交出，但杜没有同意，假说证件已经丢失，无法找到，实际上证件完整地保存在保险库里。解放后这份物证已移交上海韬奋展览馆展出，由此证明，国民党政府当年如此畏惧日本，不惜制造假案，陷害爱国人士，摧残进步出版物。

“新生事件”发生在30年代中期，当时国民党肆意进行文化“围剿”，捕杀共产党员和抗日爱国分子，查禁进步书刊，本来算不了一回事；可是，这次日本帝国主义公然通过外交途径，兴师问罪，国民党为了推卸责任，让法院公开审判，由报纸公开报道，又公然接受日本无理要求，判知名爱国者以徒刑，事件就发生了很大的反应。

据胡愈之的回顾，事件发生之后，显然产生了三方面的影响。

一、坏事变成好事。日本对国民党敲诈，而国民党政府妥协投降，容许日本任意干涉中国的内政和司法，公然造成“救国有罪”案件，引起了全国广大群众的愤慨，1936年上海各界的成立救国会和北平的“一二·九”运动的爆发同“新生事件”直接有关，爱国者已忍无可忍被迫采取了救亡行动。

二、“新生事件”中国民党法院判杜重远有罪，而杜重远主要是个民族资产阶级的代表人物，这就不可避免地引起华北、华南民族资产阶级和小资产阶级中爱国人士对国民党的普遍不满，从而加深了国民党统治阶级的内部矛盾。蒋介石集团内部的亲英美派从而逐渐抬头，而军统、中统控制的亲日反共派陷于孤立。

三、“新生事件”在张学良为首的东北军方面引起更大更直接的影响。杜重远是东北著名人士，以支援马占山抗日闻名。东北军大部分将士本来希望打回东北老家，不愿“剿共”，他们对杜重远从此更加尊重，纷纷派人到上海慰问，对国民党当局向日本妥协投降的政策更加仇恨，从而抗日的意志更加坚定。[①]

策动东北军联合共产党

杜重远被关进上海漕河泾的监狱，由于他同上海警备司令蔡劲军是同乡，受到一定的优待，容许住在监狱特建的一座小楼里，有专人做饭，还有家里人陪伴，可以自由接待来客。当时胡愈之就每周都去探望他一次。东北人士来访的也络绎不绝。杜

① 胡愈之．从“新生事件”到西安事变[J]．新华文摘，1980(9)．

重远爱国心切，约胡愈之向东北军来人宣传抗日主张，鼓励东北军站到反蒋抗日一边来。

这期间，张学良的亲信高崇民从西安到上海来探望杜重远。高崇民是辽宁省开源县人，也是坚决主张抗日的，为人心直口快。杜重远介绍他与胡愈之认识。于是他们不仅在狱里长谈，还相约在狱外饭馆里密谈。最初高崇民还很悲观，但经过胡愈之详谈了国内外的形势，特别介绍了共产党一贯反蒋抗日的主张。高崇民被说服了，同意策动东北军同共产党联合，一起反蒋抗日。高崇民同胡愈之成了无话不谈的亲密朋友。

高崇民当时向胡愈之提到在西安还有杨虎城的部队西北军在，如果杨不齐心，事情还很难办。胡愈之告诉高崇民，杨虎城也有可能转变，与共产党合作。于是高答应回西安之后去说服张学良和杨虎城。由于张学良也到了上海，同杜重远秘密地会过面，杜给张指明了东北军可以同西北军、共产党联合起来一起抗战的出路，张深表同意。张回西安后曾把高崇民送到杨虎城处工作，后来杨也赞同了与共产党联合抗日的主张。这样，张学良、杨虎城与共产党就有了合作的思想基础，开始了联合抗日的谈判。1936 年 12 月发生“西安事变”，张学良、杨虎城发起兵谏，迫使蒋最后同意共产党一致抗日的主张。这个历史性事件同杜重远、胡愈之先前做过的说服和争取工作具有一定联系。

由于胡愈之先期了解到张学良同意联合共产党反蒋抗日，他急于要将这个情报报告给共产党中央，而 1934 ~ 1935 年上海党组织迭遭破坏，原先按单线领导胡愈之的宣侠父也已于 1935 年 3 月转移到香港，宣侠父出走前曾将关系交给了严希纯。严在上海经营一个小印刷厂，在1935年11月也遭到了逮捕，于是胡愈之只能到香港去找宣侠父，向宣汇报。宣侠父在香港同胡会面后，认为情况很重要，由于他同刚到达陕北的党中央还没有直接联系，他告诉胡愈之尽快到法国去找主持《救国时报》的吴玉章，然后去苏联向驻共产国际的中国代表团直接汇报。

转达苏联对鲁迅的邀请

胡愈之在香港期间，驻共产国际的中国代表团已回电表示同意胡愈之去苏联汇报，还转来苏联作家高尔基邀请鲁迅前去疗养的信息，要胡愈之陪同鲁迅一起到苏联。于是，1936年1月，胡愈之又秘密回到上海，同鲁迅在虹口北四川路一家饭馆里会面，转达苏联的邀请。当时鲁迅认为国民党反动派正残酷迫害共产党人和进步人士，他不能在这时候出国，他还可以在上海用笔同反动派斗争下去。他告诉胡愈之：

“很感谢苏联朋友的好意，但是我不去。苏联朋友关心我无非为了我需要养病，另外，国民党想搞我，处境有危险，到苏联安全。但我的想法不一样，我五十多岁了，人总是要死的，死了也不算短命，病也没那么危险。我在上海住惯了，离开有困难。另外，我在这儿，还要斗争，还有任务，去苏联就完不成我的任务。敌人是搞不掉我的。这场斗争看来我胜利了，他们失败了。他们对我没有别的办法，只有把我抓去杀掉，但我看还不会，因为我老了，杀掉我，对我没有什么损失，他们却损失不小，要负很大责任。敌人一天不杀我，我可以拿笔杆子斗一天。我不怕敌人，敌人怕我。我离开上海去莫斯科,只会使敌人高兴。请转告苏联朋友,谢谢他们的好意,我还是不去。”

胡愈之听着,没说出什么进一步劝说的话。过了一会儿,还是鲁迅继续说:

“国民党,帝国主义都不可怕,最可憎恶的是自己营垒里的蛀虫。”

鲁迅说时没有指名道姓,他估计胡愈之是了解的,他指的是当时中共内部出的一些叛徒,还有机会主义者,他们曾在暗中攻击鲁迅。①

鲁迅坚持不去苏联、要留在上海坚持斗争的态度也曾向当时在上海工作的美国进步记者史沫特莱表示过:“中国需要我,我不能走”。史沫特莱多次劝说,毫无用处,鲁迅说:“没有人应该逃避!必须有人出来坚持战斗。”②

鲁迅以坚定态度谢绝了苏联的邀请,胡愈之只能赶紧再去香港。他以华侨商人身份领取了护照,坐轮船去法国,在巴黎会见了吴玉章。吴帮他办好去苏联的手续,他在1936年2月到了莫斯科。

在莫斯科会见中共代表团

胡愈之在莫斯科,见到了中共代表团的王明、康生和陈云三

---

① 胡愈之,冯雪峰．谈有关鲁迅的一些事情[M]//鲁迅研究资料(一)．文物出版社,1976:81~82.

② 史沫特莱．记鲁迅[G]．世界优秀通讯选．新华出版社,1988:132.

个负责人，还有代表团的干部潘汉年。

胡愈之为代表团写了关于东北军的书面材料，其中有关张学良的情况最多，有张同蒋介石的关系，有张同杨虎城的关系等。

王明看了材料曾问胡愈之，东北军反蒋之后一定需要解决军费问题，这军费估计要多少？胡愈之说，大约每月要一百万元，王明说，这没有什么问题，还容易解决。[①]

在莫斯科，康生要胡愈之填写了一份登记表。他看了胡的履历说："你还是练习生出身！"意思是说胡不算是资产阶级知识分子。康那时在管党的组织工作。

另外，潘汉年向胡愈之传达了共产国际第七次代表大会的精神。潘参加了1935年7月间召开的这次大会。大会确定了建立反法西斯国际统一战线的方针，要求凡遭受法西斯侵略威胁的国家的工人阶级政党，都要联合各党派各阶级群众建立民族统一战线。潘汉年说，在中国也就是要实现国共合作，建立抗日民族统一战线，共同反对日本帝国主义的侵略。

也就在莫斯科，胡愈之看到了由共产国际中国代表团起草以党中央名义发表的《为抗日救国告全体同胞书》，也就是《八一宣言》。

《八一宣言》主要的内容是向国内各界提出了号召："无论各党各派间在过去和现在有任何政见和利害的不同，无论各界同胞间有任何意见上或利益上的差异，无论各军队间过去和现在有任何敌对行动，大家都应当有'兄弟阋墙外御其侮'的真诚觉

---

① 费孝通等. 胡愈之印象记[M]. 中国友谊出版公司，1989.

悟,首先大家都应当停止内战,以便集中一切国力(人力、物力、财力、武力等)去为抗日救国的神圣事业而奋斗。"

同年4月,王明对胡愈之说,"你的任务已经完成,张学良和东北军的事情党中央已经知道,你可以不用管了。"王明要胡按去时的路线返回香港,还要胡陪同潘汉年返回(因潘不懂外语)。王明告诉胡,以后胡就在潘领导之下工作。[①]

1936年4月间,胡愈之和潘汉年又经过法国,坐船回香港。在旅途中,胡愈之还把苏联作家伊林所著少年读物《书的故事》法文版译出。1937年这本书由生活书店出版。

与冯雪峰重逢

1936年4月,胡愈之和潘汉年同返香港之后,冯雪峰受党的派遣到上海开展工作,他曾写信给在香港的胡愈之,说明他急于了解上海党员的情况。于是潘汉年派胡愈之去上海,与冯秘密会见,当冯离开延安时,党中央领导同志告诉他,到上海先找鲁迅和胡愈之,可以了解到上海党员的情况。这是因为胡是特别党员,一直只有单线联系,党员身份对其他共产党员也没有暴露,还因为前几年上海以至江苏省的党组织迭遭破坏,依然在上海活动的党员与中央失去了联络。据夏衍回忆,当时在上海各自为战的党员仅有工会系统的马纯古、青年团系统的陈国栋、文

---

① 费孝通等. 胡愈之印象记[M]. 中国友谊出版公司,1989.

胡愈之的挚友和同志冯雪峰

委系统的周扬等人。[1]

胡愈之一到上海就秘密地住在当时仍在《申报》工作的二弟胡仲持家里。冯雪峰当时住在鲁迅家里，他们相约在胡仲持家会面。他们是久别重逢。1932 年冯雪峰在上海搞党的文委工作，也为《东方杂志》写过稿，还同胡一起联名发表过《上海文化界告全世界书》。他们的过往很密，因此经过几年巨大变化，见面时都十分激动。两人以前是编辑和作者的关系，这时已是党的地下工作的生死与共的同志关系了。

胡愈之向冯雪峰谈了上海地下党的情况，首先提到的可靠的党员是夏衍。冯雪峰第二天就找了夏衍。因为当年夏衍并不

① 费孝通等．胡愈之印象记[M]．中国友谊出版公司，1989．

知道胡愈之是秘密党员，夏衍对冯雪峰曾经很有意见，一直误会冯雪峰"先找党外，后找党内"的做法是错误的。冯雪峰和胡愈之都没有说明，"文革"中冯因此被斗时，两人也没有说明，一直到1979年胡愈之由中央统战部公开了他的党员身份，他才有机会公开作了解释。胡愈之1985年6月撰文悼念冯雪峰逝世9周年时曾提到当年上海会见的事。

冯雪峰听了胡愈之和夏衍的介绍之后，就联系了上海分散活动的一些党员，成立了上海党的临时工作委员会，开始重建上海党的组织。胡愈之不久与冯一起重返香港，因冯要与潘汉年协商白区的工作。

《生活日报》在港出版

邹韬奋早在1933年出国之前，就产生了办一张《生活日报》的理想，他而且向《生活》周刊的读者征集过办报的资金，仅因国民党政府禁止，他把群众的投资统统退还了。1935年8月，韬奋从国外返回上海后，生活书店继《新生》之后出版的《永生》和《大众生活》，也先后因宣传反蒋抗日被迫停刊，韬奋又随时有被捕的危险。因此，1936年3月韬奋携带很少的一点资金，到香港去筹备出版他决意要办的《生活日报》。当时胡愈之还在苏联，韬奋给他打了电报，要他赶快到香港筹办报纸。韬奋激于爱国的义愤，仇恨国民党反动派的压制，报纸将坚持进行反对蒋介石的宣传。胡愈之接到电报之后同潘汉年商量，潘认为根据党中央新的决定，再不能搞反蒋宣传，要搞联蒋抗日。潘要胡愈之复电，说明报纸先不要出，等胡回到香港后再“择吉开张。”

1936年5月初，胡愈之到了香港。他马上就找邹韬奋谈话。他早已相信邹韬奋是中国共产党的支持者，向邹介绍了共产国际关于建立国际反法西斯统一战线的方针，说明中国也需要建立抗日民族统一战线，要争取国民党一起抗日。这样报纸就不再坚持反蒋抗日，而需要争取联蒋抗日。对于胡愈之的这番意见，邹韬奋完全同意。

《生活日报》经过几个月的筹备，终于在6月7日在香港创刊了。韬奋在6月14日和21日先后发表两篇有关救国统一战线的文章，其中要点是：

“救国统一战线的唯一目的是在救国，凡是不甘做亡国奴的中国人，我们都应该推动他，鼓励他，引导他来加入救国统一战线，尽量贡献他所有的力量。”

“所谓抗敌救国联合阵线，就是不论何党何派，不论什么阶层，不论什么职业，凡是不愿做亡国奴的，都联合起来，集中整个民族的力量来对付我们民族的最大敌人。”①

《生活日报》整个出版期间，就呼吁建立统一战线。当时协助邹韬奋经办《生活日报》的除胡愈之以外，还有恽逸群、王纪元、柳湜、林默涵等，都千方百计为贯彻党的这一个统一战线的方针进行宣传。

但是，《生活日报》在香港出版，工作是十分艰苦的。按邹韬奋的回忆，第一，香港也有新闻检查，连帝国主义这样的词也不

---

① 邹韬奋．韬奋文集第一卷[M]．北京：三联书店，1956：143～145．

容见报，要改成××主义。鼓吹反抗的话，甚至像“反抗的呼声”一类词句也必被删去。《生活日报》的社论有时就被删得必须重写。邹韬奋认为香港只比国统区稍好一些，抗敌救国的道理还允许讲，因为检查处的职员都是中国人，都还有点民族意识。

其次，在香港办报费用很高，特别是房租，《生活日报》当时既要靠近闹区，又只能出较少的房租，因而在闹区的一处贫民窟的小街上租一所三层楼小房，每层只有一个长方形的小房间。四周的环境极差，小巷连汽车都开不进去，楼房斜对面正好是一家铁匠店，那里的煤烟就常常飞进小楼的窗户，甚至染黑人们的脸。楼面朝西，下午西晒，热的几乎使人中暑。楼既古老，连卫生设备也没有。全社工作人员就挤在这楼内三间房内。邹韬奋的办公室摆着三张办公桌，挤得人都没有回旋余地。胡愈之就坐在邹的对面。有一天晚间胡的裤脚管里爬进了一只大蜈蚣。胡不禁摇头慨叹“这种地方真有些危险”。以后胡工作时一直处在防蜈蚣的“戒严状态”之中。

第三，报纸的发行太困难。千辛万苦办出报来总希望迅速得到巨大的社会效益，可是，《生活日报》在香港出版，很难发到内地。轮船到上海不定期，一般要相隔七八天，要寄到大陆的中部和北部，那就更迟缓了，新闻都成了旧闻。读者都表示不满。再加上香港排字技术落后，版面十分难看，而且错误百出。

尽管有这么些客观困难，《生活日报》还持续地出版了55天，最后只因为经费花完了才不得已停刊。邹韬奋对他的一些共患难的朋友衷心感激，在他所写《经历》一书中说过：“我在香港所感到的精神上最大的欣慰，是共同努力于报务的几位共患难的朋友始终不灰心,无论环境怎么困难,他们总是鼓着勇气干着。他们的坚毅的精神,赤诚的义气,和真挚的友谊,是我永远不能忘的。我深信我们在这样挣扎苦斗中所获得的极可宝贵的经验,对于将来重振旗鼓的《生活日报》是有很大的裨益的。”

胡愈之对于参加《生活日报》这段经历也是十分珍视的。一直到 1979 年,他还主动写下了一篇题为《邹韬奋与〈生活日报〉》的回忆文章,发表在同年 6 月的《新闻战线》杂志上。他认为韬奋一生对未来中国新闻事业的抱负和理想,对于参加新的长征的我们这一代的新闻工作者是有参考价值的。

胡愈之介绍韬奋理想中的《生活日报》说,韬奋提出过三个“必须”:一、必须是反映大众实际生活的报纸;二、必须是大众文化的最灵敏的触角;三、必须是“五万万中国人”(指当时国内国外所有中国人)一天不可缺少的精神食粮。

胡的回忆文章还引用了韬奋阐述的三个“必须”的含意:

“韬奋又说,因为是反映全国大众实际生活的报纸,所以必须成为一切生产大众的集体作品,必须由全国各地的工人农民、职员、学生直接供给言论和新闻资料,而不是由少数的职业投稿家和新闻记者包办一切。

“因为是大众文化的最灵敏触角,所以报纸的内容,应该是记载一日中全中国乃至全世界各地大众的生活活动和希望要求。”

“因为是人民一天不可缺少的精神食粮,所以这报纸所登载的消息,决不是要人往来、标金涨落等等,而是和大众有切身利害关系的一切东西。”

胡愈之的回忆文章评论说:

"从思想上说,韬奋当时还只是革命的民主主义者,还不是马克思主义者。他所描绘的理想的《生活日报》,有一些是出于主观主义的,没有科学根据的。但是他是革命的乐观主义者,他是想用办报的理想,来促进新中国的实现。新中国成立已快到五十年了。韬奋这种抱负和理想,可以说已经实现了一大部分。但是总的说来,我们的新闻工作,同实现现代化还有一定的距离。那么,四十多年前邹韬奋同志的主张,不也是在今天推动我们前进的一种力量吗?"事隔四十年,胡愈之依然认真地评介邹韬奋办报的理想,这说明胡愈之是邹韬奋办报理想的热情支持者。

哀悼瞿秋白

这里附带提一件1935~1936年间的旧事。

二三十年代蜚声文坛的杰出文艺家瞿秋白曾是鲁迅的密友,也同胡愈之、茅盾、叶圣陶、陈望道、郑振铎等人有过友好往来。瞿三十年代初在上海养病期间写过许多文艺作品,抗击国民党发动的反革命"文化围剿。"1934年2月,他到江西中央革命根据地工作,同年10月中央红军长征时,他被留在江西。1935年2月由他在江西前往香港途中,在福建武平被俘。同年6月18日,被国民党杀害于福建长汀。当时他才37岁。他被害的消息很快就传到了上海。他的好友们自然感到非常悲痛。

大概就在这一年的7月间,鲁迅约茅盾到郑振铎家商量,怎样编印瞿秋白的遗作,首先是瞿的一些翻译作品。鲁迅当时说:

“我们都是秋白的老朋友，就由我们来带个头吧。秋白这本书，书店老板是不敢出的，我们只能自编自印。自编容易，只要确定个编选范围。明甫兄（指茅盾——作者注）和我都可以编。自印却需要解决两个问题，一个是经费，书的印刷、装帧必须是第一流的，而印数又不可能多，所以成本一定高，将来书售出了，也许能收回成本，但目前先要垫出钱来。另一个是印刷，要找个肯印刷的地方。”

郑振铎就接口说：“经费可以在朋友熟人中间筹集，将来再还，也可以募捐。印刷问题容易解决，找印刷所的事包在我身上。”

以后8月间，郑振铎曾设家宴，请一些瞿秋白生前的好友，共商筹款和印刷瞿秋白译文集的事。应邀参加的有胡愈之，还有茅盾、陈望道、叶圣陶、章锡琛、徐调孚、傅东华等人，都是商务和开明的老熟人；席间大家回忆起瞿秋白当年的音容笑貌，不免悲痛。谈到筹款，都认捐了一些钱，还决定再联系一些新的捐款人。以后大概约到了七、八十人。

这本文集由章锡琛开设的美成印刷所排版，打成纸型后由鲁迅托内山书店寄到日本去印刷。书名由鲁迅定为《海上述林》，一共六十万字，一半是文艺理论，一半是小说、散文等。所以称“述林”，取述而不作之意。出版者具名“诸夏怀霜社”，也是鲁迅的意见。“诸夏”就是中国，“怀霜”是怀念瞿秋白的意思，因为秋白原名瞿霜。一般人都是不知道的，只有瞿的知友才能领会到。[1]

---

① 茅盾．我走过的道路中［M］．人民文学出版社，1984：291．

《海上述林》在1936年秋出了上卷，印数不多，只500册，都由内山书店经销。鲁迅给捐款人各送一套，胡愈之也领到一套。他这时正忙于救国会的活动。

胡愈之对瞿秋白非常尊重，一直认为他是中国知识分子最优秀的典型。

胡同瞿秋白往来在三十年代初，主要是商谈文学研究会的事情，那时瞿已经患肺结核，身躯瘦削，脸色苍白。但给胡很深的印象："瞿的谈吐十分优雅，显出他有高度的文化修养。"

胡在1949年解放后的北京，写了一篇怀念瞿秋白的短文，因为胡觉得即使在革命取得空前胜利的时候，知识分子还应该向瞿秋白学习。胡的文章写道：

"像秋白那样怯弱的躯壳，却蕴藏着烈火一般的热情和钢铁一般的意志。他能够毅然决然抛弃属于他的原来的阶级的一切——温暖的家庭，相当优越的地位，对于旧的事物（如做旧诗词和刻图章之类）的癖好——转变为真正的人民的战士，转变为优秀的布尔什维克，到最后为无产阶级而贡献他的生命。这不能不使一切知识分子为之感动，而在我，则只有感到惭愧。"[①]这篇文章在1985年又由胡亲自编进他的文集《怀逝者》，再度告诉人们：瞿秋白是革命知识分子的模范。"四人帮"对瞿的一切污蔑都是无耻的谰言。

瞿秋白去世之后，胡愈之同瞿夫人杨之华保持友好联系，并多方给予帮助。

---

① 胡愈之. 我的回忆[M]. 江苏人民出版社，1990.

第十二章
救国会的兴起

早在1935年受命去法国之前，胡愈之就同韬奋，还有著名法学家沈钧儒，联系一些上海的知名爱国人士，定期举行聚餐，在一起讨论形势和抗日救国的道路，酝酿着先在文化界成立一个抗日救国团体。1935年8月1日，中国共产党发表了《为抗日救国告同胞书》，号召停止内战，全国各党各派各军各界团结起来，一致抗日，并提出了建立抗日民族统一战线的具体办法。这个《八一宣言》对全国抗日救亡运动起到了巨大的推动作用。同年12月9日，北京爆发了学生爱国运动，给全国的救亡运动以巨大的鼓舞。于是同年同月21日，上海妇女界知名人士沈兹九、史良，胡子婴等发起成立了妇女救国会。27日，上海文化界救国会也宣告成立。次年6月1日全国各界救国联合会在上海成立。邹韬奋，沈钧儒、陶行知和胡愈之等都当选为联合会的领导成员。

潘汉年的指示

当时参加全国救国联合会领导的有其他一些中共地下党员，还有一些国民党反蒋实力派的代表（如两广、冯玉祥和十九路军的代表），联合会的宣言、纲领和口号等都比较“左”，对蒋介石国民党当权派起不到争取和团结的作用。在香港的潘汉年发现了这个情况,曾特地找当时也在香港的邹韬奋和陶行知商量,建议由救国会主要成员联名发表一个体现中间派精神的宣言。邹,陶都表示同意。这样,潘就要胡愈之帮助起草了一个题为《为抗日救亡告全国同胞书》。按潘汉年的意见,到香港之后,胡愈之就要尽力管救国会的事。他对胡说过;“以后你只管救国会的事,别的不要管,有什么问题来找我,没有问题,你就自己去干吧。”①

胡愈之起草的文件和《八一宣言》的调子相近,但用中间派的口气说话,主张国民党要停止内战,共产党要废除苏维埃和工农红军,团结民族资产阶级。这个文件得到邹韬奋和陶行知的同意,两人都签了名,然后由邹韬奋带到上海,约请沈钧儒、章乃器签名。邹到上海之后,章乃器认为文件的观点太右,主张修改。由章乃器修改后的文件在7月15日发表。题目改为《团结御侮的基本条件与最低要求》。由于不是用中间派的口吻,没有起到较大的作用。这一件事胡愈之感到很遗憾。不过,中共中央对沈、章等四人的文章仍然予以重视,同年8月10日,毛泽东代表党中央发表致章乃器、陶行知、邹韬奋、沈钧儒及全体救国会会员函,支持他们的意见,以示响应。

“救国会的灵魂”

1936年8月,胡愈之回到上海,虽然仍在哈瓦斯通讯社任

---

① 胡愈之.我的回忆[M].江苏人民出版社,1990.

职，但他主要的工作已是策划救国会的活动。凡是救国会重大的决策，胡都参与讨论，而且不少重要文件都出于他的手笔。因此，知情的共产党员宣侠父曾称胡愈之为“救国会的灵魂”。①

为了更好地开展救国会的活动，胡愈之回上海之后又利用聚餐会的形式，联络一些有代表性的爱国人士，他们大都是当时中间派的代表，主要的参加者是刘湛恩、韦悫、郑振铎、王芸生、梁士纯、陈已生、孙瑞璜、丁贵堂、徐新六、胡玉琪、吴耀宗、萨空了、沈体兰、陈鹤琴、严景耀、王国香等。他们每星期一晚上聚餐时座谈，所以叫“星一聚餐会”。最初这个会推定由沪江大学校长刘湛恩主持，后来刘湛恩被暗杀，就由胡愈之主持。负责聚餐会的具体工作的是胡在救国会工作中的最得力的助手张宗麟。后来张宗麟去了延安，潘汉年、冯雪峰就派了王任叔（用笔名“巴人”写文章的党员作家）协助胡愈之工作。聚餐会主要是在一起讨论形势，研究怎样开展救亡运动。这些聚餐会的成员都分别在救亡活动方面起到了积极作用。举几个例子：

萨空了当年是《立报》的总编辑，参加胡愈之主持的聚餐会之后，积极支持救国会的活动，特别在救国会营救“七君子”的时期，《立报》几乎成了救国会的喉舌。萨空了从此成为救国会的骨干，胡愈之的亲密战友。

丁贵堂是当年上海海关的负责人，由于他倾向于救国会的政治方向，海关内的爱国青年被容许开展救亡活动，抗战开始后，海关不少年轻职工，抛弃了待遇优厚的职位，投奔战地与后

---

① 费孝通等．胡愈之印象记[M]．中国友谊出版公司，1989.

方，参加抗战。丁贵堂本人同情中国共产党，解放后帮助人民政府接办新中国的海关工作。

宗教界的吴耀宗、教育界的韦悫、陈鹤琴、严景耀解放后都分别为新中国的建设作过卓越的贡献。

胡愈之三十年代广交朋友的工作，不仅在当时对救亡运动发挥了作用，对此后抗战、解放战争和新中国的建设都产生过积极的影响。

关于救国会的活动与组织情况，章乃器曾在他的一篇文章《我和救国会》里说过：救国会会员主要的组织活动是聚餐会，主要联合了一些上层人士。至于救国会的会员有多少，是没有人能回答的。所谓加入，也是不具形式的。“实际上组织就潜伏在各个事业、企业单位里，是人联系人，带动人。各个单位只需要掌握住各个带头人就行了。比如说，生活书店是一个单位，中国征信所是一个单位，蚁社是一个单位。李公朴办的申报业余补习学校有十几处，就是十几个单位。……基层组织的情况就是如此。”

他还说，上层活动最普遍的方式是聚餐会，他参加了好几个聚餐会，其中有一个聚餐会的参加者每人都去发展一个聚餐会，而且要报告发展和活动情况。

由此可见，胡愈之参加和主持的一些聚餐会，就是救国会最重要的上层组织活动。一个广泛群众参加的救国会运动实际上最初是由一些聚餐会在发动。即使在一些各界的救国会和全国各界救国联合会成立之后，也始终没有一个会所，也没有刻过一个公章。办公就在一些领导人的单位的办公室或家里。开会吧,主要还是在饭馆里。据章乃器说,当时去的最多的是上海“功德林”和“觉林”两家素菜馆。全国各界救国联合会是在圆明园路青年会全国协会召开的。会场还是胡愈之所联系的吴耀宗好不容易为救国会安排的。①

尽管救国会的组织没有像政党那么严密,那么健全,但是由于它与广大人民群众同心同德,它的影响是无可估量的。马克思说过,真理同群众结合起来,就是巨大的物质力量。我国的救国会,就是这样。救国会领导的抗日救亡运动实际上是中国共产党关于抗日民族统一战线这一政治主张的体现,它在人民群众中所起的作用是历史上空前的。

当年在国民党地区救亡运动中参与贯彻党的政策、方针的党员是很多的,胡愈之是参与救亡运动上层活动的主要党员之一。

鲁迅葬礼

胡愈之同鲁迅原是师生关系,他称“鲁迅是我最尊敬的师长”。胡到上海商务印书馆工作之后,推动世界语运动并翻译被压迫民族文艺作品,都得到过鲁迅的支持。以后鲁迅和宋庆龄、蔡元培等发起组织中国民权保障同盟,两人曾密切合作,共同为民主事业奋斗过。许多外国进步记者和文化界人士都是他们共

---

① 中国社会科学院近代史研究所中华民国史研究室. 救国会[M]. 中国社会科学出版社,1981.

同的朋友。1933 年胡愈之成为中共秘密党员之后，就很少同鲁迅直接联系，改由鲁迅的弟弟周建人居间联络，目的在于保护鲁迅。但 1935 年胡赴法前，仍为传达苏联对鲁迅的邀请，曾约鲁迅会面。但这是胡愈之同鲁迅最后的一次会面。1936 年 8 月胡愈之从香港返沪，忙于救国会的活动，无暇去探望鲁迅，只知道鲁迅仍患严重的肺病，而鲁迅还自信老毛病并不碍事。

鲁迅像

1936 年 10 月 19 日一清早，胡愈之在家接到冯雪峰的电话，才知道鲁迅终因久病不愈，突然去世了。这消息对了解并尊敬鲁迅最深切的胡愈之来说，无异是一个晴天霹雳，他一时都惊呆了，不知干什么才好。

当时冯雪峰已是中共派在上海的地下办事处的副主任(主任是潘汉年)，他从延安得到指示，鲁迅的丧事由救国会出面来办比较合适。冯雪峰让胡愈之同救国会联系并负责组织。胡同救国会一些领导人共同商量决定：鲁迅的丧仪由上海救国会联合会的名义主办，通过鲁迅的葬仪，发动一次群众的政治性示威，把抗日运动推向新的高潮。

鲁迅这次葬仪办得十分隆重，先是在万国殡仪馆举行瞻仰鲁迅遗容，历时三天，然后在 22 日下午起灵，送葬。

鲁迅治丧委员会是由国统区许多爱国知名人士组成的，其中包括蔡元培、宋庆龄、马相伯、沈钧儒、茅盾、胡风、周作人、周建人等，还包括鲁迅生前的外国友人内山完造、史沫特莱，还包括公开的共产党人毛泽东、萧三，但毛泽东的名字，国统区中文报纸没有登，仅上海的日文报纸《上海日日新闻》登出来了，而且在新闻标题上特地标明“毛泽东也是治丧委员”。①

中共中央和当时陕北中华苏维埃人民共和国中央政府联名向鲁迅夫人许广平发来了唁电，还发布了《告全国同胞和全世界人士书》，其中指出：

“鲁迅先生在无论如何艰苦的环境中，永远与人民大众一起与人民的敌人作战，他永远站在前进的一边，永远站在革命的一边。他唤起了无数的人们走上革命的大道，他扶助着青年们使他们成为像他一样的革命战士，他在中国革命运动中，立下了超人一等的功绩。”

在瞻仰遗容的三天内，来吊唁的人群从早到晚络绎不绝。鲁迅的遗体停放在花丛之中，遗体上覆盖着沈钧儒书写的“民族魂”三个大字的锦旗。按作家聂绀弩的记录，几十万群众到鲁迅先生灵堂去瞻仰过遗容。②

22 日下午 2 时送葬的队伍有六七千人，浩浩荡荡，行进在沪西的马路上，群众还唱挽歌，呼口号，实际上是一次大规模的示威游行。本来在租界里是禁止游行的，但“出丧”是允许的，因此

---

① 朱正．鲁迅传略[M]．人民文学出版社，1986：374.

② 聂绀弩．关于哀悼鲁迅先生[M]．高山仰止．人民文学出版社，1984：1.

租界当局没有阻止，但也派了大批骑警，一路监视。

在公墓墓地，救国会的领导人还和群众一起举行了安葬仪式。蔡元培和宋庆龄都在会上讲了话。沈钧儒把写着“民族魂”的这面红旗安放在准备下葬的鲁迅灵柩上，胡愈之最后宣读了悼词。

整个葬仪进行得既隆重又热烈。参加葬仪的主要是青年学生和工人。社会各界人士中，左中右都有，体现了中国人民在爱国主义的旗帜下团结一致、联合抗日的精神，向国民党反动派和日本侵略者显示了团结抗战的决心和信心。

历史家们肯定，爱国群众为鲁迅举行的这次葬礼正是一次强大的示威行动。

继承鲁迅的精神

胡愈之作为政治评论家完全理解，当年对鲁迅最好的纪念莫如完成他未完成的事业。10 月 20 日在上海出版的《生活星期刊》上，他发表了题为《鲁迅——民族革命的伟大战士》的纪念文章。他首先肯定鲁迅是中国的一位伟大的作家，他的死，是中国文艺界的巨大损失，接着他指出鲁迅主要是一位更伟大的民族革命斗士，这才成就了鲁迅在文学创作上无可比拟的伟大。文章写道：

“鲁迅先生在创作上的成就，不仅是在消极地表现人民大众的情感和要求，而在积极地指示中国民族解放运动的方向。换句话说，鲁迅先生不仅是人民大众的代表，而且是被压迫人民的导师。他在思想上,创作上,领导劳苦大众,走向正确的光明道路,以求达到民族解放的最后目的。"

"鲁迅先生的作品,尤其是晚年所作的,以杂感占最大部分,就是因为杂感一类的形式,更适合于作为思想斗争的工具的缘故。用了一支毛笔,给世间的妖魔以无情打击。让被压迫的人民抬头,这是鲁迅先生的唯一创作目的。"

文章最后指出:"民族革命的伟大斗士鲁迅先生死了。但是中国民族革命的怒潮,受了鲁迅先生的思想的推动,却要继续高涨着。中国不亡,鲁迅先生也是永垂不朽的啊!"

胡愈之的这篇文章热情洋溢,观点明确,不仅表达了他本人对鲁迅先生的尊重,而且说明了未亡人们应该努力的方向。

鲁迅和胡愈之的师生之谊为什么那么亲密、那么真挚、那么深厚?笔者粗浅的答案是:

他们是同志,信奉马克思主义,进行的是同一个革命事业,他们的结合是革命精神的结合。鲁迅嫉恶如仇,"横眉冷对千夫指",胡愈之毕生的实践也体现了这一点。

鲁迅提倡"俯首甘为孺子牛",不为名,不为利,安贫乐道。胡愈之一生清廉,功成不居。胡绳同志曾与胡愈之一起工作多年,他在纪念胡愈之的文章中说得十分形象:胡愈之"为中国近代文化默默无闻地做了许多别人做不到的事,起了别人代替不了的作用","他做的许多工作是人们所不知道的,后来他也从不和人谈起做过的这些工作。胡愈之的一生真是孺子牛的一生"。

可以肯定,胡愈之是鲁迅精神的一个继承者,是鲁迅的一个好学生,鲁迅同胡愈之的亲密合作完全不是偶然的。

第十三章

营救“七君子”

“七君子”之狱

救国会在上海举行的鲁迅葬仪以及其时全国救亡运动的高涨,引起了国民党反动派的恐慌,而且再也按捺不住对救国会的仇恨。1936 年 11 月 23 日清晨,他们终于悍然逮捕了救国会领袖沈钧儒、邹韬奋、章乃器、李公朴、沙千里、王造时、史良等七人。随后七人被移解到苏州,押在江苏高等法院看守分所(史良单独押在司前街女看守所),成为当时震惊中外的“七君子”之狱。国民党反动派这样的倒行逆施,引起了全国人民的愤慨,全国各方面人士纷纷向国民党提出抗议,开展了声势浩大的营救运动。

胡愈之在“七君子”事件发生之后,就担负起了声援营救的组织工作。救国会当时并没有专门的办公机构和办事人员,胡愈之在生活书店的办公室就成了救国会的联络机关。各地的函电都投到生活书店,胡愈之成了营救工作的组织者和指挥者。中共上海办事处的潘汉年、冯雪峰一方面正忙于同国民党进行谈判,一方面也对营救“七君子”的工作给予了积极的领导和配合。

胡愈之这时主要的工作是通过报纸和其他舆论工具(包括

外国记者）揭露国民党反动派，一面组织律师准备进行辩护，开展面对面的说理斗争。

“七君子”于 1936 年 11 月 23 日被捕，同年 12 月 6 日由全国各界救国联合会执行委员马相伯、宋庆龄、何香凝具名发表了《为七领袖被捕事件宣言》。这宣言义正词严，有理、有力、有节，驳斥了横加于救国会的莫须有的罪名，并声明决不放弃抗敌救亡的爱国立场，“救国会的人士，既以身许国，决不是逮捕等等足以阻碍其志的”。宣言要求国民党政府立即释放被捕领袖，公开保护救国运动，实现抗战。这篇宣言影响很大。许多年以来，宣言的作者是谁，一直是个秘密。直到 60 年之后的 1996 年《胡愈之文集》出版，编者收进了这篇宣言并作了说明，读者们才知道原来许多救国的重要文件，包括这篇宣言，都出于胡愈之的手笔。

上述这个宣言在当时震撼人心，不仅由于具名的都是德高望重的爱国人士，确实还由于宣言本身代表了人民群众的公意，由于一贯为人民仗义执言的政论专家所执笔。为了证实宣言的雄辩，本书摘引宣言的一节如下：

“救国阵线要求停止一切内战，因为从任何方面发动的内战都只是消耗抗战的实力，而助长敌人的进攻。救国阵线决没有鼓动任何工潮，工潮是由日本资本家疯狂剥夺所激起的；救国阵线站在的立场，对于日厂工人同胞为了要求最低限度的生活条件而起的罢工，必然加以同情的援助。至于民族企业，它始终保持着一种使民族资本能够独立顺畅的发展，同时保证工人获得适当生活条件的态度。救国阵线更说不到危害民国，恰恰相反，它的目的正是要击退危害中华民国的敌人日本帝国主义，保卫我中华民国领土和主权的完整。救国阵线也决没有扰乱地方治安，恰恰相反，它的目的正是要驱逐那剥夺我整个民族安全的罪人日本帝国主义，而使我全国人民能安居乐业，享有各种民主权利。一切造谣和中伤都是日本军阀亡我家灭我族的种子。不幸我政府当局竟也因此误会我救国会的主张，那真是为亲者所痛为仇者所快呢。"

宋庆龄、何香凝、冯玉祥、马相伯、于右任等国内政要和罗曼·罗兰、爱因斯坦、杜威、罗素、孟禄等国际知名人士都公开发表谈话或致电国民党当局，要求恢复沈钧儒等的自由。

爱国将领张学良、杨虎城于同年12月初曾专程从西安到洛阳会见正在部署"剿共"内战的蒋介石，央求他释放救国会七领袖，蒋介石拒不采纳。因此张学良曾当面提出质问：

"这样专制，这样摧残爱国人士，和袁世凯、张宗昌有什么区别？"

蒋介石回答说："全国只有你这样看，我是革命政府，我这样做，就是革命。"①

蒋介石如此顽固不化，坚持"剿共"内战，蛮不讲理，终于迫使张杨对蒋采取非常行动。12月12日，两人联合发动了震惊中外的西安事变。张杨提出八项救国主张，其中之一就是要求立即释放爱国领袖。

胡愈之不仅致力于同国内外各方人士联系，推动营救运动，

① 张学良谈"七君子"事件[N]. 解放日报，1936－12－17.

同时加强同苏州狱内的七领袖的联系，协调共同的斗争立场。取得主张和行动上的一致。胡愈之通过亲友探望的机会，把有关的信息送进监狱，使他们正确了解外面的形势。

“西安事变”后一段时间内，国民党反动派突然加强对“七君子”的控制，不准他们看报，也不准外面人探望。经过七人反复研究，他们向看守所所长交涉，所长同意他们幼年的子女可到监狱探望。这样，胡愈之就将自己用“紫云姑母”名义写的传达有关的形势和斗争设想的信件，交由邹韬奋、李公朴、章乃器三人年幼的子女轮流带进了监狱。这样的联系办法坚持了几个月，这些爱国者的孩子们在斗争实践中始终没有出错，都得到了政治斗争的锻炼。[①]

胡愈之在新闻界有许多朋友，他把许多报刊都动员起来，登载有关“七君子”狱中斗争和国内外知名人士参加营救的消息，造成对国民党政府的一种强大的舆论压力。

救国无罪

到 1937 年 4 月，国民党政府变本加厉，还要勉强拼凑一些所谓“罪行”，对“七君子”提起公诉。消息传出，又立即引起全国的纷纷抗议，认为“七君子”无犯罪之可言，国民党政府应该撤回公诉，立即恢复沈钧儒等人的自由。

---

① 中国社会科学院近代史研究所中华民国史研究室．救国会[M]．中国社会科学出版社，1981.

为了迎接法庭上的尖锐斗争，胡愈之已作了为“七君子”延聘辩护律师的准备。胡同律师界早在1932年参加中国民权保障同盟时就有了广泛的联系。名律师张志让是他交往十分亲密的朋友。加上“七君子”中沈钧儒、沙千里、王造时、史良四人本人就是律师，上海许多名律师是他们合作过的同行。因此经过胡同律师们的共同努力，组成了一支为“七君子”辩护的强大的律师队伍。

为沈钧儒辩护的是张耀曾、秦联奎、李肇甫。

为章乃器辩护的是张志让，陆鸿仪、吴曾善。

为邹韬奋辩护的是刘崇佑、陈霆锐、孙祖基。

为李公朴辩护的是汪有麟、鄂森、陈志皋。

为王造时辩护的是江庸、李国珍、刘世芳。

为沙千里辩护的是江一平、徐佐良、汪葆楫。

为史良辩护的是俞钟骆、俞承修、刘祖望。

21位律师中江庸、江一平、陈霆锐、张耀曾、鄂森、俞钟骆、陆鸿仪等都是当年上海特别有声望的大律师。张耀曾1917年就是北洋政府的司法部长，沈钧儒当过他的秘书。

6月，苏州高等法院开庭审判，“七君子”都在法庭上进行申辩，大张正义，检察官被驳斥得狼狈万状。在第一次审判之后，胡愈之发挥了他记者的英才，在当晚就根据旁听的人们的汇报，写出了一篇《爱国无罪听审记》，长达四千多字，送交上海几家报纸以大半版的篇幅刊登出来，这篇文章全面反映了爱国领袖反驳反动政府“控诉”的场面，充分揭露了国民党反动派诬害“七君子”的真相，增强了对国民党的舆论压力。

救国入狱运动

到6月下旬法院第2次审判时，胡愈之又出面约请宋庆龄，何香凝牵头，胡本人和诸青来、彭文应、潘大逵、王统照，张天翼、张宗麟、陈波儿、沈兹九等一共16人一起发起“救国入狱运动”。

6月25日，宋庆龄等16人给苏州高等法院发了“呈文，”申明如果“七君子”爱国有罪，他们16人愿同“七君子”一起领罪入狱。这篇呈文是胡愈之起草的：

呈为沈钧儒等被诉危害民国羁押受审一案，具状人等，言行相同，束身待质，请予并案办理事：窃爱国无罪，不待烦言，沈钧儒等，从事救国工作，并无不法可言，羁押囹圄，已逾半载，倘竟一旦判罪，全国人民均将为之惶惑失措。具状人等，或为救国会会员，或为救国会理事，或虽未加入救国会而在过去与沈钧儒等共同从事救国工作。爱国如竟有罪，则具状人等，皆在应与沈钧儒等同受制裁之列。具状人等，不忍独听沈钧儒等领罪，而愿与沈钧儒等同负因奔走救国而发生之责任。为特联名具状，束身待质，仰请钧院将具状人等悉予羁押审讯。爱国无罪，则与沈钧儒等同享自由，爱国有罪，则与沈钧儒等同受处罚。具状人等愿以身试法律上救国之责任。特具呈钧院，守候传讯，伏乞钧院迅予处理，以解天下之惑，实为公便。谨呈江苏高等法院。

具呈人孙宋庆龄、何香凝、诸青来，彭文应、张定夫、胡愈之、汪馥炎、张宗麟、潘大逵、王统照、张天翼、沈兹九，刘良模、胡子婴、陈波儿、潘白山。[①]

然后16人又公开发表《救国入狱运动宣言》。宣言号召爱国的中国人都为救国而入狱，陪沈钧儒等坐牢。宣言中写道：

“沈钧儒等七位先生关在牢里已经七个月了。现在第二次开审，听说还要判罪。沈先生等犯了什么罪？就是犯了救国罪。救国如有罪，不知谁才没有罪？

“我们都是中国人，我们都要抢救这危亡的中国。我们不能因为畏罪，就不爱国，不救国。所以我们要求我们所拥护信任的政府和法院，立即把沈钧儒等七位先生释放。不然，我们就应该和沈先生等同罪。沈先生等一天不释放，我们受良心驱使，愿意永远陪沈先生等坐牢……”[②]宣言之外，还发布了一个《救国入狱运动规约》，一共三条：

一、救国入狱运动以争取救国无罪为其唯一目的。凡参加者，可一人或数人联合向江苏高等法院或当地法院具状，声明愿与沈钧儒等案与被告连带负责，并请求法院传押审讯，如沈等无罪，则同获自由；沈等有罪，愿同受处罚。

二、参加者接到法院传票后，应于二十四小时内即行到庭，束身待质。在沈钧儒等七人未经全体无罪开释之前，决不请求

① 中国社会科学院近代史研究所中华民国史研究室．救国会［M］．中国社会科学出版社，1981．

② 中国社会科学院近代史研究所中华民国史研究室．救国会［M］．中国社会科学出版社，1981．

法院释放。

三、救国入狱运动应完全在合法范围以内为之。对政府应热情拥护，对法律应严格遵守。且不得有任何扰乱治安，妨害秩序以及其他一切规外行动。[①]

这些文件的发表都引起社会上巨大的震动，赢得广泛的同情。

苏州之行

7月5日，发起"救国无罪运动"的人们终于采取行动了。

宋庆龄、胡愈之、诸青来、彭文应，汪馥炎，张定夫、张宗麟、潘大逵、陈波儿、沈兹九、张天翼等十二人从上海搭乘火车来到了苏州。他们各人都自带简便的行装，准备同"七君子"一起坐狱。他们到了苏州，都搭乘人力车，直奔苏州高等法院。发起人中其他四人都因病或因事不及同去。

法院对于十二位突如其来的客人，有点不知所措。法院的书记官长最初要求十二人推代表与院长面谈。十二人就推了宋庆龄、胡愈之、渚青来三位，责问院长。院长答复说，关于拘押罪犯的事要检察官决定，他本人没有这个权。他把事情推给检察长。后来首席检察官出面谈话，又说"七君子"案正在审理，法官怎么判还不知道。他请十二人等候裁定。

---

① 中国社会科学院近代史研究所中华民国史研究室．救国会[M]．中国社会科学出版社，1981.

十二人坚持:既然检察官已在开庭时说救国会“危害民国”,十二人都是救国会的负责人,就应当一起关押,一起侦查。

这个首席检察官就始终说,当时还没有罪证,他不能决定羁押。争了一上午,毫无结果。中午前,检察官借口事忙,就溜走了。

十二人中午就在法院会客室吃了一点面条,权作午餐,法院下午还因天热照例不办公。十二人就坚持不离法院,准备在法院过夜。

到下午五点半,检察处终于派了另一位检察官和大家谈话,坐下来和十二人商量解决办法。

这时宋庆龄因喉疾,不能多说。由胡愈之向检察官提出了几个具体问题。第一个问题是:“假使提出证据,法院是否能加以侦查?”

对于这个问题检察官回答说:“如果有证据,就预备开始侦查,各人可听候传询。”

第二个问题:“如果沈钧儒等七人有罪,我们要求同样对待,行不行?”

检察官答道:“他们是否有罪还不晓得,不过如有证据,自然要依法办理。”

第三个问题:“救国会是不是危害民国的团体?上次检察官为什么这么说?”

检察官的回答:“救国会从字面上看,当然不是有罪的;不过一个团体中总免不了有不良好的分子。而你们救国会的内容怎样,因为案子不归我办,我也不能断言,但救国会总不是危害民国的。”

第四个问题:“假使有其他的人有和我们同样的要求,法院方面是否像对顾留馨、任颂高(顾留馨、任颂高是上海职业界救国会会员,他们曾联名具呈江苏高等法院,要求恢复沈钧儒等七人自由。法院以顾等有共犯之嫌,被一并立案侦查,并被一并起诉指控犯罪——作者注)一样马上羁押起来,还是像对我们一样呢?我们的行动比顾、任两人有过而无不及,法律是不是对我们优待了呢?将来又怎样呢?”

检察官说:“关于以前的事,不是我经手,所以我不晓得。不过以后,如有同样要求的,自当与诸位一样办理。”

谈话到这里结束了。宋庆龄等十二人认为检察官下午的答复和上午不同了,法院已答应对自请与“七君子”同案办理的救国会人员进行侦查,救国入狱运动就可以根据这个答复采取进一步的行动,贯彻“救国无罪”的目的。因此,当晚十二人就离开苏州,回到上海。

国民党法院不敢羁押“七君子”的合作者,说明国民党当局在强大的爱国运动压力下已不敢任意妄为。

两天之后,卢沟桥响起了抗战的炮声,救亡运动终于达到促成抗战的目的。国民党政府再也没有理由追究救国会的“危害民国罪”,被迫于7月末无罪释放了“七君子”。

胡愈之经过了这次营救“七君子”的运动,取得了广泛团结国内外正义人士共同奋斗的宝贵经验,他在贯彻中国共产党的抗日民族统一战线方针的实践中取得了巨大的成绩。

1937年4月17日,胡愈之编印了《救国言论集》一书,同年8

“七君子”出狱后与杜重远一起会见爱国老人马相伯

月，他又编印了《救国无罪》一书，由上海时代出版社发行。两书的序言都是胡愈之写的。这两年救国会的许多重要文件都收在这两本书里面。

与新闻界协作

在救亡运动中，胡愈之为了宣传与广泛发动群众，多方运用新闻媒介。为了营救“七君子”，他又尽力取得新闻界进步人士的合作。举一个例子，胡愈之通过萨空了在上海《立报》上刊登了许多营救“七君子”的消息。按萨空了关于《立报》的回忆，潘汉年也参与了有关新闻工作的规划。

11 月 23 日半夜，国民党政府抓了救国会七位领袖，章乃器夫人胡子婴在凌晨赶到了九江路《立报》馆，把七人被捕的消息告诉了萨空了。这时早晨要印的报纸已拼好了版，萨空了当机立断，在一版右下方抽换了一条短消息，加上粗花边，加标题为《今晨七人被捕》，消息里连七人的姓名也没有提。但是就是《立报》这个小方框最早传出了“七君子”被捕的消息，震动了全国。

《立报》为营救“七君子”作的最成功的报道是“七君子案”开审之前连续组织的“七君子”家属的访问。《立报》记者首先访问了李公朴夫人张曼筠，其次是王造时夫人朱莲芳，然后是邹韬奋夫人沈粹缜、史良和沙千里二人的两位老母亲，沈钧儒的大儿子沈谦。他们通过访问发表了充满激情的谈话，畅谈爱国有理，义正词严地谴责了国民党政府，同时谈话又充满了亲属的深切感情，激动了广大爱国读者的心。[①]

在宋庆龄、何香凝等16人发起“救国入狱运动”时，《立报》连副刊《花果山》也刊登了一些小特写，题为《救国罪案花絮录》，写“七君子”受审期间动态的小故事。随着救国运动的高涨，《立报》的有关报道连篇累牍，形式多样，百花齐放，它实实在在成了救国会的喉舌。

萨空了在80年代写了一篇回忆文章，题为《忆〈立报〉的那一段生活》，文中提到营救“七君子”时期同胡愈之和潘汉年的合作，他说；“为了营救‘七君子’，《立报》尽了最大的努力，同时代的人都认为，这些报道是成功的。这里面有我和《立报》同仁的努力，但是我更要说的是胡、潘两位，当年在许多事情中都充当

---

① 萨空了．我与《立报》[J]．新闻研究资料(27)：69．

着默默无闻的角色。我觉得应当说出来让大家知道,这是历史事实。"①

但是,很可惜,关于他们的往来,萨就提了上面这些,没有留下更详细的情节。

胡子婴的回忆

关于胡愈之当年在救国会的业绩,胡本人谈得很少,因为他从来功成不居,但是,胡的战友,也是他的同乡和同族胡子婴在1945年写了一篇回忆文章,她对胡愈之在救国会里所起作用有些描述和评价,这是份很珍贵的材料。现摘录有关部分如下:

"大家总还记得,抗战前一二年,中国曾有过掀动全国的爱国浪潮,有过七人之狱;当七人之狱发生后,中国的救国组织,中国的爱国运动,几乎遭到了消灭的危险,因为很多人都消沉于爱国有罪的恐怖中了。当时我们(指胡愈之和胡子婴本人等未遭拘捕的救国会工作人员——作者注)曾以所有的物资和精神,来抵挡这次的暴风雨。从这次共事中,我不仅认识胡愈之人格的高超——他从不以功自居,并且认识了他智慧的超人,因为要挡住如此狂暴的打击,决不是一件简单的事,决不是单凭几个人的意志就能完成任务的,这是需用最周全的办法,最远大的见识,再加上坚决不移的意志,才能使行将崩溃的全国的爱国浪潮不致平息,才能使这一点中国的正气挺立于社会,不至于被消灭,

---

① 费孝通等.胡愈之印象记[M].中国友谊出版公司,1989.

而能够完成这样的任务,实在是他的功绩。

“这场暴风雨终于没有损害中国人的爱国热情,而这种爱国热情终于推动了全国一致地抵抗日本,他实在应居首功的。但我相信,到现在恐怕还没有人知道他的这一个功绩。”

“当时,我对于他的信任,已经神化,只要是他的决定,我会不假思索地去执行,即使赴汤蹈火,也在所不辞。

“他对于这次全国性的救国运动,尤其是遭受打击后的救国运动,真像这次大战(指第二次世界大战——作者注)中美国的参谋总长马歇尔。整个运动的战略的决定,完全操在这个不被人注意的人的手里。得失成败,全决定于他,愈之先生如果真正的当军事参谋长,我相信他也是绝对胜任的,因为他智慧之深广,意志的坚定,实在足以担当任何重大的责任……”①

胡子婴当年是全国各界救国联合会干事会的总干事,是救国会的骨干。这个干事会是秘密的,是由各个救国会推选的比较年轻能干的人。副总干事是徐雪寒,朱楚辛,干事有张劲夫,彭文应、周光明等。他们是救国会实际办事的班子。鲁迅葬仪的筹备工作就是这个干事会负责的。

---

① 胡子婴. 忆胡愈之先生[J]. 中学生,1945(7).

第十四章

在“七七”事变后的上海

胡愈之作为一个有远见的爱国者，早在“九一八”事变后，就开始呼吁全民族团结起来抗日救亡，以后又竭力为贯彻党的抗日民族统一战线的方针工作；到1937年7月7日，终于实现了国共第二次合作，并开始了抗战，他的心情是十分兴奋的。但是，要实现民族的解放，人民的民主，前程还是十分艰难的，为了坚持抗战，坚持团结与进步，胡愈之又以机智灵活的工作经验，在新的形势下做出新的贡献，主要是统战工作和文化宣传工作方面新的贡献。

《月报》的创办

早在抗战爆发之前，胡愈之考虑到加强抗日民族统一战线的宣传，同开明书店商量，出版一种文摘性刊物。当时文摘性刊物在国外已十分流行，但在国内还是创举，它可以有目的地广泛选取国内外报刊上的材料，集中反映一个时期内各种意见和主张，取得更大的宣传效果。胡愈之创办的文摘刊物取名为《月报》，是按月进行报道的意思，在1937年1月15日正式出版。

这刊物没有创刊词，但胡愈之在第一期《这一月》的卷头语里说明了发刊的宗旨：当时国内报刊已数以千计；那上面的文字图画，并非篇篇精彩，读者也读不胜读，《月报》旨在取它们的精华，办一本“真正像样子的综合刊物”。他还说《月报》登载各方面各种不同的意见和主张，独不许有它自己的意见和主张。当然这两句话只是说明文摘性刊物的一种惯例，它专发别家报刊的文章而不发自己组织的独家刊用的文章，这决不意味编辑部不显示自己的意见和主张。胡愈之这么说，是一种争取中间群众的策略，

《月报》。《月报》是胡愈之创办的，旨在宣传建立抗日民族统一战线的全国第一份文摘性刊物，1937 年 1 月由开明书店出版。

实际上刊物的政治倾向性很强，编辑也是要发表很多见解的。胡愈之撰写的《这一月》，就对文化界的现象发表了很多意见。第一期的《这一月》的结束语是这样写的：

“对于我们的文艺界，希望‘停止内战’！过去的旧帐不算，就从 1937 年一期开始，大家举起笔杆，一致对外吧！”

这不是编者自己的意见吗？

这本刊物每一期都分设政治、经济、社会，学术、文艺、参考资料等专栏，确实容纳了许多报刊大量意义较大的文章，对读者了解中国和世界的局势很有帮助。举一个例来说，《月报》第六期既登载了“七君子”案中国民党政府高等法院的起诉书，也刊

登了被告沈钧儒等七人和他们的21位大律师的答辩状。两者一对照,事理就非常清楚了。

《月报》还在各个专栏发表综合一个月情况的"情报"。第一期的"政治情报"就全面报道了上个月即1936年12月西安事变的情况。当年12月31日军事法庭判张学良徒刑十年,但蒋介石具呈国民党政府,责令"戴罪立功",张即在孔祥熙家度过当年的除夕。这说明"情报"反映得快,都是很新鲜的消息。

主持《月报》编辑工作的是胡愈之,和他一起编辑的仅有叶圣陶、孙怀仁、邵宗汉、胡仲持等四人。胡在《世界知识》的同事郑森禹在刊物出版几期之后参加了编辑译稿的工作。孙怀仁是经济学者,主编经济栏文稿。

这个刊物非常重视读者意见,曾举办读者投票评判最满意与最不满意的文稿,并公开在刊物上发表投票结果。连最不满意的文稿的作者也同时公布。

《月报》第三期公布了读者评判第二期文章的结果。

第二期上读者最爱读的文章:

1.《张学良到底是个怎样的人?》(王卓然) …… 45票

2.《中国团结起来了》(林语堂) ………………… 17票

3.《青年思想独立宣言》(蒋弗华) ……………… 15票

第二期最不满意的文章:

《的笃戏》(魏金枝) ……………………………… 7票

《月报》16开,厚达250页,仅售2角5分,但内容之丰富,简直没有一本月刊可与它相比。

《月报》出版后受到许多读者的好评,赞为出版界开放的"一朵灿烂的奇葩”、“知识的乐园”；读者购阅，“就省事省钱，真是造福不浅”。[①]

当时，复旦大学也出了一本类似的刊物，取名为《文摘》，取材面不如《月报》广，翻译材料较多，政治影响不如《月报》大。

但是很可惜，“八一三”淞沪战役中，开明书店设在闸北的印刷厂在战火中烧毁，《月报》是在这个印刷厂印制的，不得不被迫停刊。这刊物一共只出了七期。

于是，胡愈之经营抗战宣传的精力就转移到了别的方面。

国际宣传委员会

抗日战争开始以后，救国会积极开展抗战宣传。尽管国民党借口统一救亡运动，千方百计篡夺文化界宣传活动的领导权，但是腐败无能的国民党官僚干不了什么真有成效的实事。上海的文化界成立的统一战线组织“上海文化界救亡协会”由国民党CC派的骨干潘公展当了主席，国民党反动文人周寒梅当了该会宣传部的部长，胡愈之只当宣传部的副部长，可是真能出主意、办实事的是胡愈之和同他合作的一批地下党员和左翼人士。

协会宣传部成立了一个国际宣传委员会，就由胡愈之负责领导。委员会的任务是向国外宣传中国抗战的情况，争取国际上对我国抗战的同情和支援。

当时国民党政府也有个附设于军事委员会的国际宣传处，

---

① 陆象贤等．读《月报》[J]．读书俱乐部(26)．

由国民党人董显光主持,可是他的机构不说真话,战况消息刻板而迟缓,报喜不报忧,因此没有威信。胡愈之却长时期从事国际报道,熟悉世界,熟悉外国新闻界。他 1932 年离开《东方杂志》之后,曾一度在法国的哈瓦斯通讯社工作,十分了解外国新闻界的报道要求。再说他在国内舆论界的资望很高,他能组织一批对外宣传的能人,与他通力合作、发挥有力的宣传作用。

据当年同胡愈之在国际宣传委员会共事的另一著名记者刘尊棋的回忆:国际宣传委员会设在南京路大陆商场的楼上,参与工作的除胡愈之外,有中共党员钱俊瑞,他曾在美国留学,曾在苏联的塔斯通讯社的上海分社工作,早在前几年参与救国会内的统战工作中已与胡愈之密切合作。还有曾在大革命时期武汉政府任外交部长的陈友仁的儿子,也是外语专家的陈丕士。还有三十年代在上海主办英文《天下》杂志的几位洋文秀才。刘尊棋本人在塔斯通讯社的北京分社工作过,也是擅长英文新闻工作的人才。

国际宣传委员会的新闻消息主要靠上海各报的进步记者提供。关于延安党中央和八路军挺进敌后的消息全靠当时正在筹设的八路军上海办事处供给。委员会每天上午在国际饭店招待外国记者,发布新闻,下午编印英文新闻公报。这个对外宣传班子工作能力很强,效率极高。由于胡愈之、钱俊瑞他们贯彻党的统一战线政策,参加工作的人在一起战斗,感到如鱼得水般愉快。①

---

① 冰心,巴金等. 抗战记事[M]. 中国友谊出版公司,1989.

这期间，胡愈之既忙于救国会的支援抗战活动，又忙于对外宣传，接谈的人川流不息，但他总是热情接待，侃侃而谈。[①]

据刘尊棋说，胡愈之在主持这项工作时，需同多方面的人员联系，他简直“忙得不可开交”。

据胡愈之自己的回忆，国际宣传委员会的新闻稿是很受外国记者们欢迎的。因为，“这份新闻稿的内容，都是我们联系的报社记者从实地采访来的，真实而生动。不仅有前方战争情况的报道，还有后方全中国人民同仇敌忾、开展轰轰烈烈的抗日救亡运动的消息；不仅有国民党正面战场的情况报道，更有共产党八路军挺进敌后，开展敌后战场，取得平型关等重大胜利的消息。所以这份新闻稿很受外国记者的欢迎，他们大量采用，发往国外。这样我们突破了国民党的新闻封锁，向国际上宣传了中国抗战发展的真相，特别是使国际上了解到共产党八路军在实现抗战中的重大作用”。

与此同时，胡愈之还考虑到向海外华侨中文报刊发布抗战信息，成立了一个国际新闻社。负责这项工作的是王纪元、恽逸群、郑森禹、张明养等胡愈之在《世界知识》工作中熟识的同志。这个供应社在上海沦陷后移设香港，仍对海外华侨报刊供稿。

胡愈之创办的国际新闻社迁到香港以后，开始发行英文的《远东公报》(Far East Bulletin)，由著名经济学专家陈翰笙教授主持。陈是个老共产党员，曾长时间在海外工作，同许多外国知名人士和新闻记者相识。公报每周发行一次，发给境外和海外

---

① 费孝通等．胡愈之印象记[M]．中国友谊出版公司，1989.

所有重要的报刊和友好团体和著名人士。《公报》的编辑工作全由陈教授一人承担。在他主编期间,1941 年春国民党挑起了反共的“皖南事变”,并且颠倒黑白,诬称新四军违抗军令。当时在境外能及时用外语报道真相、澄清是非的就是国新社的《远东公报》。《公报》一直坚持发行到太平洋战争爆发、香港沦陷为止。日本投降后,国新社在香港恢复工作,《远东公报》也恢复发行。这时《公报》改由曾在上海参加国际宣传委员会工作的刘尊棋主持。《公报》在这些年中间,一直发挥了中国人民力量对外宣传的积极作用。

在香港的国际新闻社除了编发《远东公报》以外,主要的工作是向海外华文报刊发稿。它编发每周一次的通讯稿《国新通讯》,还发寄一些单篇的评论和国内通讯给海外的华文报刊。在整个二战期间,国新社发稿的内容主要是宣扬中国人民抗战和争取民主的斗争,也鼓吹国际民主力量反对法西斯轴心的斗争。二战以后,国新社向海外着重宣传中国人民反对美蒋勾结和争取民主的斗争。它在动员海外华侨、华人支援祖国人民革命斗争方面起过重要的作用。当年参与香港国新社工作的还有胡愈之的亲密战友恽逸群、王纪元、郑森禹、刘思慕等知名记者。

支持《救亡日报》

上海文化界救亡协会成立之后,郭沫若这位文化界的著名人士已从日本回到上海,当时周恩来指示上海文救会的共产党员倡议办一张上海文救会的机关报，一张国共合作的报纸，文化界统一战线的报纸。由郭沫若、潘汉年出面同文救会的主席潘公展商谈，双方协议报纸由郭沫若当社长，夏衍任中共指派的总编辑，暨南大学教授樊仲云任国民党指派的总编辑，双方各出五百元作为开办费，还成立了一个双方同意的编委会，委员三十人：

巴金、王芸生、王任叔、阿英、汪馥泉、邵宗汉、金仲华、茅盾、范长江、柯灵、胡仲持、胡愈之、陈子展、郭沫若、夏丏尊、夏衍、章乃器、张天翼、邹韬奋、傅东华、曾虚白、叶灵凤、鲁少飞、樊仲云、郑伯奇、郑振铎、钱亦石、谢六逸、萨空了、顾执中。

在文救会里还设立了一个“会报委员会”，由潘公展、潘汉年、胡愈之、叶灵凤、汪馥泉等五人组成，作为《救亡日报》的领导机构。[①]

报纸定名为《救亡日报》，在1937年8月24日创刊。日出铅印四开一张。报社经费极少，办这张报是一项艰苦工作，工作人员都不支工资，因此真正参加实际工作的全是中共方面的人。樊仲云、汪馥泉都没有参与实际编辑工作。发行人周寒梅是潘公展的人，他主管经理工作，上海沦陷前夕，他就逃到内地去了。

报纸的主要编辑工作人员就是夏衍、叶文津、周钢鸣、彭启一、姚潜修、郁风等几个人。但是，据夏衍回忆，胡愈之和郑振铎以文救会宣传委员的身份，几乎天天来社参加工作。

据《〈救亡日报〉大事记》的记载，报纸在上海（从8月24日

---

① 广西日报新闻研究室.《救亡日报》的风雨岁月[M].新华出版社，1987.

至11月22日)一共出了86期,胡愈之为它多次写作重要文章:

9月13日社论《上海抗战的一个月》

9月18日"九一八"六周年纪念文章

10月10日《国庆日献辞——爱自己的兄弟》

10月28日《肃清失败主义心理》

另据《救亡日报》记者彭启一的回忆文章,10月27日日军在上海前线攻下了七宝、大场一线之后,上海已形成了两面被包围的形势,整个上海的沦陷已迫在眼前,上海市内谣言四起,盛传英美法三国已经出面调停,日军将不再进攻南京。当时国民党亲日派张群等人在上海活动频繁。针对这一形势,夏衍、胡愈之和在上海的党的负责人研究之后,拟出了以下几句口号:

"坚持抗战!反对分裂!反对妥协!"

"战则存!和则亡!"

"主和者就是汉奸!"

这几条口号第二天用头号宋体字在《救亡日报》第一版上刊登出来,引起了广泛的注意。这些口号振奋了爱国者的人心,打击了投降分子的阴谋。

胡愈之和夏衍这时已都是党在上海重要的文化战士,他们在《救亡日报》在上海出版期间,进行了亲密无间的合作,建立了深厚的战斗友谊。胡愈之支持《救亡日报》的经过,胡本人所作《我的回忆》内只字未提。但是《救亡日报》同人在1987年出版的《〈救亡日报〉的风雨岁月》一书中就着重提到了这位文化战士,不仅提到他在上海时期的协作,还提到了他在桂林时期对该报的支援。

反对妥协投降

10月初，随着平津在7月30日失守，而上海又濒于沦陷，国民党政府对持久抗战开始动摇，和谣迭起。恐日病患者，亲日分子也就公然出来散布亡国论调。胡愈之此时此刻已看到了抗战危机。他在安排《救亡日报》发表“反对妥协”等口号之前三个星期的10月4日，在邹韬奋在上海主编与出版的《抗战》三日刊上发表了《谨防疫病》一文。

他这篇文章把妥协的思想称之为“疫菌”，他说：“在我们对日寇的持久抗战中间，军事的偶尔挫败，是完全在我们的意料中的。不仅是一个地方的挫败，而且也可以在全部战线同时挫败；不仅是一次的挫败，而且也可以有十次、二十次的挫败。我们已经准备着焦土抗日，我们自然毫不畏惧挫败，我们所畏惧的只有一件事，就是我们自身中间妥协投降的疫菌随着军事的挫败而活跃罢了。”

他呼吁谨慎防范：“正像夏秋间我们必须打防疫针一样，我们现在应该加强民众组织，肃清汉奸意识，同时对外表示中国抗战决心，以预防疫病——妥协论与和平论——的流行。”

胡愈之的警告是完全适时的，而且同中共中央的观察和判断正相一致的。1937年10月25日毛泽东在延安接见英国记者贝特兰谈话时，第一次提到“抗日战争中的投降主义”，也是针对着上海放出的和平空气的。毛泽东回答贝特兰关于“请问如何克服投降主义”时说：“言论上指出投降主义的危险，行动上组织人民群众制止投降运动。投降主义根源于民族失败主义，即民族悲观主义，这种悲观主义认为中国在打了败仗之后再也无力抗日。……我们应当向人民群众指出战争的胜利前途，使他们明白失败和困难的暂时性，只要百折不回地奋斗下去，最后胜利必属于我们。投降主义者没有了群众基础，即无所施其伎俩，抗日战线便能巩固起来。”①

一直到半个世纪之后的1989年，民主人士、三十年代救国会的重要领导人之一孙晓村在撰文纪念胡愈之时，还推崇胡愈之《谨防疫病》这篇文章，说胡看问题有科学性和深刻性。孙说，“我发现愈之看问题比许多同志深刻，他对抗日救亡运动很热情，有信心，有决心，但丝毫不盲目乐观，认为要对困难和阻力有足够的估计。”

还说，“愈之这篇文章是抗战初期写的，后来在抗战过程中所发生的一些违反人民意志的事情，证明愈之不是杞人忧天或无病呻吟。”②

初见周恩来

1937年10月9日是鲁迅逝世一周年纪念日，以宋庆龄、蔡元培为首的鲁迅纪念委员会举行了一个纪念会，就在这个纪念

---

① 毛泽东．和英国记者贝特兰的谈话[M]//毛泽东选集第2卷．人民出版社，1968：353.

② 费孝通等．胡愈之印象记[M]．中国友谊出版公司，1989.

会上,胡愈之生平第一次见到中国共产党的领导人周恩来。周是同国民党进行谈判时途经上海的,他在纪念会上作了一个报告,传达了党中央关于抗日民族统一战线的指示,介绍了八路军在华北战场所取得的辉煌胜利。他还号召坚决打倒日本帝国主义和汉奸卖国贼。他这次讲话给了胡愈之和当时在上海坚持斗争的爱国人士以极大的鼓舞。胡以后在1977年回忆周恩来时说过:“上海的这次见面是短暂的,但给我留下了永远不可磨灭的印象。”“也就是他,敬爱的周总理,在艰难的日子里,鼓舞了我对革命树立胜利的信心,在惊涛骇浪中不动摇。”

1937年11月12日,上海陷落了。英法租界当时宣布中立,这样租界仍在英法当局的统治之下,它成了日寇四面包围之下的一个“孤岛”。于是原在上海的许多救亡团体和爱国人士转移到内地或香港。留在上海的一部分救亡报刊,都已不能不改变调子,甚至改变名称。公开的抗日活动不能搞了。留在上海的救亡组织仍然在难民、工人和市民中以隐晦曲折的方式方法开展宣传和教育工作。胡愈之这时还留在“孤岛”,继续负责救国会的领导工作。他仍然出席几个上层分子的座谈会,使这些人继续在抗日救亡的问题上保持一致的积极态度。

1938年1月30日,胡愈之和他在救国会的同事张宗麟联名给当时已去内地的章乃器、沈钧儒、邹韬奋三人写信,汇报救国会在“孤岛”时期一段工作。从这里可以看到胡愈之当时的工作情况,他几乎是“孤岛”上的民政局长,还兼任了文教局长。信文摘录如下:

乃器、衡山、韬奋先生：

别来两月，想念至殷。港汉诸友，以为上海已如“孤岛”，留沪诸友也常常以处“孤岛”自称，其实上海的一切，决不如内地诸友想象中的荒凉寂寞。尤其是救亡工作，两个月来，在“质”与“量”两方面都有相当的进展。现在趁友人赴港之便报告一二：

在两个半月以前，当国军离去上海，诸友纷纷去内地工作的时期，上海诸友确实有些手忙脚乱，并且有些感到寂寞。但是过了不久——大概一个星期，我们的工作重新开始了，我们开始检讨过去，开始重新估计今后的工作。在那时我们认定有三种人是我们的工作对象：一是难民，二是工人，三是一般市民。这三种工作对象是大有区别的，难民留住租界内收容所是临时的，时时刻刻有被敌人要出来的可能，即使敌人不来要，一切给养也就不能长期维持，所以我们对于难民工作非特别加紧不可，于是立即动员上层，使收容所的门开得大些，让我们进去做工作，这点总算做得很够，现在至少有六十几个收容所是可以有很大的把握，可以让我们去教育他们。十几万难民至少已经有五万人能唱救亡歌曲，有八万人做过新年的纪念，还有一千余人已经学会了“新文字”，一万几千难童受特殊的难童教育，我们的难民工作人员统计起来至少有八百多人。有许多工作人员本身就是难民，所以工作效率极高。上海许多学校里已经听不到救亡歌声，但是走过难民收容所能够听到“起来不愿意做奴隶的人们……”的歌唱。旧历新年，我们已经预备了三万双袜子，八百个男女青年到难民收容所去慰问。这虽然是兴奋工作，但是预料也可以有很大的收获。

其次是工人工作。工人在上海相当散漫，过去黄色工会的打击确实相当厉害，但是自从国军离沪后，工人队伍中做联合战线工作收效不小。现在已经能够在一堂开会，能够共同选举了……

一般市民工作，我们是希望做到一般市民不做汉奸。过去两月，我们可以看出一点小小的效果，例如12月25日，元旦，“一·二八”等的挂国旗运动都有相当成绩。上海伪组织的难于出现，也不无受到这个影响……

“文化”与“教育”的工作是针对着上述三种对象做的。文化界的推动工作做得很有成就。愈之出席的几个座谈会，一般上层分子都很积极，虽然有一部分人背后有别的企图，不过表现在“救亡”一点上，都已经一致。干部的开展也还好，青岛剧社公演，能够维持到一个月以上。青年记者协会继续工作，一方面办《上海人报》，《大美晨报》等，一方面继续鼓动许多老记者，如《新闻报》等。此外还计划组织读书会，到今日为止，大概有二千人可以有把握。

教育工作向上下两层都有开展，上层工作如国民党的学校以及一般“学阀”渐渐可以接近，也有时能接受我们一二劝言。……至于对下层的工作，如工人教育、难民教育、街童教育等都与工人难民等工作打成一片做，成绩很好。

学生工作也渐渐有办法了，原因是各校内（国民）党的津贴生停止了，所以阻碍学生工作的力量取消了，因此纯洁而热情的学生可以迅速地组织起来,工作也就很顺利地开展起来。

职业界问题较多,但下层发展得极快,现在已经可以动员八千多人,其中以海关、银钱业、日商退职华员、粮食业等较强。至于上层联合战线也正在设法中,大约可以与中华职教社方面联合起来。

刊物出版较少,《团结》是我们的机关刊物,已出八期,从九期起改为十六开版本,式样与《抵抗》相仿。《上海人报》是我们的人办的,《集纳》、《译报》也是我们的人办的,最近正在译斯诺的《Red Star Over China》,2 月 15 日可以出版,1500 本已预约出去。愈之还打算印出《鲁迅全集》。

愈之和梁士纯等办了一个社会科学讲习所,托沪江大学商学院代办,2 月中开学,因此也就多了一个座谈会,同时也多了一个训练干部的机关……①

发信的日子是 1938 年 1 月 30 日。信是由胡愈之的亲密战友郑森禹带到重庆的。据郑森禹说,他还向救国会领导汇报了一些信上没有述及的情况都是“孤岛”上救国会的人在胡愈之领导下开展的工作。

1938 年春,为了训练抗日救亡工作的干部,胡愈之在“社会科学讲习所”亲自讲授过政治课。由于他在上海青年中已有广

---

① 中国社会科学院近代史研究所中华民国史研究室. 救国会[M]. 中国社会科学出版社,1981.

泛影响，听讲的人特别多。他还鼓励学员们编辑出版《社会科学半月刊》，成为“孤岛”救亡刊物中一名新兵①。以后，这个讲习所的毕业生中很大一部分都被输送到了新四军去。

创办几种进步报刊

在“孤岛”时期，胡愈之仍然用不少力量领导报刊工作，坚持进行抗日救国的宣传。这时候所有原来的报纸如《申报》、《新闻报》等都不再报道抗战新闻，不再刊登抗日言论。《立报》、《救亡日报》、《大公报》等都已停刊转移到香港或内地。胡愈之联合当时中共江苏省委地下党员成立的文化工作委员会办过《团结》、《集纳》、《上海人报》等，以后由于租界当局不许中国人出版抗日报刊，他们又利用外商主办名义，出版了《译报》，内容完全是外文报刊所载消息和文章的译文，也照样向中国读者报道了像南京大屠杀一类重大消息，发表了埃德加·斯诺等所写《西行漫记》内有关红军的文章。这报纸坚持了近一个月后，被迫停刊。

但是，1938 年年初，这报纸又改名《每日译报》继续出版，刊登的已不都是译文，又有了自己的社论、新闻和专稿，还有由王任叔主编的副刊《大家谈》。《大家谈》刊出了青年作家谷斯范所写通俗长篇小说《新水浒》，它反映共产党领导的太湖游击队的战斗生活，还揭露了“忠义救国军”反共反人民的反动武装的丑

---

① 费孝通等．胡愈之印象记[M]．中国友谊出版公司，1989.

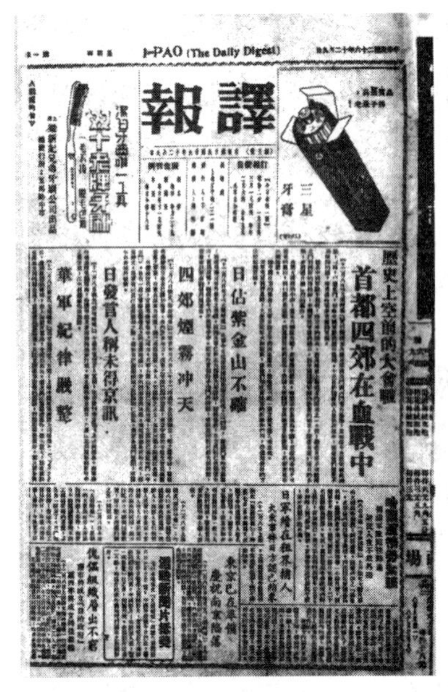

I-PAO (The Daily Digest)

譯報

歷史上空前的大會戰

首都四郊在血戰中

日佔紫金山不確

四郊煙霧冲天

日發言人稱未得京訊

華軍紀律嚴整

《译报》刊载的抗战消息

恶面貌；小说在《每日译报》上连续登载，极受读者欢迎。可是好景不长，半年多之后，《每日译报》也因遭到多方的压迫而停刊了。

就是那位青年作者谷斯范，1989 年写过一篇回忆文章，记载了《每日译报》有关的情况。他说：

“这是中共地下江苏省委文委主持的报纸，广泛团结了上海文化界、教育界、出版界、职业界、金融界、妇女界、宗教界的知名人士，在他们的支持下匆促上马，白手起家。自己没有印刷厂，委托《华美晚报》代印，租了爱多亚路 117 号几间房子，编辑部设在三楼，发行所在二楼，报社穷，对工作人员只供给膳食，每月发一点生活补贴……

“当时编辑部里充满了乐观的气氛。尽管我们都是些穷文化人，处于‘孤岛’特殊环境，谁也没有固定的工资收入，稿费低得可怜，物价一天天飞涨，回到家里不能不为柴米油盐发愁。但跨进编辑部的门，就一切丢诸脑后。1938 年 8 月 23 日起，连续十二天刊完了毛泽东的《论持久战》。那几天的《每日译报》，可说是洛阳纸贵，报摊上的零售报卖个精光。街头巷尾，《论持久战》成了热门话题。当然，编辑部里谈得更热闹，《论持久战》的发表是宣传工作的一次重大胜利，大大加强300万市民及上海附近报纸到达地区的人民群众对最后胜利的信心。”①

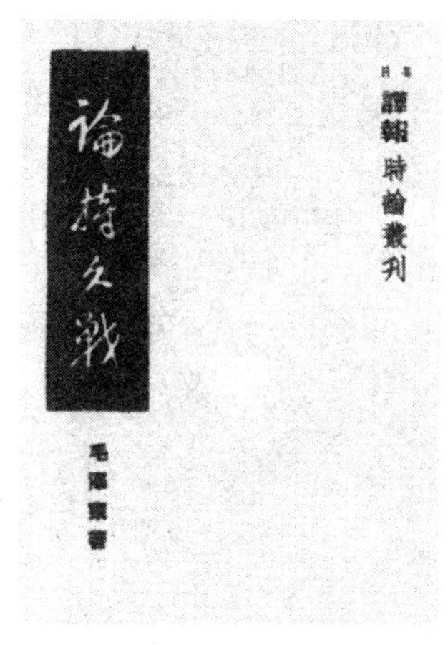

《每日译报》刊载的《论持久战》

坚持《译报》和《每日译报》工作的都是胡愈之的老战友王任叔、梅益、恽逸群、林淡秋和胡仲持等。夏衍在离开上海之前，也一度参与《译报》工作。《译报》在当年还是世界新闻史上的一种创造；解放后毛泽东主席主张创办的《参考消息》也是一张《译报》，它是抗战时上海《译报》的后继者。翻译工作者一直在为人民传播重要信息服务。

在《译报》后期，胡愈之忙于成立“复社”出版《西行漫记》的工作，对《译报》就过问得不多了。

加深对苏联的了解

我国开始抗日战争以后，与苏联的关系进入了一个新的阶段。我国的进步人士更希望促进中苏人民之间的相互了解和团结。1937年11月7日正好是十月革命二十周年纪念，胡愈之还在上海“孤岛”工作。他在组织一批进步翻译家翻译斯诺的《西

① 冰心，巴金等．抗战记事[M]．中国友谊出版公司，1989.

行漫记》同时,组织了文化界的知名人士撰写文章,一起来纪念苏联十月革命这个具有世界意义的伟大节日。

十月革命终究是个无产阶级革命的纪念日,这在抗战开始之前,要在上海国统区进行隆重的纪念是不可能的事。但是,抗战开始以后,国民党终于改变了反苏的态度。胡愈之向一些对苏联友好的知名人士征文,编成了《苏联革命与中国抗战》一书,公开宣扬中苏友好的重大意义。

当时应征的作者有三十多人,其中包括宋庆龄、何香凝、孙科、梁寒操、陈望道、章乃器、潘大逵、王统照、金仲华、沈兹九、羊枣、恽逸群、张仲实、施复亮、王纪元、张明养、沙千里、安娥、孙冶方、汉夫、萨空了、郑森禹,关露、傅于琛、贝叶、冯仲足、碧泉、叶波澄等人。

胡愈之为这本书写了一个序,反映着他当时对苏联这一社会主义新国家的崇敬和爱慕的心情。序文是这样写的:

"在中国人民大众对日本帝国主义开始抗战的中间,我们庆祝苏维埃社会主义共和联盟(简称苏联)十月革命二十周年纪念,这决不是偶然的。

"中苏两大民族的友谊是永远不可磨灭的。这不仅因为这两大民族地理上的邻接,而且是因为这两大民族遭遇同样的惨痛经验,经过同样艰苦的斗争;而且有着同样的光明前途。虽然,苏联的兄弟已经比我们更赶上一步。他们已经建立起一个辉煌的社会主义新国,而我们,却不幸得很,还逗留在民族独立解放斗争的艰苦的过程中。但是惟其如此,中苏两大民族的友谊,是更可宝贵了。不但如此,我们相信,全世界的和平,乃至人类的前途,也建筑在中苏两大民族的友谊上了。

“这一本小册子,搜集了中国文化界人士纪念十月革命二十周年的三十余篇文章。笔者原意拿这本小册子,当作一份礼物,向我们的伟大的社会主义邻邦,表示敬意。敬祝

十月革命万岁!

中国民族解放万岁!”

这一篇序言表达了胡愈之当年的爱国主义与国际主义紧密结合的思想。

文集中还收进了胡愈之自己的一篇文章,那是从参观苏联一个跳伞俱乐部的回忆写起的。俱乐部的一些航空员曾向胡愈之表示过,只要中国反抗日本的侵略,他们就决定到中国来支援,参加战斗。胡愈之据此说明,由于中国抗战是正义的战争,全世界人民都会出力支援。然后他下断语说:“我们断不是孤立的,所以我们也一定会得到最后的胜利。”

宋庆龄的文章排在全书的第一篇。她也谈论中国抗战的前途:“只要我们有自信的决心,苏联在短短二十年历史中所做到的,我们也能同样地做到。”

她还呼吁,“让我们把一种灿烂远景的希望,广播到全国各地,这希望就是建立一个从封建主义下解放出来的国家,以及建立在民主与和平的基础上的自由而美好的新生活。”

其他作者也都表达了类似的见解和希望。

当时这本书仍由上海的生活书店发行,这是抗战开始之后生活书店在上海发行的最后的书籍之一。这以后不久,随着大批进步文化人士离开上海“孤岛”,分赴内地工作,生活书店的人

员和资财一部分移到内地，一部分继续留在上海，但换了别的店名。上海生活书店在1937年11月赶出《苏联革命与中国抗战》一书，充分显示了它的革命色彩。同时，这也说明生活书店同胡愈之这位支持者保持着紧密的联系。

第十五章

复社的出版物

上海成为“孤岛”时期，胡愈之办了两项有重大思想教育意义的出版工作。一是《西行漫记》的翻译和出版，二是第一部《鲁迅全集》的问世。

《西行漫记》的诞生

《西行漫记》是美国著名记者埃德加·斯诺1936年访问中国革命圣地延安以后，所写的震动世界的著作，它是关于中国共产党和它所领导的陕北解放区的系统报道，它是和另一位美国记者约翰·里德所写《震撼世界的十天》关于苏联革命的报道一样，受到了全世界读者的重视，特别受到我国广大进步分子的热爱。斯诺的这本著作原名《红星照耀中国》，它的中文译本才改称《西行漫记》。

《西行漫记》的作者斯诺写书的时候，已在中国工作了将近八年。八年间，他对中国有了深刻的了解，他同情中国人民的苦难，和中国的一些革命者和进步人士建立了亲密的友谊。他访问延安的设想是得到了宋庆龄的积极支持才实现的。他非常尊重宋庆龄、鲁迅等等中国革命的先驱者。他早先翻译和出版的中国小说集《活的中国》,向西方介绍了中国左翼作家的作品,已经说明他支持中国进步事业的热情。1935年"一二·九"运动在北京爆发的时候,斯诺和他的夫人都是热心的参与者,他们和学生们挽臂走在示威游行队伍的最前面,他们在北京的家当时曾是中共地下党员们活动的场所。斯诺一家在访问延安之前已经是中国人民的友好人士,对中国满怀希望。斯诺写作《西行漫记》,充分报道中国共产党和红军惊天动地的革命伟业,正是他坚持正义的重大成果,也是他热爱中国人民这一友情的结晶。

1936年美国记者埃德加·斯诺完成了到延安的访问,在北平写出了被国民党多年封锁的红军长征和陕甘宁边区的详细介绍,交由英国戈·兰茨公司于1937年10月出版,书名为《红星照耀中国》。由于这本书不是一般的报告文学,而是具有文献意义的历史著作,它向全世界第一次介绍了中国共产党所从事的革命斗争和二万五千里长征的真相,具有巨大的新闻价值。它出版后几周之内就销出了十几万册。到1937年12月,三个月之内在英国就印了五版。美国兰登出版社印了美国版。这部著作是当年世界上的一本畅销书。以后多年也仍然盛销不衰,成为外国人了解当代中国最有权威的读物之一。

与斯诺相识

1937年11月斯诺由北平到了上海,这时北平已经被日军占领,而上海正是采访中国抗战新闻的热点。斯诺同胡愈之以前并不相熟,胡愈之当时是上海文化界统一战线组织文化界救亡协会的国际宣传委员会的负责人，他正为对外的抗战宣传，同在上海采访的外国记者密切合作。他作为国际问题专家和国际主义者，一向重视对外联络，广交外国朋友。也就在他为外国记者们提供报道材料时，他认识了斯诺。可能是由于他们思想认识上的接近，他们一见如故。胡愈之在访问斯诺在上海麦德赫斯特公寓的住处时，斯诺将刚从英国寄到的新作《红星照耀中国》送给了他。这本书的内容对于胡愈之同样是大开眼界的新闻。胡愈之自己写过《莫斯科印象记》这样深入人心的报道，他当然马上就理解它的内容对中国读者的重大价值。政治敏感促使他产生了迅速翻译与出版这本新书的要求。斯诺基于对中国革命的同情，完全支持胡的愿望，他立即宣告，《红星照耀中国》在中国出版的版权就让给了中国的出版者。然后，胡愈之这位有经验的翻译家和出版家就像接力赛跑中的接棒者一样，一接过书就奋力跑完了出版中译本的全程。

《西行漫记》的翻译

据胡愈之自己回忆，他得书后曾向当时在上海的原八路军办事处主任刘少文了解过斯诺去陕北的情况。他了解到，中国共产党欢迎斯诺，并急于要突破国民党长时期的新闻封锁。然后他就决定尽快出版这本书。

斯诺这本书一共十二章，约三十万字，胡愈之邀集了当时仍在上海的左翼文化人中善于翻译英文的人共同承担翻译工作。他们都在不到一个月的时间内译完。据《上海党史》月刊 1991

年第1期的记载:胡仲持对译稿全文作了校订,最后由胡愈之对全书的译文进行文字上的统一和润色。

按《西行漫记》出版时版权页上翻译者的署名一共十二人:王厂青、林淡秋、陈仲逸、章育武、吴景崧、胡仲持、许达、傅东华,邵宗汉、倪文宙、梅益、冯宾符。

其中“陈仲逸”是胡愈之的笔名。胡仲持是胡的二弟,傅东华、倪文宙、吴景崧、冯宾符是胡在商务时的同事。林淡秋,邵宗汉、梅益是胡在办《译报》时的同事。不少回忆文章提到翻译家蒯斯勋曾参加《西行漫记》的翻译工作,可能“王厂青”就是他的笔名。有一个说法“许达”是斯诺的中国助手。

据译者之一倪文宙在1988年他92岁时写的回忆,这些译者平时就有个聚餐会,聚谈文化人如何为抗战出力。聚会地点主要是在上海延安东路的“都益处”。(按胡愈之的记忆,这些人的聚餐会在八仙桥青年会地下室餐厅内举行。)这些人都早已了解斯诺,因为斯诺同情中国的抗日和中国政治的改革。1932年“一·二八”日军进攻闸北时期有一天夜间,斯诺曾进入闸北宝山路战地察看,很有冒险精神。

当时译者们知道胡愈之为翻译和出版斯诺这本书成立了“复社”,正在筹措资金,于是他们商定,翻译不领稿酬,得款都用于出版事业。这个“复社”就办在福煦路(今金陵西路)安乐村174号胡愈之和他二弟合住的一幢楼房的客堂间里。

倪文宙还说,他担任了两章的翻译,他当时已因打仗不在中华书局任职,因为他编的《新中华杂志》已停刊,他改在中学教书,翻译《西行漫记》两章时,白天教书,晚间熬夜赶译,实在疲乏之至。他译的是关于彭德怀的故事。斯诺写书忠实公正,不存偏见,不夸张,不低贬,从细小的事体中去反映彭德怀的品质,因此他译后所得印象很深。

倪文宙还记得协助复社搞发行工作的有两人,一个是黄幼雄,是倪在《东方杂志》时的老同事,精于出版工作;另一位是张宗麟,曾是倪"中学和大学的老同学,为人机敏刚直。"①

从胡愈之得到斯诺这本《西行漫记》一直到译稿的付印,成书的征订和发行,一共只花了两个多月时间,可是在这两个月的时间内,胡愈之不仅参与翻译,还要考虑这本书怎么出,能否公开发行。

在翻译过程中,翻译者也发现一些原书难于理解的文字,胡愈之曾多次同斯诺研究,因此斯诺对原作做了一些补充和修改。斯诺为胡愈之提供了许多珍贵的图片,不少是英文原作没有发表过的。特别是人物照片,是斯诺专为中译本提供的。其中毛泽东戴八角帽的那张,是斯诺自己拍摄的。斯诺还为中文译本写了一篇序言。斯诺曾应邀为胡愈之等人的聚餐会作过报告,回答了他们提出的一些问题。

斯诺为中译本写的序言充分表达了他对中国人民的感情。他一开头就说,这本《西行漫记》是他写的,但实际上不是他写的,因为书里记录的故事,"是中国革命青年们所创造,所写下的"。

---

① 倪文宙.关于《西行漫记》的翻译和出版[M]//中国史沫特莱—斯特朗—斯诺研究会.《西行漫记》和我.国际文化出版公司,1991:114.

他还说:“从严格的字面上的意义来讲,这一本书的一大部分也不是我写的,而是毛泽东、彭德怀、周恩来、林伯渠、徐海东、徐特立、林彪这些人所口述的,他们的斗争生活就是本书描写的对象。……还有几十篇和无名的红色战士、农民、工人、知识分子所作的对话,从这些对话里面,读者可以约略窥知使他们成为不可征服的那种精神,那种力量,那种欲望,那种热情。——凡是这些,断不是一个作家所能创造出来的。这些是人类历史本身丰富而灿烂的精华。”

斯诺的这些深刻的认识影响了当年参与翻译与出版《西行漫记》这一工作的人们。

出版《西行漫记》的困难

《红星照耀中国》是一本宣传中国共产党的书,尽管1938年国共已开始第二次合作,但是国民党不会欢迎斯诺那样宣扬中国共产党的书。书的出版还必须考虑到各种困难。

好在当时上海英法租界当局对中日间的战争还抱中立态度,而且由于殖民主义者之间在侵占中国权益上的矛盾,中日开战后,他们倒有些偏向中国。因此“孤岛”实际上还存在一些抗日的文化。胡愈之的复社的活动能够顺利进行,就在于他们巧妙地利用了租界这个特殊环境。

但是,新译的书不仅要在上海发行,还要运销大陆内地和海外华侨地区。胡愈之考虑到斯诺新书的原名《红星照耀中国》比较惹眼,国民党最忌红与赤。因此他和译者们商量,决定改用

胡愈之组织出版的《西行漫记》

《西行漫记》作中译本的书名。它比较含蓄,类似一本游记,比较有利于发行。

按胡愈之1979年的回忆:“为什么要叫《西行漫记》?因为在工农红军长征以后,关于我们党在西北情况的比较真实客观的报道,只有一本书:范长江同志的《中国的西北角》。范长江同志当时是《大公报》记者,他跟随国民党部队去了西北,写了一系列关于红军的报道,后来集印为这本书,限于当时的条件,不能写得很明显,但是已经很受欢迎了。从此,‘西’或‘西北’就成了我们党所在地的代称。《西行漫记》这书名,一般人看了就可以联想到我们党。”①

再说,《红星照耀中国》第十二章第五节《那个外国智囊》,是写第三国际派驻中国的代表李德这个德国人的。它明白地叙述了有好几年时间中国红军以至党中央的决策都听命于第三国际。因此中国党曾吃了很大的亏,最后江西的苏区日益缩小,红军被迫进行长征。这一段党史和李德这个外国顾问在《红星照耀中国》里就是很重要的部分。但是胡愈之他们当时显然考虑到了国民党长期以来的恶毒宣传,国民党完全否认中国共产党

① 胡愈之. 一次冒险而成功的试验——1938年“复社”版《西行漫记》翻译出版纪事[M]//纪念埃德加·斯诺. 新华出版社,1984:164.

是中国人民自己的革命组织,进行的是拯救祖国的正义斗争,却硬说中共为外国的利益效力,是“赤俄的傀儡”。在共产主义运动的国际互助关系还没有被广大群众所了解以前,在我国当时发表《红星照耀中国》一书内的《那个外国智囊》一章,可能产生不利于中共的影响,因此胡愈之和译者们商定,这一章在中译本中删去,不予发表。直到1979年,《西行漫记》出版重译本时,胡愈之仍然顾问过这本书的重译,他完全赞成,《那个外国智囊》这一章照译不误,因为这时国内群众都已理解中国人民的革命斗争和国际支援是分不开的。

《西行漫记》译出之后,要解决的就是书的印刷问题。胡愈之了解到,上海成为“孤岛”之后,许多大书店和出版社都搬到内地去了,但是印刷厂多数没有搬,闲起来了。胡愈之同印书业关系很深,特别是商务印书馆的印刷厂,连工人都熟,工人们知道胡愈之要出书,同意先不付钱,印刷费卖了书再说。译稿是12月付排的。新书在1938年1月出厂了。按胡愈之的说法:“从1937年12月开始翻译,到1938年1月出书,前后也不过一个月的时间,这说明译者和排印工人都是了解这本书的意义的。”这样,《西行漫记》就利用了商务印书馆的精良设备印制的,质量比较好。深红色封面,大32开,插图全用道林纸,十分清晰。

买纸张的钱是胡愈之筹集的。他采取了预约的办法向人们推销,预收书价每册一元,利用预订的钱再加在聚餐会上凑的钱,才付了第一版一千本的纸钱。

戏剧家于伶在上海“孤岛”时期曾是领导上海地区文化工作的中共江苏省委“文化界运动委员会”的成员,据他的回忆,《西行漫记》付印前还得到过上海闻人杜月笙1000元的资助。当时杜月笙担任上海市各界抗敌后援会主席团主席。他为了了解共产党和八路军的底细和决定自己今后的态度和对策,曾经通过救国会领袖之一章乃器,与中共八路军上海办事处负责人潘汉年有过接触,潘汉年委派当时在读书出版社工作的艾思奇给杜月笙介绍情况。艾思奇告诉杜,有一本外国人写共产党和边区情况的书,因资金不足翻译本还未能出版。杜月笙有意早些看到这本书,也标榜自己支持抗日,拿出了1000元。这1000元对复社印制《西行漫记》帮助不少。[①]《西行漫记》出过500本精装本,就多半为着赠送给出资支持出版的人们的。

巨大而久远的影响

《西行漫记》出书后十分畅销,初版2000册,一售而空,供不应求。同年4月10日再版,10月10日三版,11月10日四版,各出2000册,连初版共计8000册。在短短不到一年的时间内连续出四版,这在我国出版史上,十分罕见。这书的实际销数还远不止8000,因为这本书后来在香港被一再翻印,书本远销海外,销数无法统计。

再说,这本书在国统区发行仍有困难,实际上求远大于供。许多书在读者中悄悄流通,具有巨大的吸引力。它终于产生了为中国共产党辟谣的巨大力量。

---

① 蔡锡琛.《西行漫记》在上海初次翻译出版[J]. 上海党史,1991(1).

从1927年“四一二”事变起，国民党反动派的宣传机器，都一直扬言共产党的“共产主义不适合中国国情”，千方百计污蔑中国共产党是“杀人放火的土匪”，甚至说是即将被“剿灭的流寇”。但是斯诺的《西行漫记》为共产党的先进性作了具体生动的记录，不仅破除了国民党在十年内战中制造的全部谣言，而且使海内外广大正直的读者确信未来中国的希望就在中国共产党。

斯诺的中国朋友、前外交部长黄华在北京纪念斯诺逝世十周年大会上的发言中说过：“《西行漫记》的出版，不但打破了国民党十年的新闻封锁，揭穿了它的造谣污蔑，打开了人民的眼界，而且大大鼓舞了全国人民反抗侵略的斗志，也鼓舞了反法西斯斗争中的各国人民。”

翻译家董乐山在82年为《中国建设》写的文章里说得更具体一些：“在国民党统治下的旧中国，《西行漫记》曾经是一本禁书。谁被发现看这本书，就有可能被认为有共党嫌疑而被抓起来的危险。然而，它在中国知识分子中流传越来越广，如当时中国夜空上的一颗明亮的星星，指引着成千上万的青年走上革命的道路。有多少热血青年，就是读了这本书以后，开始对中国革命和中国共产党有了认识，有的因此而千里迢迢，排除种种艰难，奔赴当时的抗日圣地延安。有的就在当时当地，不论是深陷敌后的上海，或者白色恐怖的所谓大后方，参加了革命的地下工作。我本人就是这个行列中的一员。”

笔者还记得，漫画家华君武也写过文章，说明他当年奔赴延安，就是因为读了《西行漫记》。

当年有许多华侨青年也由于读了这本书，从海外来到祖国

新版《西行漫记》图

参加抗战。

据以前《南洋商报》记者张楚琨同志的回忆,爱国华侨领袖陈嘉庚也读过《西行漫记》一书,因而他同情和支持中共的抗日民族统一战线,并反对国民党的反动政策。

胡愈之在当年出版《西行漫记》以后离开上海,经香港到了内地,据他在1979年写的回忆文章说:“我在外面看到《西行漫记》影响很大。香港的出版商翻印了许多,远销南洋,对于华侨起了很大作用。甚至可以说,它的中译本在旧中国起了比英文本更大的作用。”

海内海外许多坚持进步的读者开始尽力拥护中国共产党的政治主张,投身于党领导下的广泛的人民事业。许多青年读者,包括海外华侨青年,从此陆续千方百计奔向延安,奔向解放区,成为中国共产党领导下的革命队伍的生力军。也就因此,中国的历史学家们公正地认为,斯诺和他的《西行漫记》对中国的抗日战争,乃至整个新民主主义革命,做出了历史性的贡献。

中共主席毛泽东在读过《西行漫记》后曾说:“《西行漫记》是一本忠实地报道了我们的情况、介绍我们党的政策的书。”

一直到上世纪八九十年代,《西行漫记》这本书仍在被人们传阅着,被认为是革命历史教育的重要读物。

关键在于依靠群众

1979年,《西行漫记》重译本出版时,胡愈之被邀请写个序言。他对斯诺这位作者的一生经历,对《西行漫记》写作的时代背景和历史背景作了概括性的介绍。他只在序言末尾强调了一下自己的感受,说明作者对革命活动的认识是十分有意义的。

胡愈之和斯诺都重视列宁说过的一段话:

"一般历史,特别是革命的历史,总是比最优秀的政党、最先进阶级的最觉悟的先锋队所想象的更富有内容,更多种多样,更生动活泼,'更巧妙'。这是不言而喻的,因为最优秀的先锋队也只能表现几万人的意识、意志、热情和想象;而革命都是在人的一切才能特别高度和集中地表现出来的时候,由千百万被最尖锐的阶级斗争所激励的人的意识、意志、热情和想象来实现的。"

胡愈之附加的认识是:"这也就是说,千百万人民群众——不是少数领袖们——的革命实践才是检验真理的唯一标准。可以说,这是《西行漫记》这一本书的总结。"①

胡愈之1938年组织《西行漫记》中译本时,曾充分依靠了群众的力量,无论是翻译、印刷、资金和发行方面的困难都是靠走群众路线解决的,所以他确信凡事成功与否关键在于依靠群众这一点,丝毫不是偶然的。

---

① 胡愈之.《西行漫记》重译本序. 北京:生活·读书·新知三联书店,1979:6.

1979年胡愈之在北京出版的《读书》杂志第一期上发表了一篇回忆《西行漫记》翻译与出版经过的文章，他称呼这本书的出版是“一次冒险而成功的试验”，其所以是冒险的试验，因为当时出版这本书不以营利为目的，而且是依靠读者群众的力量办成的。[①]

《鲁迅全集》的编印

早在“七七”事变之前，胡愈之就同宋庆龄、蔡元培等人一起成立了鲁迅纪念委员会，准备出版《鲁迅全集》。上海失陷之后，“孤岛”的局势很紧张，日本军队随时都可能占领租界。鲁迅的大量文稿，经鲁迅夫人许广平的辛勤搜集和初步整理，都留在上海，要是万一散失了就是无可挽回的损失。要转移到国统区也不行，鲁迅的文章是国民党最忌恨的。许广平找纪念委员会商量，当时主持纪念会的蔡元培和宋庆龄都已转移到香港，胡愈之是纪念会留沪的主要人员之一。胡愈之根据出版《西行漫记》的经验，认为运用群众的力量，《鲁迅全集》可以在“孤岛”上出版。委员会的成员们都认为出版是保存鲁迅这份宝贵的文化遗产的最好办法。当时上海出版力量很强，纸张也较便宜，迅速出版《鲁迅全集》的条件是具备的。这样，胡愈之主持的复社又成了《鲁迅全集》的出版社。

---

① 胡愈之．一次冒险而成功的试验——1938年“复社”版《西行漫记》翻译出版纪事[M]//纪念埃德加·斯诺．新华出版社，1984：164.

复社出版的《鲁迅全集》

《鲁迅全集》的具体编辑工作，主要由巴人（王任叔）、许广平等人承担，胡愈之更多照顾书的出版问题。这套全集将包括鲁迅600万字的作品，它比《西行漫记》大20多倍。出版它需要很大一笔印刷费。按印刷成本平装每套需20元，可是当时一般群众能付20元买书的是极个别的。为了多销，胡愈之决定平装的卖八元，精装的还配以木制书箱，外刻“鲁迅全集　蔡元培题”字样，售价一百元。精装实际成本30元，这样卖出一部分精装本，就可以以盈补亏，全部出版的买卖不致赔钱。

于是，胡愈之为此忙于推销，平装本主要在当地办预约，预收书款。精装本在上海销数有限，还得远去香港，这样，胡愈之就决定离沪南行，还到内地走一趟。

他先到香港，推销《鲁迅全集》的办法是开茶话会，邀请一些倾向进步的企业家，乃至国民党的要人来参加。胡愈之向他们介绍《鲁迅全集》的有关情况，请他们预购。胡到广州时也这样推销。到武汉后，得到八路军武汉办事处的帮助，很快就销出了一百多部。当时国民党的要人孙科、邵力子都一下订购了十部。

另外，胡在美国的朋友陶行知，在南洋的王纪元等都分别承担推销任务,销出了不少。预收款共达四万元。于是到1938年6月,20卷600多万字的《鲁迅全集》终于问世了。从此鲁迅的思想得到了广泛传播,鲁迅的精神得到了发扬光大。

胡愈之完成了祖国文学瑰宝的保存工作,感到自己做了一项抗日救亡工作,而且表达了他纪念“最尊敬的师长”鲁迅的一片深情。[1]

---

① 胡愈之.我的回忆[M].江苏人民出版社,1990.

第十六章

从武汉到长沙

“三厅”人才济济

1938 年 5、6 月间，武汉正是全国政治军事和文化的新的中心，这里群众的抗战情绪高涨，热气腾腾。它反映着抗战前期全国团结抗战的好形势。尽管平津、沪宁相继失陷，但是，八路军已挺进华北，平型关一战，痛歼日军坂垣师团，再加上 5 月末鲁南台儿庄会战的辉煌胜利，打破了日本军队不可战胜的神话，增大了抗战胜利的信心。特别是中国共产党主席毛泽东于 1938 年 5 月发表了《论持久战》一文，阐明了中国抗战的光明前景。文章在武汉《新华日报》刊出之后，抗战中的广大人民群众无不非常感奋。

这时胡愈之还留在武汉。周恩来也正好坐镇武汉，一面同国民党进行谈判，贯彻抗日民族统一战线政策，反对中共党内外的投降主义和失败主义倾向，一面指挥国统区内的党的抗日工作，当时主要是团结各界爱国人士、引导广大青年和知识分子坚持党所指引的坚持抗战到底的正确道路。

这时，国民党政府为了体现国共合作，为了显示“改组政府机构”，在军事委员会之下成立了政治部。政治部由陈诚任主任，请周恩来任副主任，而且容许周恩来安排主管宣传的第三厅的人事;蒋介石点名要过去大革命时期担任过国民革命军总政治部副主任的郭沫若任三厅厅长。整个政治部开始时的人员安排是这样的:

政治部主任,陈诚,副主任周恩来、黄琪翔,秘书长张厉生。

第一厅厅长贺衷寒。

第二厅厅长康泽。

第三厅厅长郭沫若。

总务厅厅长赵志尧。

第三厅的人事安排得稍晚。郭沫若接任之后,才作的决定:

第五处处长胡愈之,一科科长徐寿轩,二科科长张志让。三科科长尹伯休。

第六处处长田汉,一科科长洪深,二科科长郑用之,三科科长徐悲鸿(未到任)。

第七处处长范寿康,一科科长杜守素(杜国庠),二科科长董维健,三科科长冯乃超。

主任秘书阳翰笙,秘书孙师毅。

最初参加三厅工作的不少科员也是大名鼎鼎的文化人,如史东山,应云卫,马彦祥,冼星海,张曙,叶浅予……

三厅的五处是主管文字宣传的,六处主管艺术宣传,七处主管对敌宣传。

抗战开始时就成立的几个抗敌演剧队,还有孩子剧团,漫画宣传队等都归属于三厅领导了。

三厅当时确实人才济济,阵容之强令政治部其他几个厅相形见绌。三厅许多官员论社会地位都是很高的,可是为了抗战,都不讲地位，甘心来参加工作。举例说，张志让是个全国知名的大律师、法学家，他只当个科长，董维健是个留学归国的博士，抗战前在湖南当过教育厅长，这回也屈就了科长。史东山、应云卫等等都只是科员而已。应该说，他们不仅由于爱国，而且由于拥护中国共产党的领导。这种情况是出乎蒋介石意料之外的。

据三厅主任秘书阳翰笙的回忆："蒋介石他们的如意算盘想得很美，有周恩来、郭沫若这样众望所归的人物，又通过郭沫若延揽大批文化、学术、文学艺术各界知名人士，同时掌握在自己控制之下，让周恩来当个空头副部长，郭沫若作空头厅长，既装潢了门面，又羁縻了人才，这便是蒋介石心目中的'改组政府机构'。"①

但是，中国共产党是认真的，它把政治部第三厅建成共产党领导下的统一战线机构，用来推动轰轰烈烈的抗日文化宣传运动，唤起全民族的抗战意识，以利于发动全国人民进行抗战，突破国民党的片面抗战和对人民的蒙蔽。

周恩来的劝告

胡愈之长期以来一直做新闻出版工作，他有些留恋原来的工作，不太愿意到三厅去受国民党的支配。但是，胡已是个中共党员，三厅的职务是周恩来副部长和郭沫若他们内定的，他 4 月间到武汉，三厅五处处长的职位已虚位以待了一段时间。他终于在 5 月间走马上任了，没有再回上海。

---

① 阳翰笙．风雨五十年[M]．人民文学出版社，1986：167.

关于“胡愈之上台”，郭沫若1948年写的《洪波曲》一书内曾有一段记录：

“胡愈之任第五处处长，是大家所一致期待着的，但他到任得很迟。他本来留在上海在从事《鲁迅全集》的出版工作，经不住朋友们的再三敦促，一直到5月中旬他才赶到了武汉来。那时候我记得是在徐寿轩已经去职之后了。（徐寿轩原任第五处第一科科长，他是国民党的进步分子，加入三厅之后，就因为写了几篇文章送到部里，都受到了批驳，辞职不干了——作者注）

“胡愈之到达武汉后，对于就职一事也煞费踌躇。我记得我同好几位朋友在汉口一家饭馆里面请他吃饭，为了敦促他就职，我几乎向他下跪。

“愈之迟疑了一个星期光景，终竟就了职。这对于在低潮期中苦闷着的同仁，尤其是科长离职之后的一科，好像是一支强心针。愈之的作风非常利落，他一上任便订下了一个突击计划，以工作比赛向第六处挑战。工作确是紧张过一个时期。

“然而，愈之所能做到的，遗憾得很，也只能是强心针的作用，并不能够把三厅的苦闷根本消除。三厅是受着先天性的继子般虐待的，有人甚至说：三厅是变相的反省院。事业费的预算不让通过。下级政治部无权指挥，并连有关的工作报告都不容易得到。因此一切的经常工作都无法展开，尤其是文字上的工作……受着了这样的限制，即使愈之怀着很大的雄心，抱着很高的责任感，在无可奈何的情况之下，同样受着苦闷的感染。突击计划只维持了一个星期光景，便又消沉下去了。

“有工作没有本领做好，是一件苦事。有本领没有工作好做，更是一件苦事。我们是找工作做的人，重要的工作摆在面前，却不让你染手，有良心的人谁个能够不苦闷呢？”①

胡愈之进三厅之后，的确如郭沫若说过的那样，很不习惯于在国民党的机关工作，他对友人说他“当抗战官，吃磨擦饭”的怪话听不进去，他几次想撒手不干。这种思想状况似乎在三厅并不稀罕，连三厅厅长郭沫若也一度存在。

按郭沫若所写《洪波曲》一书的记载，1938 年年初他接任三厅厅长时，就向周恩来表示了不愿意干的意思，他曾侃侃地说：“我自己耳朵聋，不适宜于做这样的工作。其次我认为，在国民党支配下做宣传工作，只能是替反动派卖膏药，帮助欺骗。第三，让我处在自由的地位说话，比加入了不能自主的政府机构，应该更有效力一点。我相信，我一做了官，青年们是不会谅解我的。”②

周恩来不但对郭沫若进行了说服工作，也对胡愈之和其他一些三厅人员做了工作。他要他们赶紧好好学习毛泽东主席的《论持久战》，只有坚持抗日民族统一战线，才能争取到抗战的最后胜利。要尽力做好宣传工作，提高群众的认识和觉悟，抵消反动派的一部分影响。

周还说，要同国民党讲团结，但也要坚持党的独立自主的方针，不作无原则的让步。斗争显然是艰苦的，但不管有多大困难，一定要坚守岗位。抗战是长期的，只要坚持下去就是胜利。

---

① 郭沫若．洪波曲[M]．百花文艺出版社，1959.

② 郭沫若．洪波曲[M]．百花文艺出版社，1959.

早些日子,周恩来还给郭沫若说过,要知道,第三厅是个政权组织,政权组织的作用是很大的,我们不能小看它。我们拿着三厅这个招牌,就可以用政府的名义,组织团体到前线去,也可以到后方大大小小的城市和乡村去,公开地,合法地、名正言顺地进行宣传,既可以宣传民众,也可以宣传士兵,政权机构的作用就在这里,我们的工作的意义就在这里。大家应该热情地又很清醒、很有警惕地去参加第三厅的工作。[①]

胡愈之非常感激周恩来的指示,他认识了自己还有小资产阶级的软弱性,犹待进一步克服。他认识了党的统一战线政策同右倾投降主义之间的区别。从此他义无返顾地按党的政策埋头工作。

三厅的机构既属于军事委员会政治部,工作对象就局限于部队官兵。五处的对象就是国民党军队,对民众的宣传就管不着了。而且三厅对下属的政治部无权指挥,三厅的经费和职权都还有种种限制。胡愈之在五处工作深感重重拘束。他上任后,曾参加"七七"抗战周年纪念活动,到部队去进行过慰问,此外还组织和撰写了一批供士兵阅读的宣传材料。但是很遗憾,这些宣传品在送往部队途中,往往因种种原因被中途截留了。

两篇文章受难

胡愈之是写文章的好手,可是他进三厅之后没有写多少文

① 中共中央文献研究室. 周恩来传[M]. 人民出版社,1989.

章。有几次他写的文章遭到了不小的困难。

6 月 3 日，纪念林则徐虎门销烟，国民党政府曾订为“禁烟纪念日”，但实际上一向并不认真对待，走走形式而已。三厅本着找工作做的精神，想在这个纪念日做点宣传工作。因为那时日寇在沦陷区推行毒化政策，大量倾销白面、吗啡、海洛因等毒品，借此腐化中国人的体质和精神。三厅想借此一面揭破日寇的毒谋，一面唤醒国人的警觉。他们订了一个扩大禁烟纪念活动的计划，想连搞三天宣传，可是计划呈上去之后，只批准三厅写一篇文章，其他的事说是该由国民党政府的禁烟委员会和武汉市政府去做。那篇文章是替最高当局写的为禁烟纪念告人民书。

郭沫若为慎重起见，把任务交给胡愈之，同时自己也拟了一篇。两篇文章一并送上去，可能最后由蒋介石批改定稿，结果出了一个四不像。胡愈之的文章用了一部分，郭沫若的取了一部分，还加上陈布雷的一部分，一篇大杂烩的告人民书。[①]

同年 9 月 4 日，是当年苏联提倡的国际青年节，胡愈之在武汉《新华日报》上发表了一篇题为《中国青年运动的统一与中国解放》的文章。它的主要精神是反对封建思想。文章说青年是抗战救国最重要的力量，但是“中国到目前还未能脱尽封建残余，几千年以来，父权制度，宗法社会，把青年的心灵体魄等等束缚着”，所以青年要从封建桎梏下解放出来；“我们过去的青年典型是‘循良子弟’，而我们现在所需要的青年典型是‘英勇斗

---

① 郭沫若．洪波曲［M］．百花文艺出版社，1959.

士’。”文章着重说了“我们需要更多的英勇斗士,不需要更多的循良子弟”。

抗战时期的蒋介石仍然信奉着孔孟之道和曾国藩的思想。读了胡愈之的那篇论中国青年的文章,蒋介石用红蓝铅笔在上面划了许多杠杠,批了许多话,其中有一条就说,“没有循良子弟,哪有英勇斗士”。蒋介石当时的秘书陈布雷把蒋介石批过的剪报随信寄到了三厅,信上说,蒋介石看了很不满意,以后再不要把这样色彩的文章在报纸上发表。

胡愈之由于过去同陈布雷在上海时是很熟悉的朋友,见到陈的信之后曾写回信给陈作了点解释。可是事情并不就此了结,几天之后,蒋介石还把郭沫若叫去当面申斥了一番。

原来在那天《新华日报》刊登胡愈之文章的同时,还登了郭沫若的题词,大意是:我们对于青年应该让他们自由发展,就像培植树木一样,只要充分给予阳光和养分,免受风害虫灾,它自会成为栋梁之材;不好任意加以拴束剪削,那样即使成功,也不过是些盆栽小景而已。这话当然是讽喻当世的。

蒋介石这次召见郭沫若是在汉口,因为蒋以前在武昌办公的军事委员会和侍从室都被炸了,迁到了汉口。蒋一见郭就提到胡愈之的文章说:“唵,那文章实在做得不好,唵,那是不好的。”蒋还说,公务人员不好在有色彩的报上发表文章,最好是在《大公报》。蒋认为《大公报》是没有色彩的报纸。

由于这个9月4日国际青年节是苏联倡导的,蒋又批评了郭、胡替国际青年节捧场,还说要郭沫若为国民党新成立的三民主义青年团搞点宣传。郭就说三厅的工作忙,三厅自己分内的工作还没有做好,实际上推辞了。[①]

按胡愈之的看法,国民党对三厅的工作限制得十分严厉。特别是到1938年8月间,在限制青年的活动上露出了凶恶的面目,在武汉当时有名的三个青年团体(青年救国团,民族先锋队、蚁社)都被陈诚勒令解散了。

胡愈之还认为三厅工作的重重限制,充分说明国民党对国共合作缺乏诚意,无意于搞好团结抗战的局面。当时它是当面说好话,背后搞破坏。胡愈之从而更加认识了统一战线工作的艰巨性。他衷心感佩当年周恩来在国统区夜以继日、毫不倦怠的工作,从而感到在周恩来直接领导下工作,是他永远难忘的机遇。因此,他在武汉时期,仍然主动找工作做,在多方面发挥作用。

筹备“青记”和“国新社”

胡愈之过去从事新闻工作的经历,使他在武汉在团结新闻记者的工作上发挥了巨大的作用。当时各地报纸的记者云集武汉,他们大都是爱国青年,热心于宣传抗战形势,为全民族鼓劲。胡愈之以三厅五处的名义向他们介绍情况,说明宣传要点,介绍他们到作战部队去当战地记者,鼓励他们写作战地通讯。

据老新闻工作者刘尊棋的回忆,早在抗战初期的上海,胡愈之就策划组织全国性的记者组织,按统一战线的精神团结新闻

---

① 郭沫若. 洪波曲[M]. 百花文艺出版社,1959.

记者。考虑到一般的记者组织要收纳很多国民党新闻机关的首脑人物,工作就难于进行,因此决定筹组一个青年记者的全国性组织。当时在上海已初步酝酿以当时记者座谈会的参加者为基础,成立了一个筹备组。

到1938年初,胡愈之负责同当时在武汉的《大公报》记者范长江、《新华日报》编辑徐迈进商量,成立"中国青年记者学会"[①]。这个记者组织之所以叫青年记者学会,一是由于它只吸收报社的从业员即雇员,而不吸收报社的老板或主持人,二是由于国统区成立一般群众的组织审批很难,而作为学术性的组织比较好办。[②]

中国青年记者学会于1938年3月30日正式成立,范长江在成立大会上致开会词,强调学会的目的主要是进行自我教育,出版新闻学刊物,利用讨论会方式,学习新闻界前辈的经验,交流工作经验。会上选举了11名理事,大都是胡愈之在新闻界的老战友。[③] 而胡本人不在其内。他的理由是他已经是"政府官员"。但在讨论学会的方针时,他正是它的设计师。按刘尊棋的说法,胡"实际上在思想和组织方面掌握方向"。[④]

学会在成立时仅二百多名会员,但后来在各地成立分会,会员增加到五百左右,[⑤]它是中国共产党直接领导下的一个统一战

① 费孝通等. 胡愈之印象记[M]. 中国友谊出版公司,1989.

② 徐迈进,冯英子等. 中国记协历史资料汇编[G]. 1987.

③ 徐迈进,冯英子等. 中国记协历史资料汇编[G]. 1987.

④ 费孝通等. 胡愈之印象记[M]. 中国友谊出版公司,1989.

⑤ 费孝通等. 胡愈之印象记[M]. 中国友谊出版公司,1989.

线组织。

由于胡愈之同这个简称为“青记”的中国青年记者学会具有这样的历史关系，新中国诞生后，新闻界成立“中华全国新闻工作者协会”时，他被任为九个常务筹备委员之一，并担任常委会常设机构的副主任。胡乔木任主任。但协会正式成立时，他又连理事也没有担任。[①] 他完成了组织的筹备工作就引退了。

当年，胡愈之由于主持三厅宣传处，也负责向外国记者提供战时新闻，同当时国民党中央的国际宣传处的处长曾虚白有工作联系。曾虚白以往也曾经为《世界知识》杂志写稿，因此两人早就熟悉。三厅同国际宣传处联合主持外国记者的招待会，国际宣传处由于缺少宣传材料，曾虚白找到胡愈之商量，希望胡利用同新闻记者的联系为国际宣传处提供可供对外宣传的通讯稿。曾虚白主动提出要找已同《大公报》脱离了关系的范长江参加工作。胡愈之为此请示周恩来。周认为可以去，让范长江同曾虚白交涉说，“我一个人去没用，要去我们就成立一个国际新闻社，用一批人，这样才能保证新闻的供应。”

后来，曾虚白同意由范长江设立国际新闻社，同意由国际宣传处每月供给几百元稿费，国新社负责向国际宣传处提供可作对外宣传的新闻通讯。这个通讯社由当时还不是党员的范长江领导。按胡愈之的规划，它既向国际宣传处发稿，也向国统区的各地报纸发稿，打破国民党中央通讯社对新闻消息的垄断。它的方针是贯彻中共的抗日民族统一战线，宣扬抗战，团结与进

---

① 徐迈进，冯英子等．中国记协历史资料汇编[G]．1987．

步，反对投降、分裂和倒退。

以后由于武汉形势告紧，国新社在长沙汉正街建立，并履行合同向国际宣传处发稿。在桂林时国新社组织上由八路军办事处处长李克农领导。

在汉口胡愈之在新闻宣传方面的活动，硕果累累，至今人们还能看到他当年参加活动的一张照片，那是1938年5月27日武汉《新华日报》慰问战地记者的留影。当时报社在汉口普海春西莱社举行宴会，欢迎从徐州突围归来的各报战地记者。《新华日报》董事会的王明、博古、凯丰、吴玉章，报社领导潘梓年、章汉

1938年5月27日，在武汉，新华日报社欢迎从徐州前线突围归来的各报战地记者留影。前排坐者：范长江（右一）、陆诒（右三），第二排：张企程（右一）、潘梓年（右三）、胡愈之（右四）、王明（右五）、第三排：章汉夫（左一）、吴玉章（左二）、博古（左三）。

夫、吴克坚等出面招待，到会的记者有《大公报》的范长江、高元礼、《新华日报》的陆诒、《星洲日报》的黄薇、胡守愚、《动员日报》的宗祺仁等多人。在照片上胡愈之站在二排中央，他是代表“三厅”参加的。陆诒所著《战地萍踪》一书还有一篇专文记录了这次欢宴。①

最后撤离武汉

到1938年10月，武汉已被日军包围，国民党军政机关已都纷纷撤走，但三厅的主要成员还留在市内，布置一些撤退后的宣传工作。就在这时八路军的总司令朱德到了武汉。有一次胡愈之到周恩来住处时，遇见了朱老总，老总早已知道胡愈之的成就和对党的贡献，他同胡谈话时非常亲切，对胡说了很多鼓励的话，最后老总还为胡题词，称胡是国际问题专家。这次谈话像周恩来的几次谈话一样，给胡愈之的印象很深。

那年10月17日，是鲁迅逝世二周年纪念日。尽管当时武汉的文艺工作者已撤走了不少，但是三厅、文化界救亡协会和鲁迅纪念委员会三个单位还发起了纪念会。到会的三十来人围坐在一张长餐桌旁，气氛虔诚而悲壮。

会议由郭沫若主持，他说了一些话，胡愈之、潘梓年和冯乃超也讲了话，给大家印象最深的是周恩来的讲话。

周主要强调了鲁迅的战斗精神。鲁迅一生处在革命时代，

---

① 陆诒．战地萍踪［M］．人民日报出版社，1985：147.

特别在大革命失败之后,反动派的气焰异常嚣张,而鲁迅坚守革命阵地,不屈不挠地同恶势力搏斗,为新社会催生,一直战斗到死。鲁迅是最倔强的斗士,最慈爱的导师。纪念鲁迅也就应该发扬鲁迅这样的战斗精神。不仅限于文艺界,应该超出文艺界。特别在现在大敌当前的时候。我们要反对中途妥协,反对消极应付,反对第五纵队的出卖,反对个人主义的高蹈。“疾风知劲草”,大家今天在“疾风”之中,每一个人都应该成为鲁迅一样的“劲草”。①

胡愈之听周恩来关于鲁迅的讲话已是第二次。第一次也是他初次认识周恩来的时候。这第二次讲话又给了他以巨大的鼓舞。

1938 年 10 月 24 日,武汉陷落的前一天,那一天是星期一,三厅还照例在汉口的怡和街召开一次外国记者招待会,胡愈之照样去参加了。这一次到会的外国记者还特别多。因为他们是不准备撤退的。汉口市市长吴国桢在会上胡吹了一阵骗人的鬼话。

24 日这一天武汉的国民党军队已全部撤走。傍晚日本军队临近市区时,周恩来在从容布置完敌占区的工作之后才同郭沫若、胡愈之以及几位随从人员撤离武汉。郭胡二人先坐船西去到沙市,然后改乘汽车到长沙。长沙离武汉七百多里,也已经很不安定。从武汉撤下来的军委会政治部也是一片混乱,很难开展工作。胡愈之熟悉斯诺介绍的延安情况,熟悉了从延安来的

---

① 郭沫若. 洪波曲[M]. 百花文艺出版社,1959.

周恩来、朱德等领导人，觉得到那里就可以学得更多，大有作为。正好政治部又要整编，他就乘此机会，向周恩来提出辞职和到延安去的请求。但是周恩来只同意他辞职，却不同意他去延安，要他去桂林，到那里去做桂系的统战工作，同时把桂林的文化工作开展起来。那里将是今后的一个文化重镇。于是，胡愈之就在12 月 10 日左右从长沙到桂林去了。他在途中听到了长沙大火的消息。敌人还没到岳阳，国民党当局就把长沙故都放火烧了。

第十七章
桂林二年间

初到桂林

抗战开始以后桂系军队都已同蒋介石的中央军协同作战，但桂系也有它的派系利益的考虑，他们并不愿意完全听从蒋介石的支配。仍然希望把广西这个“根据地”保持在自己手上。武汉失守之后，桂系欢迎蒋介石系统以外各派政治人物来到广西，他们很想团结各方人士在自己身边，借此同蒋介石有所抗衡。

桂系同中国共产党早在西安事变时就有所联系，抗战开始后，广西部队在五战区作战，同新四军也紧密配合。1938 年李宗仁到武汉时，与周恩来曾有友好的交往。白崇禧同周恩来同在军事委员会工作，接触更多。当时白任军事委员会副总参谋长，周恩来曾将毛泽东的《论持久战》的内容向白介绍，白深表赞同，并按自己的感受把毛泽东的战略思想归纳为 12 个字：“积小胜为大胜，以空间换时间。”白还征得周的同意，将自己的感受告诉蒋介石。蒋也表示赞同。1938 年 10 月 25 日武汉撤退途中，白乘坐的汽车坏了。周恩来发现后，马上邀白乘坐自己赶路的车。他们一路上交谈，十分欢洽。周告白，八路军准备在桂林设立办事处，要白给予方便，白表示同意，以后也确实给予保护。同年 12 月白在衡山办游击干部训练班，请了中共军事家叶剑英任班主任。[①]

当年12月3日国民政府军委会成立桂林行营，白崇禧任主任，统管三、四、五，三个战区。白对于联合进步人士开拓广西的局面表示了很大的热情。

胡愈之到桂林，仍保持秘密党员身份，始终以救国会人士面貌出现。一大批中共地下党员和知名进步人士也都以救国会派的身份来到桂林，并得到了广西当局的欢迎和信任。

这时在广州一度出版的《救亡日报》也迁移到了桂林。它原来在上海由国共两党联合创办，胡愈之曾参与筹备和领导。从上海到广州复刊时已实际上由中共周恩来直接领导，由夏衍主持工作。

建设研究会的活动

1937年10月，桂系为了团结非蒋的各派政治力量，成立了一个“国民参政会”式的机构——“广西建设研究会”。桂系三巨头李宗仁、白崇禧、黄旭初分任研究会的会长和副会长。研究会在会长之下，设有常务委员会，常务委员三人，即李任仁、陈劭先、黄同仇。李任仁是广西政界前辈，是白崇禧的小学老师，思想开明，在广西政界很有影响。陈劭先是江西人，同盟会的老会员，一向追随孙中山从事革命活动，是老资格的国民党员，一贯

---

① 程思远、桂林在抗战时期中的特殊地位[M]//广西社会科学院．桂林文化城纪事．桂林漓江出版社，1984.

拥护三大政策，反对蒋的独裁政权，是国民党左派，同李宗仁私人关系密切。三人中黄同仇虽是桂系，却是个党棍子，任国民党广西省党部书记长，属于国民党 CC 派。但他在建设研究会中没有多少作用，抗战开始不久之后就到安徽去做官了。因此在 1939 年时实际主持会务的是陈劭先。当时研究会分设政治、经济、文化三个部。部主任都由桂系自己人担任，1939 年，胡愈之被任为文化部的副主任，千家驹被任为经济部副主任。李达、李四光、欧阳予倩、陶孟和、张志让、陈此生、夏衍、杨东莼、金仲华、范长江、林砺儒、邵荃麟、宋云彬、傅彬然、张铁生、张锡昌、秦柳方、吴华梓、莫乃群、姜君辰、杨承芳等等都被聘为研究员或其他职务，参加研究会的工作。一时桂林团结进步、一致抗日的气氛因而十分浓厚，对西南几省都有很大影响。①

胡愈之参与广西上层活动，办了好几件大事。一是推动民主宪政。1940 年，蒋介石为了应付中共和其他一些党派要求民主、反对独裁的压力，曾授意参政会通过决议，伪称要结束训政，实行宪政。于是桂系就联合在桂林的民主人士组织了一个“广西宪政促进会”，大造舆论，促蒋给桂系让权。

胡愈之在桂林主持的救国会刊物《国民公论》，在 10 月 1 日的那一期上就发表过题为《抗战与宪政》的短评，反映了当时桂林方面关于敦促国民党开放政权的要求。文章写道：

“最近中央政府和民意机关特别注意到宪政的推进与国民

---

① 程思远．桂林在抗战时期中的特殊地位［M］//广西社会科学院．桂林文化城纪事．桂林漓江出版社，1984.

大会的召集，国民政府于9月19日公布《县各级组织纲要》，对于地方自治制度有整个的筹划。国民参政会第四次大会也通过了议案：请政府定期召集国民大会实行宪政，并由议长指定参政员19人组织宪政期成会，协助政府促成宪政。

“宪政本来已经是一个十分老旧的问题了，而且有许多人觉得是并不感兴味的问题，为的是我国三十年以来的制宪运动，大都画饼充饥，至多也不过是白纸上写了黑字，并不能发生实际的效果。但是这次在抗战进行中，政府和民意机关特别重视宪政问题，却不是偶然的。因为二年多的抗战的经验告诉我们：抗战需要民主，而民主也只有从坚决抗战中，才能完全实现。

“在第二期抗战中，政治重于军事，已经是一天天明显了。由于军事方面继续对我进攻的不可能，敌人目前对我侵略也由军事中心主义，一变而为政治中心主义。汪派汉奸活动的扩大，傀儡伪组织统治的强化，以及一切和平反共口号的提出，证明敌人要以政治分化代替武力进攻，以达到征服中国的目的。因此我们抵抗侵略，政略的运用也应当更重于战略的运用。在两年来，我们政治的进步赶不上军事，这是大家所公认的事实，但是政治的进步为什么缓慢？基本的原因只有两个：第一，全国上下虽然精诚团结，但是除国民党以外的党派，并没有完全确定合法的地位，因党派问题引起的误会和磨擦，依然不可避免。第二，大部分民众因为缺乏直接参与政治的机会，缺乏自觉自动自发的精神，所以就力量与意志集中这一点上说，还是很不够。

“为了解决抗战中所迫切感觉到的这个基本问题，召集国民大会制定宪法，推行宪政，实在是一劳永逸的办法。因为只有实行宪政，才能推进民主，保障民主。也只有民主政治的进一步充分实现，才能解决纠缠不清的党派问题，并且完成全国的国民总动员。而这两件事又是准备全线总反攻的今日所必需解决的政治的先决条件。

"在目前促成宪政，既然和抗战有不可分离的关系，所以宪法草案与制宪机关都必须根据抗战的需要来重新加以确定。为了争取抗战胜利，应该尽快开放政权，使全国人民都有参加的机会，为了争取抗战胜利，应该使全国军民都有代表参加制宪及民意机关。我们相信政府和国民参政会必能从这方面加以注意，使目前的宪政运动真正与抗战建国的实际需要相合，而不是像过去那样，使宪法的起草与颁布徒然成为画饼充饥。"

经过一段时间的酝酿，广西的宪政促进会以建设研究会的成员陈劭先、胡愈之、张志让、千家驹、陈此生、白鹏飞等为骨干，起草了一个宣言，提出了许多反对国民党中央认可的"五五宪章"的意见，经白崇禧亲自审阅同意，然后公开发表，实际上向蒋介石施加了新的压力。这个宣言的执笔人就是胡愈之。宪政运动终于因为蒋介石毫无诚意，无疾而终，只暴露了在国民党统治之下民主是不可能实现的事实。

创办文化供应社

胡愈之在广西办的另一件大事是兴办了一个规模不小的出版机构——文化供应社。这个出版社是由广西建设研究会同救国会合资经营的。沈钧儒曾为此从重庆来到桂林，提供了一笔资金。胡愈之就根据他在上海参加商务与生活书店工作的经验,设计了文化供应社的规章制度。供应社由陈劭先任社长,胡任董事和编辑部主任。胡还延聘了不少知名文化人如王鲁彦、宋云彬、傅彬然、林山、曹伯韩、杨承芳等参加供应社的工作。

文化供应社的工作方针是配合抗战建国的需要,供应前方和后方的文化食粮。

它的长期计划是大量供给民众和士兵读物,印制词典和百科全书,编撰和编译学术名著,制造和供应各项文化用品,在全国建立文化室,扩大文化网。

文化供应社创办当时着重编印各种战时干部训练材料,战时学校教材和参考书,大众读物,文化室或抗战建国文化用品,关于宪政、地方自治和时事问题的丛刊。

文化供应社在很短的时间之内,出版了许多有价值的书。其中之一是《国民必读》的小型书库,包括百科常识书籍二百多种,配有挂图和地图,还有存放的专设书箱,供广西各基层图书室购置后展览与借阅。

文化供应社还出版一本百科全书式的《抗战建国辞典》,一本通俗刊物《新道理》。它编印的书大都是社会科学、知识性读物和文学作品。所有这些出版物都体现了胡愈之普及科学文化知识的思想。

1940 年夏,文化供应社由胡愈之本人推荐给编辑部出版的第一本文艺作品——通俗小说《新水浒》。小说最早曾由“孤岛”时期《每日译报》连载,但没有登完,报纸就停刊了。文化供应社出了《新水浒》完整的第一部《太湖游击队》。

这本小说不仅宣扬了抗战时期江南方兴未艾的人民武装，还揭露了国民党的“忠义救国军”的反动面目。它用章回小说的形式表现了当代的生活，受到了胡愈之的重视。他为小说写了一篇序言。他在序言中说;“关于民族形式，现在似乎谈得很多，但是做得还不够。这一本书的出版，至少是向文艺界提出一个关于民族形式的实例。”另外，关于内容，他又说;“我想，今天我们所需要的作品，应该是能够教人笑，也教人哭;教人读时感到轻松，但也感觉紧张;应该提出问题，但同时也暗示一些答案。民族形式的作品似乎也不能忽略这些条件。因此《新水浒》这本小说是应该有它的地位的。”

这些话说得很含蓄，但仍然有力地说明胡愈之对《新水浒》这本小说的较高的评价。另外对小说的作者谷斯范，胡的序言也给予了鼓励:“抗战使许多优秀青年锻炼成刻苦耐劳的实际工作者，而谷斯范君也是战争所造成的优秀的新闻工作者之一。”胡这么说是由于谷斯范 1940 年已是国际新闻社的一个十分活跃的战地记者。

胡愈之看重的这本通俗小说，1940 年出版后，一直受到广大读者的喜爱。茅盾读后在 1940 年延安出版的《中国文化》第一至第四期上发表了长达 6000 字的书评——《关于〈新水浒〉——一部利用旧形式的长篇小说》。另一有名的通俗小说《新儿女英雄传》的作者孔厥说过，他是受了谷斯范作品的影响才写通俗小说的。一直到 1983 年湖南人民出版社还重印了当年文化供应社出版的《新水浒》，第一次就印了 124000 册。胡愈之推荐的文艺作品一直流传到今天，还启发了一大批文艺工作者。

文化供应社是胡愈之结合战时广西的实际在出版工作上的一个创造。它在大约一年左右的时间之内就发展成一个具有不小规模和影响的出版机构,成为“桂林文化城”的一个重要组成部分。

这个出版机构在胡愈之离去之后仍然继续发展,对广西的文化普及起到了巨大的作用。

广撒文化种子

1938 年 12 月,胡愈之在桂林期间,一度应邹韬奋的约请到重庆商讨生活书店的工作。在抗战期间,生活书店适应群众的需要,仍然迅速发展,但是国民党反动派对它的压制也越来越严重。以后怎么办,邹韬奋和生活书店的一些老职工都十分着急。

胡愈之和邹韬奋会商之后,决定生活书店大力发展分店,把抗日文化种子撒到全国各地去,让各个分店独立经营,又同总店保持业务联系,这样既扩大了业务和影响,又可以避免国民党反动派一下子把生活书店整个儿扼死。

就在这次会上,生活书店正式成立了编审委员会,推定胡愈之为委员会的主席,这是胡第一次在生活书店担任公开的职务。胡当时提出了书店的三条经营方针:“促进大众文化,供应抗战需要,发展服务精神。”

生活书店以后在不到一年的时间内在国统区的大小城市办起了五十多个分支店。它们在抗日文化的传播上所起作用之

生活书店汉口分店

大，简直是无可估量的。

邹韬奋1940年曾在生活书店的内部刊物《店务通讯》上表扬胡愈之，他的文章写道：

“胡主席（指胡当时担任生活书店编审委员会主席——作者注）是本店最有功勋的一位同事。他参加本店创办时的计划，等于本店的大宪章的社章就是由他起草的。他对本店的重大贡献，不仅是编审，在实际上是包括了我们的整个事业。但是他总是淡泊为怀，不自居功。他的计划力，极为朋友们所心折，所以有‘诸葛亮’的绰号。……他的特长不仅文章万人讽诵，而且对出版事业无所不精，他的特性是视友为己，热血心肠。他是我们的事业的同志，患难的挚友。”

胡愈之回到桂林，就住在生活书店的宿舍里，和书店的职工一起过着集体生活。他还把原来在武汉出版的救国会机关刊物《国民公论》移到桂林，由生活书店分店出版。这是本进步理论刊物。由胡愈之、张志让、千家驹、张铁生等四人轮流主编。它在桂林出了十多期，主要登载评论国内外形势的文章。

纵谈世界大事

在1939年,法西斯头目希特勒统治下的德国飞扬跋扈,大搞侵略邻国的扩张活动,同年9月,德军入侵波兰,终于爆发欧洲的大战。国内关心国事的人也无不关心世界局势的变化。另外,抗日战争进入了新阶段,抗战究竟怎样坚持、团结又怎样巩固,这些问题也同样为人们所关心。人们理所当然地盼望政治评论家胡愈之发表分析形势的文章,以解决迷惑。也就因此,胡愈之这一年忙碌异常,他不仅为他自己任主编之一的《国民公论》撰文,也为《救亡日报》、《大公报》、《广西日报》写作,为开明书店在桂林复刊的《中学生》写作。不仅写文章,还时常在一些会议和讲座上作报告。

希特勒入侵波兰是在那年的9月1日,英法在9月3日对德宣战,胡愈之在9月3日就写好了一篇题为《变侵略战为反侵略战》的专论,9月4日发表在《救亡日报》上,他就明白地断言:

國民公論

胡愈之在桂林主持的救国会刊物《国民公论》

“英法对德宣战之后,欧洲的历史乃至人类历史要向着一个完全新的方向转变。英法对侵略国家妥协让步的政策肃清之后,必然会被客观的事实所迫,而走上真正的和平阵线的道路。不论就军备力量来说,就战争观点来说,英法在欧洲方面,没有苏联的合作,要在短时间内战胜德国,是不可能的……

“战争扩大以后,英法不但在欧洲方面需要联苏,在远东方面更加需要联美。只要英法对德抗战到底,美国和苏联的参加战争,不过是时间问题而已。

“也正因为英法在欧洲方面需要和美苏合作,所以在远东方面,也绝对没有同日本妥协的可能。战局扩大以后,英法和美苏在反侵略阵线中,暂时将起分工的作用,美国和苏联将予日寇以更大的压力,以与欧洲方面的反侵略战争,互相策应,还是十分可能的。”

胡愈之在这篇文章的最后说:

“现在欧洲侵略开始之后,英法已断绝对侵略国妥协的幻想。反侵略的巨浪,已在开始高涨,这对于我国抗战会有什么影响,是更不待于说明了。”

众所周知,1939 年直到 1945 年世界大战结束,战争形势的发展完全符合胡愈之在 1939 年所作的估计。胡愈之在 1939 年这么重大的事变中,他料事如神,他的政治评论怎么能不为广大人民群众所欢迎呢?

呼吁政治民主

下面这个事实,可以说明政治评论家胡愈之在国内问题上起着怎样的重要作用。1939 年初出版的《国民公论》第四期,发表胡愈之题为《向着胜利的新阶段前进》一文,他着重阐述的是抗战光是军事抗战是不够的，必须做到真正的全民抗战，必须实现政治民主。这篇文章的一个主要的论点是发展民主。胡愈之写道：

"抗战必胜、建国必成的把握在哪里？主要地在于倚靠广大民众精诚团结的力量，足以坚持长期抗战，直到最后驱逐日寇出境为止。但要发挥这民众的力量，在政治上必然要完成民主统一。诚然，在第一阶段的抗战中，我们已经奠定了民主统一的基础。国内已没有互相对立的力量。国民参政机关的建立，也已产生了民主政治的雏形。但为适应第二阶段的抗战需要，民主统一还得有更高度的发展才好。至少我们希望要做到以下几点：

第一，封建军阀的残余势力完全铲除，完成真正的民主集中政制。

第二，比国民参政会更进一步的真正代议机关的建立，使各党各派都有参加政权的机会。

第三，以民选的地方政治机构代替自上而下的保甲制度。

第四，约法规定人民权利的绝对保障。

第五，贪污的绝迹。

第六，中国各民族，包括各弱小民族的团结一致，享有平等的政治经济地位，共同为抗战而努力。

"总之，只有实行彻底的民主统一，才能争取抗战的最后胜利，也只有坚持持久抗战，才能逐渐完成民主统一的改革事业。"

胡愈之发表上述政见，是建议当时国民党政府采纳的。但是建议尽管十分合理，需要十万迫切，国民党仍然维持其专制的制度，丝毫不予改变。胡愈之的文章只能起到揭露国民党顽固不化的作用,起到教育人民的作用。当然那也是难能可贵的。

此外,胡愈之在桂林时同《救亡日报》仍然保持着密切的关系,《救亡日报》的总编辑夏衍在回忆在桂林复刊的情况时说过:"要报纸有销路、有特色,'以小胜大',我不止一次地向胡愈之、范长江等同志请教。"①

夏衍还提到当时胡愈之、范长江、张志让、姜君辰、杨东莼和夏衍等几个人每星期以聚餐为名聚谈一次,商量《救亡日报》等机构工作上的问题。

胡愈之曾时常为《救亡日报》的副刊《文化岗位》写稿。《救亡日报》出版中国青年记者学会桂林分会主编的专刊《新闻记者》,那上面也刊登过胡愈之有关的文章。

也就由于胡愈之、范长江同夏衍的关系密切,《救亡日报》和国际新闻社的职工间具有非常友好的关系。两个新闻单位除了开座谈会还常在一起联欢。《〈救亡日报〉的风雨岁月》一书里留着这样的记录:1940 年 1 月 3 日,青年记者学会主办"新年记者交谊会",国新社和《救亡日报》合组歌咏队演出歌唱。同年 12 月 2 日《救亡日报》与国新社举行排球友谊赛,《救亡日报》以 3 比 0 获胜。②

附带提一下,为了和文化界的知名人士互通情况,交换意见,胡愈之在桂林还邀约了另一个每周举行的聚餐会,参加的人有张志让、张铁生、千家驹、陈此生等,陈劭先与李任仁有时也来

---

① 广西日报新闻研究室.《救亡日报》的风雨岁月[M]. 新华出版社,1987.

② 广西日报新闻研究室.《救亡日报》的风雨岁月[M]. 新华出版社,1987.

参加。[1] 地点往往在阳桥的天然饭店。同在上海时的几次聚餐会一样,胡愈之作为一个党员,作为一个足智多谋的文化人和社会活动家,在聚餐会中起着核心作用。而这些聚餐的人分别影响着广西建设研究会、文化供应社、广西地方建设干部学校、中国农村经济研究会、救国会、生活书店、广西大学等许多文教机构和社团。

国新社的扩展

胡愈之早先在武汉筹建的国际新闻社,1938 年末迁到了桂林。胡愈之特别关心它的成长,他精心为它设计规章制度,把它建设为像生活书店一样的合作社,但社员也包括一些出资赞助的非工作人员。国新社不仅对国际宣传处,还对国统区各省的地方报纸发稿,收取稿费。随着业务的发展,国新社不仅发行通讯稿,还发行国内国际问题的专论稿,受到地方报纸的欢迎。

胡愈之考虑到武汉沦陷以后,后方国统区各省的报纸都只在本省销行,它们一般都无力派遣记者到前方和后方各地采访,而它们的读者却十分关心全国的局势,迫切要求对时事有些比较系统的报道。当时国民党的中央通讯社只顾发些很不真实又很零碎的消息,国新社可以组织进步的青年记者撰写对前后方的大事作系统报道的通讯,发给各个省的地方报,满足它们的迫

① 程思远.桂林在抗战时期中的特殊地位[M]//广西社会科学院.桂林文化城纪事.桂林漓江出版社,1984.

切要求。由于各省的一般地方报发行不出本省、尽管和他省的地方报同时采用国新社的通讯，也依然可以看作本报的特稿，为读者所重视。

胡愈之建议国新社的通讯一般都分抄五至六份，分别寄给五至六个省的报纸，让它们分别当作本报专稿采用。这个计划来源于他对外国通讯社发行特稿业务的了解，他把它们运用于我国抗战时期。而且胡愈之考虑到国新社是个人民事业，它不同于外国的通讯社，也不同于国民党的中央通讯社，国新社发给报社的稿子，不要求报社注明“国新社供稿”，只求照署作者之名。这又给予报社以采用的方便。

国新社一开始，就利用供给国际宣传处的通讯按胡愈之的计划分发给地方报，受到它们的欢迎。实践证明胡愈之的设计是成功的。

国新社除了采用当年已经知名的青年记者如秋江、陆诒等人的通讯以外，还大力培养一批更年轻的记者，到各地采访，写寄通讯，使他们在实践中受到锻炼。名记者陆诒和青年记者李洪、任重等都曾到敌后游击区采访，写出了许多关于八路军和新四军英勇战斗的精彩通讯，为海内外进步报纸所热烈欢迎。

国新社在国统区工作仅仅三年，但在艰苦奋斗中受到锻炼的年青记者们迅速成长，很快成为国新社工作的主要骨干。

国新社凭着提供通讯稿，在国统区打开了全新的局面，它通过各地报纸，向千百万读者传布了比较系统深入的报道和先进的思想。

国新社在传播进步舆论上所发挥的作用意外地巨大。在胡愈之1978年悼念范长江的文章里说过：

“在1939年初，在桂林这个冷僻的小城市里，出现了新的希望。希望在于党，希望在于毛主席的光辉著作《论持久战》。希望在于从沦陷区流亡到桂林的大批青年文化战士。”[①]胡愈之指望的这大批青年文化战士，包括了他曾亲自率领的文化战线的青年，包括他帮助长江领导的国新社的青年记者。

众所周知，胡愈之是位杰出的政治评论家，热心于国际问题知识的传布，曾创办了有名的刊物《世界知识》。武汉沦陷后，《世界知识》一度停刊，但战时报纸读者殷切要求了解国际情势，特别在1939年，德意法西斯横行霸道，国际风云多变，读者希望了解对国际情势的切实分析。胡愈之认为国新社除了提供战时通讯以外，还可以提供国际问题的评论，相信这项业务必然可以开展。他为此，在1939年初专程到了香港，同香港第一个国新社的领导恽逸群等同志商量，促成了桂林国新社和香港国新社的合并，让两个社交流稿件，配合起来使用。桂林国新社从此作为总社，主要向国统区报刊发稿，香港国新社分社向海外和华侨报刊发稿。胡愈之还使原来为香港国新社工作的一大批国际问题评论家如金仲华、刘思慕、羊枣、王纪元、郑森禹、陈翰笙、邵宗汉等都成为合并后国新社的社员。整个国新社的力量大大增加了。两个国新社从此统一在中国共产党的直接领导之下，它和《新华日报》一起成为在解放区以外的两个相辅相成的革命新闻宣传机关。

---

① 胡愈之．怀逝者[M]．生活·读书·新知三联书店，1986．

国统区国新社以后还设了重庆办事处和金华办事处，发给稿件的报刊遍及东南、西南、西北各地，连同香港分社供稿的报刊，一共达到150家以上。[1]

民主的组织机构

在创建桂林国际新闻社时，胡愈之还有一项重要的创造，就是利用合作社的形式把支持国新社事业的同志组织起来。他曾用这种制度组织生活书店，取得显著的成就。按国新社社长范长江的回忆，“用生产合作社的办法来进行组织，这是学的邹韬奋组织生活书店的办法，这个主意是胡愈之出的。”“我们的原则是民主的原则，即一人一票权，以社员为基础，民主产生领导机构，没有老板和被雇佣者之分。社员分两种：一种，完全专职为国新社工作，由国新社负担他们的生活费；另一种，只能按期为国新社写稿，或关心国新社的社务，还不能脱离(或不需要脱离)原来的工作岗位，他们的生活费也是自己从原来的职业中取得的。但所有社员都必须在政治上赞成抗日和民主，都积极支持国新社的工作，并交纳至少50元的入社费。”

本书作者是当年国新社青年社员之一，尽管生活费很低，精神上十分舒畅。在进国新社之前笔者曾在上海一家资本家的报纸工作过，受过苛刻的剥削，工作看老板的眼色，深怕饭碗被打破，心情是大不一样的。因此尽管国新社很苦，还有政治风险，

---

① 长江．国新两年[M]．国际新闻社回忆．湖南人民出版社，1987：32.

我们许多国新社的“小字辈”一直以参加国新社的事业看作自己的幸运，自己的骄傲，从而深感胡愈之和范长江这些前辈，创立国新社是不平凡的贡献。

新闻界另一前辈共产党人张友渔，生前也曾参与国新社的事业，他在1987年一篇回忆国新社的文章中说过：“国新社是抗日战争和解放战争期间，我党领导下的一个民间通讯社。它存在的时间不算很长，但却对我党在当时的历史条件下宣传抗日与民主、团结海内外进步人士，争取进步势力，孤立国民党内的顽固势力等方面起了一定的作用，它的历史地位是应该肯定的，它的许多经验也是值得总结的。”

功成不居的谦逊态度

打从国新社成立以后，知道国新社情况的人，都把胡愈之尊为国新社创业的设计师。国新社社长范长江同志非常尊重胡愈之的创见，他在国新社内外，都宣扬胡愈之是“进步文化事业的参谋长”。但是胡愈之本人一贯功成不居，谈到国新社时，也毫不例外。1985年，他在回忆长江的文章中对自己同国新社的关系说得非常潇洒。首先他说：“我不是国新社的成员，由于我对新闻工作的兴趣和我同长江同志的个人关系，我挂了国新社特约撰稿人的空名。”

然后他说：“从1939年初到1940年我离开桂林为止，我几乎每天都要去环湖路（指国新社在桂林的社址——作者注）溜达一下。除了满嘴胡子、被大家称作大师的总编辑黄药眠以外全是二十岁左右的青年战士，有正从战地来的，有准备到战地去的。大家读马列和毛主席的书，毫无拘束地讨论国内和国际形势。到了晚间还举行歌唱会和舞蹈会，当时长江还不到三十岁。我和大家学习在一起，生活在一起，战斗在一起，也觉到自己年轻多了。”

笔者是当年的当事人，前辈胡愈之的这种谦虚态度和他的敬业精神、创造精神一样，实在令人感佩无已。

奉命撤出桂林

除了参加上述广西建设研究会，文化供应社、国际新闻社、生活书店、开明书店等处工作以外，胡愈之曾支持杨东莼的地方建设干部学校、新安旅行团、中国青年记者学会、青年会等的工作，为它们讲课，做报告。杨东莼任干校教育长，按“抗大”、“陕公”的体制办学，曾为学员设“抗战形势讲话”课程，胡愈之是这门课程的讲师之一。

据千家驹的回忆，周恩来对桂林的情势十分关注，曾三次过桂林时都作过布置和关照。有一次周恩来单独找了胡愈之和千家驹谈话，曾恳切地告诫他们，“不要太露锋芒，要隐蔽，保全实力，作长期打算。”周恩来居安思危，在顺境中也注意预防曲折。

胡愈之一直坚持着隐晦曲折的工作方法，他在桂林的工作也是成功的。他对这一时期的工作在他的《我的回忆》中有一段小结：

“这一时期，由于党的六届六中全会纠正了王明右倾机会主义错误，在毛主席关于巩固和发展抗日民族统一战线的正确策略方针指导下,使我们在桂林的活动方向明确,抗日救亡工作做得有声有色。救国会的组织也发挥了很大作用,我们以救国会的身份活动,易与广西各方面人士接触。我们紧密团结了广西各界民主人士,发展了广西的进步力量;努力争取中间势力,包括对李宗仁、白崇禧、黄旭初等通过各种渠道来影响和争取他们,使他们坚持团结抗日的立场。这样一来,顽固势力也就孤立了,国民党蒋介石的特务分子在广西不能横行。桂林一时成了西南大后方的一块抗日文化的绿洲。"①

但是,中国共产党中央有远见,桂林的局面也会逆转的。早在武汉撤退之后,在日本的政治诱降和英美的劝降之下,国民党就开始采取了"限共"、"溶共"政策,对抗日民主力量的压迫日益加剧。从1939到1940年上半年之间,生活书店就有16个分店被查封或被迫停业。1940年5月,中共中央发出了《放手发展抗日力量,抵抗反共顽固派的进攻》的指示,要全党准备"应付可能的全国性的突然事变","在精神上要有所准备,在工作上有所布置。"并且具体指示:在国民党统治区"凡有被国民党捕杀危险的公开或半公开的干部,应转移地区隐蔽起来,或调至军队工作。"

设在桂林的八路军办事处李克农就是南方局的代表。按夏衍同志的回忆,这个办事处是"我党建立在敌人内部,被敌人严密包围着的一个重要据点,同时,这又是十八集团军和新四军的后方联络中心,我党和华东、华南、乃至香港、海外的交通枢纽,和西南革命文化工作和统战工作的前沿指挥所。克农同志坐镇

① 胡愈之. 我的回忆[M]. 江苏人民出版社,1990.

在这个地方，十分紧张而又非常从容地领导着繁重的工作和进行了尖锐复杂的斗争。"①

1940年5月中央文件下达到桂林之后，大概6、7月间，李克农就让胡愈之到办事处阅读了上述这个文件，还决定让胡愈之首先离开桂林。李当时对胡说，隐蔽起来的办法有三条：一是更姓改名，到别的地方去，二是到八路军或新四军去，三是到香港或是国外。

李说："你可是个出头露面的人，谁都认识，第一条行不通。第二条要冲破国民党的封锁线，也不容易。只有第三条，先去香港，比较合适。"

不久之后，李克农就给胡愈之买了一张飞机票。那天胡愈之刚搬进文化供应社在桂林西门老君洞的一座新楼里，正准备庆祝新楼落成，李在电话里约他会面，然后就把机票交给了他，还告诉他，第二天走，事前要保密。第二天他只提了一只箱子，借口说家里有事要回去看看，过几天就回来，因此就没有多带东西。他是1940年桂林进步人士中第一个撤离的。②

胡愈之在桂林将近两年的工作就这样结束了。1963年，他曾重返桂林，那是一次旅游，战时的陈迹都找不到了。但是，他不知道桂林市博物馆里至今陈列着桂林文化城的文物，披露了当年的史实，胡愈之的事迹历历在目。

---

① 夏衍．克农同志二三事［M］//夏衍杂文随笔集．北京：三联书店，1980：698～699．

② 胡愈之．我的回忆［M］．江苏人民出版社，1990．

第十八章

初到新加坡

1940年7月,胡愈之由桂林乘飞机到达香港,当时他还不知道党组织将委派他干什么工作。一到香港,他按桂林八路军办事处处长李克农的指示,找了中共南方工作委员会的负责人廖承志。廖在1933年由人权保障同盟从国民党监狱营救出来以后,曾进入苏区,并随四方面军长征,一度在延安工作,然后就被派到香港,主要承担海外联络工作。他是广东人,能说英、法、德、俄、日等多种外语,[①]在香港工作是特别合适的。

周恩来的安排

廖承志告诉胡愈之,周恩来已决定派胡到新加坡担任《南洋商报》的编辑主任,实际上就是总编辑和主笔。

新加坡的《南洋商报》于1923年由南洋华侨领袖陈嘉庚所创办,后来报社由陈的女婿实业家李光前接办,掌握经营管理和编辑方针的是经理老报人傅无闷,傅也是福建人,政治态度与陈

① 海伦·斯诺. 多才多艺的廖承志[M]//延安采访录. 贵州人民出版社,1989.

嘉庚一致，很希望把报纸办成拥护陈嘉庚和陈领导的筹赈爱国运动的报纸。当该报编辑张楚琨1939年秋以该报特派员身份回国采访抗战新闻时，就受傅无闷的委托，要在国内物色一个有名望的记者到报社担任编辑主任。张楚琨本人早在20年代在上海参加过中共领导的反帝大同盟，曾一度被捕，关在苏州监狱，同共产党员徐迈进关在一起。1934年被释放后就远去新加坡，长期从事新闻工作，坚持进步宣传。1939年张回国采访时在重庆就遇见了徐迈进，徐当时是《新华日报》编辑，并协助范长江领导中国青年记者学会。徐迈进将张的情况向周恩来副主席反映之后，周几次同张谈话。张向周介绍了南洋华侨抗日救国运动、南侨总会，特别是爱国华侨领袖的情况。周对这些情况都非常重视，还指示说，对陈嘉庚这样一位爱国华侨领袖，一定要尽力帮助他，爱护他。周表示相信，只要陈嘉庚了解国内的抗战真相，了解蒋介石的假抗日真反共，他的爱国心和正义感一定会使他明辨是非，全力支持抗日民族统一战线。

周恩来曾询问张楚琨华侨的爱国运动需要什么帮助，张就建议加强南洋进步力量的舆论阵地，附带就提到《南洋商报》傅无闷经理要他回国内物色一位有名望的编辑主任的事。还说，能有个能人主持《南洋商报》的编辑工作，就一定能够支持陈嘉庚的抗日筹赈运动。周同意张的看法，并答应推荐合适的人去。在张完成采访任务返回新加坡之前，周恩来又一次同他谈话，告诉他，他要求推荐的人已作了安排，要他到香港之后向廖承志了解。周为张写了一个短信，让张同廖承志联系。张到港后才知道周恩来高瞻远瞩，对团结海外华侨的工作非常重视，已安排了党内以熟悉外事名闻海内外的胡愈之担任《南洋商报》的职务，张喜出望外。他打电报把消息告诉报社后，报社复电表示同意，他在港只作短时勾留，就满怀喜悦心情，返回新加坡，向傅无闷汇报了全部喜讯。傅也同样非常兴奋，感到从此《南洋商报》大有希望。他们就开始了迎接胡愈之到来的准备。

这期间，胡愈之从廖承志口中得悉了新的任务，倒有点踌躇，因为新加坡还是英国殖民地，华侨的情况他很少了解，他在那边一个熟人也没有。好在廖承志告诉他，“你可以先同张楚琨联系。”于是他就同张楚琨通了几回信，张向他介绍了新加坡以及报社的一些重要情况，他总算心中有数了。临行前，廖承志还向他作了最后交代：“同张楚琨联系到底。”因此，胡愈之在南洋的整个七年多时间内同张楚琨一直保持着密切的合作关系（据1991年3月访问张楚琨时谈话记录——作者注）。

胡愈之由于主持过《东方杂志》，杂志上发表过陈嘉庚的自传。再加上胡愈之的作品《莫斯科印象记》出版时也曾在南洋风靡一时，因此，胡愈之一定会得到南洋爱国华侨群众热烈欢迎。周恩来的决定是很有预见的。但是由于胡愈之在南洋闻名，他从香港公开前往新加坡就不是一件容易的事情。那里的国民党势力忌恨。那里的英国当局对中国进步新闻记者也决意排斥。这样，胡愈之不能不以“胡学愚”的学名登记船票，而且坐不用办护照的三等舱。按当年英国当局定的规矩，坐三等舱的旅客都须在登岸前一个小岛上听候体检。廖承志了解这些情况，事先花一百元港币让让一个英国医生为胡愈之出具一张身体合格的证明，这样，胡愈之到达新加坡就没有遇到什么麻烦。胡同老战友王纪元同行,他们一路平安。

在胡、王二人到达新加坡的第二天,《南洋商报》就登出两人的照片,并刊登了两人将在报社任职的消息。消息称胡为国际问题权威,说他对《南洋商报》"有不少革新计划","本报将以崭新的姿态与读者见面"。消息的全文是这样写的:

"本报新聘国际问题权威胡愈之先生为编辑主任,聘名记者王纪元先生为编辑,二氏均已开始视事,本报暨《新国民日报》同人昨在大同酒家设宴欢迎。胡氏服务国内新闻界十数年,经验极为丰富,对本报有不少革新计划,本月内将作初步改进,迨明年一月本报将以崭新的姿态与读者见面。"

上述新闻自然引起读者很大兴趣,可是新加坡英国殖民当局见了报吃了一惊,怎么一个权威来到新加坡,事前竟一无所知。他们通知报社,要胡去华民政务司(当地殖民当局专管华侨的机构)谈话。报社的人了解情况,立即帮胡印了一套名片,要胡说明是用"胡学愚"的名字合法入境的。

胡到华民政务司谈话时,就说入境时由于时间紧迫,没办护照,坐的三等舱,自己一向用胡学愚这名字,愈之是自己的"字"。同时交上一张名片,上面印着"南洋商报编辑主任胡学愚字愈之"字样。

华民政务司也知道中国人在姓名方面有这种习惯,就没有再追究。入境时既然放过了胡学愚,胡愈之的到来就不能认为非法,无可奈何,只好让胡留下。

这以后又一年,为了进一步开拓南洋华侨的统战工作,中共派乔冠华、郑森禹两位报人坐三等舱去新加坡,英国殖民当局就没有让他们上岸。英国当局硬说乔冠华、郑森禹都是假名,说他们是著名的共产党,而且是从陕北来的。原来,乔冠华也用过"乔木"这笔名,而英国殖民当局只知道"乔木"就是中国共产党政论家胡乔木。乔冠华他们有口难辩,没有上岸,搭原船回到了香港。这是一段新加坡英国殖民当局限制进步人士入境的插话。胡愈之前一年能留在新加坡是一场智斗的成果。

改进《南洋商报》

《南洋商报》在新加坡的历史不短,从 1923 年诞生起到胡愈之参加工作时已有 17 年,但影响并不巨大。新加坡在 1940 年除《南洋商报》以外,有另一华侨领袖胡文虎办的《星洲日报》,还有一张销数不多的《总汇报》。《南洋商报》的读者以福建籍华侨为多,《星洲日报》的读者以广东籍华侨为多。两家报纸竞争的相当激烈。

胡愈之到任之后,首先加强报纸的评论。《南洋商报》以往无专人撰写社论,两三天才发表一篇,内容也没有计划,谈不上有什么声势。胡坚持国内当年大报的做法,除发表专论的日子以外,每天都有社论。这样他每星期要写五六篇每篇 1500 字左右的社论,用四号字,排在一版的左下角。除此以外,胡有时还亲自撰写"星期专论",为《南洋商报》出的《星期刊》写长篇论文,少则三千字,多则一万字左右。他还为报社的《南洋晚报》写些短评。于是,《南洋商报》的读者就几乎天天能读到胡愈之这位勤奋的观察家深入浅出的文章。这是这张报纸的一大改进。

南洋商報

新年特刊

January 1st, 1941 (Wednesday)

THE NANYANG SIANG PAU

南洋的新時代

胡愈之在新加坡发表的第一篇长文

1941 年元旦《南洋商报》刊登胡愈之的《南洋的新时代》作为新年献词

胡愈之当时虽然远在南洋，但他同设在香港的国际新闻社保持着密切的联系，国新社为《南洋商报》不断供应“祖国通讯”、“国新通讯”和各种专稿。另外，胡还亲自领导一个采访委员会，指挥报社的记者们到新加坡社会各方面去采访，主要是抗日救亡活动的情况。这样，《南洋商报》骤然充实起来，从风云变幻的国际局势到祖国抗日战争的最新消息，以至新加坡的重要新闻，报纸都披露得琳琅满目，十分周详。特别是报纸的言论，由于胡愈之力求态度客观和公正，而文字又尽量通达简练，达到雅俗共赏，收到的效果更好。

胡愈之写过一篇题为《团结则存，分裂则亡》的社论，说得头头是道，娓娓动听，使南洋各界读者都感佩不止。文章中说：

“我海外侨胞，其中最大多数，一向是无党无派的，我们心中只有国家民族，我们决不存党派偏私之见。现值大敌当前，失地未复，我们所要求的是抗战建国，是民主团结，我们所反对的是和平妥协，是内战分裂。”

这样的文章使国民党在新加坡制造的反共和对日妥协投降的论调被打得落花流水。

1941年的南洋由于英、法等国政府都竭力应付希特勒德国的侵略，没有多少力量来照顾它们的亚洲殖民地；另外日本在侵占大半个中国之后，宣扬“建立大东亚共荣圈”，它在加入德意日三国同盟之后已蓄意南进，吞并英法在亚洲的殖民地。因此如何保卫南洋的问题已成为南洋当时各界最关心的问题。面临这个严重问题，胡愈之在就任《南洋商报》主笔不久之后就在2月初开始进行公开探讨。从2月14日到2月28日连续发表了六篇关于保卫南洋的社论。一论《战争是不是能够避免》，二论《怎样避免战争的到来?》，三论《保卫南洋与保卫中国的关系》，四论《英美合作问题》，五论《英美荷对日禁运问题》，六论《战争与民主》。

胡明白提出保卫南洋须靠四个具体条件：一、中国的抗战，二、英美的合作，三、对日禁运，四、远东民主。这些意见，都说得很有分寸，又说得很具体，特别是当地读者觉得合情合理，因此，对《南洋商报》产生了更大好感。可惜英国殖民当局眼光浅近，根本无意于力保南洋，抗御日本，因此十个月以后日军南下，英军兵败如山倒，整个南洋沦陷于日军铁蹄之下。

胡愈之当年的这些社论受到了读者喜爱，一直到1979年12月，新加坡的书店还出版《胡愈之作品选》，选的全是《南洋商报》时期的社论。编者说胡愈之的政论“写得非常精彩，是成千上万关心国际问题人士每日必读之作；其吸引读者的魅力，不消说在本地无出其右，即使在同一时期的中国，同样水平的政论家也并不多见。”编者还说，读者之所以爱读胡愈之的社论，是因为他“代表当地的读者说话，吐露出他们的心声”，“可说真正成了民众喉舌，舆论前驱”，“还有一个原因，就是文笔的优美，他本来是个优秀的作家，有深厚的文学素养，有很高的写作才华，因而写的虽然是议论文章，文艺性都很浓郁，流丽生动，完全没有普通报纸社论的滞涩枯燥的毛病，这就易于引人入胜了。通常一般报章的社论，很少被列入文学的范畴，但胡氏的社论却被视为政论散文的极品，可当文学作品来欣赏，其原因也就在此。”①

1941年胡愈之在新加坡新闻界还尽力开展统一战线的工作，尽力团结进步力量，孤立顽固的国民党爪牙。当时《星洲日报》的总编辑俞颂华，是胡愈之的老朋友。该报副刊编辑郁达夫也同胡友好。两报因此一度出现团结融洽的气氛。另外，马来亚的槟城《现代日报》请了国内进步报人邵宗汉当总编辑，文学家杨骚在南侨总会主编会刊《闽潮》，它们都成为《南洋商报》的同盟军，在新闻舆论上互相呼应，造成声势。

在胡愈之开始主编《南洋商报》之后，进步报人刘尊棋、张企程、蔡馥生等陆续参加《南洋商报》编辑部工作，这就使这张新加

---

① 万修．胡愈之作品选[M]．新加坡：上海书局有限公司，1979.

坡报纸的编辑力量特别雄厚，从而《南洋商报》顿时间成了南洋华侨的舆论向导，它赢得了广大华侨读者，尤其是华侨青年读者的心。它的销路大量增加，风行于整个新加坡与马来亚，它在南洋侨报中间荣登了首位，它在华侨爱国运动之间起到了旗帜的作用。

《南洋商报》的这种声势与作用，一直保持到1942年1月末日军攻陷新加坡。

胡愈之在《南洋商报》这一段工作早就赢得新加坡和马来亚当地华侨进步同业的赞誉。当时槟城《光华日报》的主笔洪丝丝就说过：

"1940年胡愈之到新加坡，最初在《南洋商报》当总编辑，写社论，我在槟城现代报社创办的《现代周刊》上发表一篇文章，热烈欢迎他到南洋。记得我把胡适之、胡政之和胡愈之'三胡'相提并论，指出他们'名相如实不相如'。我认为胡适之在新文化运动中提倡白话文，固然有所建树，但是不久在思想界就成为青年前进的绊脚石；胡政之创办的《大公报》在新闻界有它的特色，但对蒋介石的统治起着'小骂大帮忙'的作用；胡愈之则一贯进步，又是国际问题权威，他到南洋对华侨肯定会有重大的贡献。我对他的这个期望后来完全实现了。"①

在以后的几年里，洪丝丝成为在新闻界同胡合作的亲密战友之一，再以后两人先后被迫离开南洋回到祖国时，依然是亲密合作的好友。

---

① 费孝通等．胡愈之印象记[M]．中国友谊出版公司，1989.

同陈嘉庚的亲密合作

在《南洋商报》编辑主任任内，胡愈之同华侨实业家、南洋华侨领袖陈嘉庚保持友好交往，陈完全信任胡愈之，视同知己。

陈嘉庚同旧中国许多爱国志士一样，曾痛恨欺凌祖国的帝国主义国家，渴望祖国独立富强，因此历来支持祖国的爱国、救国的斗争。抗战爆发之后，他在新加坡登高一呼，在爱国华侨中成立了“南侨筹赈总会”，筹款支持抗战，不遗余力。1940 年他曾亲自率领慰劳视察团，回到祖国，他还突破国民党的封锁，访问延安，会见了毛泽东主席。在陕北，他的见闻使他确信中国共产党艰苦奋斗，清正廉明，才是救中国的可靠力量；中国共产党指引的抗战策略才是取得民族解放的唯一正确道路。从而他对国民党的腐败无能非常不满。他返回新加坡之后，曾积极向广大海外华侨宣传中国共产党的主张，号召华侨坚持抗战、反对投降，坚持团结、反对分裂，坚持进步、反对倒退。他公开断言，“中国的希望在延安”。

南洋爱国华侨领袖、胡愈之的挚友陈嘉庚。

在陈嘉庚第一次同胡愈之相识时，相互就谈得十分投合。陈本人在 30 年代初曾读过《东方杂志》,还向该刊投过稿,对胡愈之的文笔和才华早已十分赞赏。陈曾对《南洋商报》的同事们说,胡到报社,报社深庆得人。

胡愈之到《南洋商报》工作后,每星期都和陈嘉庚约会一次。张楚琨每次都陪同前往。在陈胡谈话时,张担任翻译;因为陈嘉庚习惯于说闽南话,胡愈之说的是绍兴官话,相互难于直接畅谈。

张楚琨实际上早已是陈嘉庚信得过的助手。抗战开始后,他就在新加坡组织民族解放先锋队,任该队宣传部长,组织华侨抵制日货、制裁奸商。当时陈嘉庚已被选任支援抗战的“星华筹赈会”主席,当陈了解到张的爱国活动后,曾每月以6000元叻币资助民族先锋队,表示支援。

以后,1938年埃德加·斯诺的《西行漫记》出版,张楚琨曾亲自送一本给陈嘉庚,还向陈介绍说:“国共磨擦很厉害,大家想弄清谁是谁非,这是美国记者访问陕北的亲历记,看来报道还客观,可供参考。”陈读了很感兴趣,据说这是陈向往延安的开始。

1940年3月当陈嘉庚回国访问时,张楚琨还未离开重庆,他曾到陈嘉庚下榻的嘉陵招待所向陈问候,张告陈他自己在国统区的见闻:“前方吃紧,后方紧吃,重庆哪家酒家不客满!达官贵人花天酒地,谁想到战士浴血苦战?”张还指着招待所下面江边正在兴建的楼房说,那是国民党要人吴铁城、朱家骅等人的官邸。张的这些陈述,再加上陈自己在重庆的考察,使他对国民党的统治深感不满。

陈嘉庚对张楚琨同他谈话一向视为快事。胡愈之来到之后,陈胡张三人间的谈话内容就更加丰富。张常常甘心担任翻译,为陈胡二人畅所欲言服务。福建人在新加坡兴建的俱乐部怡和轩，陈嘉庚在30年代任主席，因此胡愈之同陈嘉庚常在怡和轩会面。

胡愈之同陈嘉庚每周一次的会面，主要谈新闻，谈国际国内的情势和动向。胡愈之每每对时事问题进行一些分析，讲一些来龙去脉，因此陈嘉庚都很乐意听取。有时陈主动提出一些问题请胡解释，谈谈看法。每次谈话，两人都感到欢快。胡愈之十分钦佩陈嘉庚的为人和爱国热忱。

1941年元旦，胡愈之开始主持《南洋商报》的编辑工作。他在报上发表题为《岁首献辞——南洋的新时代》的社论。文章指出："南洋的军事地位提高了，经济地位提高了，政治地位提高了，这表示南洋的新时代的到来，但这也表示南洋更严重的危机的到来"。"日寇的侵略已不是一种威胁，而是一种事实。"文章刊出的当天，陈嘉庚才从国内返回新加坡，他细细读了这篇《岁首献辞》，赞赏不止，他对张楚琨说过："文章富有卓见，胡先生不愧为国际问题专家。"①

胡愈之对陈嘉庚十分尊重，到南洋之后更深切了解了陈的地位和影响。由于陈嘉庚公开宣扬中国共产党的政策，引起了新加坡国民党势力的仇恨和反对。1941年3月，南侨总会要召开会员代表大会，改选总会主席。国民党海外部部长吴铁城正以蒋介石特使名义来到新加坡，他同国民党政府驻新加坡总领事高凌百之流就乘机发动对陈嘉庚的谣言攻势，利用华侨中的帮派反对陈嘉庚，妄图借此攻倒陈嘉庚和南侨总会，破坏华侨团

---

① 费孝通等．胡愈之印象记[M]．中国友谊出版公司，1989．

结,反对华侨对抗战的支持,这时陈嘉庚和广大爱国侨领、侨胞都奋起反击。《南洋商报》就坚决站在爱国华侨一边,全力支持陈嘉庚和南侨总会。胡愈之在一周之间写了《我们需要陈主席》等一系列社论,揭发吴铁城、高凌百之流的阴谋诡计。结果大会开得很成功,全场 152 名出席代表,151 名投票重选陈嘉庚为主席,只有陈本人一票除外。胡愈之为此又写了一篇以《公意的胜利》为题的社论,其中说:"可见全南洋华侨,不论是国民党员,或非国民党员,都是绝对接受陈嘉庚先生一向所坚持的团结抗战主张与无党无派立场的。这样,那一班专事制造磨擦、制造分裂、破坏团结、破坏南侨总会的分子,被打得落花流水,华侨的团结是大大加强了。"①

《南洋商报》就这样与陈嘉庚的爱国运动相呼应,在团结南洋广大华侨支援祖国抗战中,在启发华侨争取民主的斗争中起到了巨大的作用。

与沈兹九结成终身伴侣

胡愈之早在 1912 年就由家庭做主,与姑表姊罗亚琴结了婚,此时他还在求学阶段。1914 年他离家到上海,考进商务印书馆,长时期过着单身汉生活,他几乎整天忙于学习、写作和从事各项社会活动。

从上海到武汉时,许多热心朋友也曾为他介绍过对象,但是

① 万修. 胡愈之作品选[M]. 新加坡:上海书局有限公司,1979.

没有成功。于是一直到桂林这两年,他也还是过单身生活,住在生活书店集体宿舍里。

组织上派他到新加坡之后,他仍忙于工作,和刘尊棋他们住在一幢简陋的木楼里,独居一屋。皖南事变后,有名的妇女杂志主编沈兹九由新四军地区出来,经周恩来亲自决定,调她到新加坡,支援胡愈之的工作。她终于在 1941 年 6 月,住进了胡愈之他们居住的木楼。

这个木楼建在海上,实际上是高脚平屋,屋前有木板搭起的平台,楼板底下两三尺就是海面,这里除了潮涨潮落时外,一般都很清静。①

按沈兹九的回忆。她同胡愈之开始在一起工作,从而开始相恋,她认为,这是周恩来促成的“天作之合”。她同愈之的斗争经历、文化素养、身材和风度等方面都很协调,确实是“天生的一对儿”。②

熟识他们的朋友都知道,早在抗日救亡运动开始高涨的时候,胡愈之进生活书店主持编辑工作,他约请不少进步作者为书店办刊物,沈兹九就在这时到生活书店主编《妇女生活》杂志。胡沈两人从此就有了共同战斗的革命经历。

不久之后,沈兹九联合史良等发起成立妇女界救国会,而胡愈之是组织文化界救国会的创始人。胡沈两人曾同时入选全国各界救国联合会执行委员会。“七君子”事件发生之后,两人又

---

① 刘尊棋.和愈之同志一起在新加坡的日子里[J].群言,1986-3(3).

② 费孝通等.胡愈之印象记[M].中国友谊出版公司,1989.

胡愈之在南洋时期和夫人沈兹九合影

同时参与营救工作，同是“救国入狱运动”的发起人，和宋庆龄、何香凝等14人一起署名发布《救国入狱运动宣言》，他们俩还和宋庆龄等一起到苏州自请入狱，使法院院长狼狈不堪。以后两人都到了武汉。据郭沫若所著《洪波曲》的记载，1938年10月8日，郭曾率领一部分文化人访问五战区，与李宗仁商量开展战区工作，其中就有胡愈之和沈兹九等人，胡沈有工作联系。但武汉撤退时，沈到了重庆，做妇女统战工作，而胡到了桂林，以后又调到新加坡。他们在新加坡重逢时结为终身伴侣，是有很坚实的基础的。

1941年胡愈之45岁，沈兹九43岁。这年9月，他们就在一个临时租用的海滨别墅里举行了婚礼。来宾是文化界往来的一些常客，那天并没有订什么酒席，是由来客们各自带来的一些菜肴的半成品，由俞颂华的夫人主持烹调，然后大家在园子里席地而坐,野餐一顿。这天有几位来宾还陪胡愈之打了几圈麻将牌,作为余兴。①

从此,胡愈之和沈兹九就一直没有分离过,即使在新加坡沦陷之后,到印尼流亡的三年期间。他们在一起生活和工作了整整四十五年。

---

① 刘尊棋.和愈之同志一起在新加坡的日子里[J].群言,1986-3(3).

第十九章

流亡在赤道线上

1941年12月8日，日本在珍珠港对美国发动突然袭击，同时在东南亚各地开始袭击英国的殖民地。它配合轴心国家希特勒德国与墨索里尼的意大利在欧洲的军事行动，对西方国家发动了太平洋战争。

在新加坡组织抗日斗争

日本军队在马来亚北部登陆的同时，它的空军就袭击驻守新加坡的英国舰队，炸沉了它的旗舰"威尔士亲王号"。新加坡也顿时处于战争状态。驻守马来亚和新加坡的英军开始还进行抵抗，取消了人民抗日的禁令，因此华侨社会都行动起来，支援英国当局。胡愈之一面坚持出报，呼吁市民投入抗日行动，一面到处奔走，策动成立抗日组织，在很短时间之内，组成了以郁达夫为团长、他自己为副团长的星洲华侨文化界战时工作团和以陈嘉庚为主席的新加坡华侨抗敌动员总会。胡愈之又像"一二·九"后在上海为筹组救国会和抗日宣传工作那样不知疲倦地工作起来。

南洋华侨的抗日情绪特别高涨，在陈嘉庚的号召之下，短时间内就组成了三千多人的华侨抗日义勇军。胡愈之组织的干部训练班学员们就当了义勇军的政治工作人员。但是,就在这种情况之下,英国殖民当局也仍然害怕殖民地人民武装起来,迟迟不发给武器,直到日军已经兵临城下时,才发给了一些十九世纪的旧枪支,让群众到前线去当炮灰。所以尽管华侨群众抗日热情很高,仍然无法扭转战局,马来亚的战事仅仅打了50多天,马来亚的大部分土地都沦陷了。新加坡成了孤岛之后,英国当局就准备投降了。这时英国的官员纷纷撤往印度,对华侨抗日人士置之不顾。国民党领事馆对爱国华侨还拒发回国护照。胡愈之曾因此同国民党领事大吵一场。

当时,陈嘉庚非常气愤,他召集抗敌动员总会总部的工作人员谈话时说:"新加坡总督准备当俘虏,我们可不能!"他通知大家,为免遭日本侵略者报复,一定迅速撤离这个随时准备举白旗的危城。

陈嘉庚和胡愈之等许多抗日人士都分别找船转移到新加坡对面的印尼去。

2月3日,沈兹九和一些妇女儿童先一天走。2月4日,胡愈之才同最后撤出的一批抗敌文化人,搭乘一艘只几米长的摩托舢板,渡过马六甲海峡,开始了流亡的航程。

这艘小舢板上一共有28人搭乘,除胡愈之外,有郁达夫、邵宗汉、张楚琨、王纪元、汪金丁等人,还有王任叔、高云览等几对夫妇。船有些陈旧,跑得很慢,有时还发生故障,需要修理。而马六甲海峡这时空中有敌机,水面有水雷。舢板驶行中实在随时有被击沉的危险。渡过海峡平时只须半天,可是这回逃难的舢板竟在海上漂流了两天之久。乘客们的心焦不言而喻。小舢板一直到2月6日才到达了苏门答腊大岛边上的一个小岛石叻班让。

石叻班让的居民只有几千人,有几十家华侨商店,倒有几家华侨的子女是新加坡南洋女中的学生,他们对老师汪金丁、高云览、刘道南等表示热烈欢迎。另外素昧平生的华侨对这些文化难民也都抢着接待,腾出房间来让他们住下。这种中国人之间的亲切感情,特别令人感到安慰。

当时胡愈之、邵宗汉、郁达夫等人希望转道到爪哇回国。当地荷兰官员要他们到叫望加丽的大岛上去办,说是那儿的官员才有权办理签证。可是他们到了望加丽,那里的荷兰官员已经逃跑。他们只能由当地好客的木材加工厂厂主金门籍华侨陈仲培安排在苏门答腊大岛北面一个名叫保东的小村里住下。

在苏门答腊避难

胡愈之等人避居在保东这个小村时都改了姓名。胡愈之改名为“张尚福”,沈兹九成了“张赵氏”,郁达夫、邵宗汉成了“张尚福”的两个妻舅,分别叫“赵德清”、“赵德生”,王纪元成了伙计,叫“汪国才”。最初他们整天没事,就学习印尼话。据沈兹九说,印尼语的语根与世界语和日语类同,胡愈之懂世界语,沈和郁达夫都懂日语,学起来没有多少困难。郁达夫是诗人,除了学印尼语,还写了不少诗。他们在陈仲培的照顾下,日子过的还安宁。[1]

可是,不久日军占领了荷属印尼,苏门答腊也到了日本军队,开始搜捕抗日分子。陈仲培建议胡愈之等赶紧化整为零,分散隐蔽。这样,胡愈之夫妇和邵宗汉就转移到了一个叫巴厘的小岛上,胡愈之假装是一家木材工厂的记账员,邵宗汉充作工长。还准备万一日军来搜捕,就钻进附近大森林暂避。

不久由于印尼警察来到巴厘调查,他们又在侨胞庇护之下转移到苏门答腊岛西部的一个市镇巴雅公务居住。

巴雅公务是个比较繁荣的小市镇,这里的华侨都是做生意的,在这里居住至少都已有两代以上的时间。胡愈之等人到来之后,这些华侨对他们都很友好,在他们刚到时,许多用具都是华侨们主动送来的。他们借住的房主曾老夫妇特别热情,为他们铺床,搬柴草,使他们感到像到了亲戚家一般。好些老妇人都来找沈兹九谈话,问长问短,可惜沈不会说闽南话,只会说少量印尼话,有些穷以应付。

沈兹九了解到,这里的印尼社会,是个女人掌权的社会,这对她这个研究妇女问题的人很有兴趣。但是她是个难民,要尽量隐蔽一些,因而也不便进行什么调查研究。

虽然这儿的侨胞待他们像客人,但是要长期居住下去,总得搞点生计,做点生意。这时张楚琨夫妇,由于在巴东住不下去,也转移到了巴雅公务,就在胡愈之一家对门住下。经过张的建议,决定开设酒厂。张还得到他内兄的支援,以印尼币四百盾作

---

① 沈兹九. 在苏门答腊避难. 抗战记事. 中国友谊出版公司,1989:189.

为开办酒厂的资本。

这时郁达夫已先期到了这里。他化名赵廉，自称古董商人，住在海天旅馆。有一次他在搭车从北干峇鲁到巴雅公务途中，遇到日本兵问路，态度非常蛮横，车上的乘客除郁达夫外都不懂日语，十分惊恐。郁达夫这时用日语回答了问题，为大家解了围。这以后巴雅公务许多人都知道郁达夫会说日语，这里华侨的首脑遇到同日本人交涉，就请他去当翻译。这以后设在离这里33公里的武吉丁里的宪兵部就硬把郁达夫拉去当翻译。郁达夫无可奈何，也就利用他的地位为华侨和印尼人办了许多好事，其中包括给胡愈之等避难的文化人以多方掩护。

胡愈之他们筹办酒厂时就让郁达夫当老板，申请营业执照。郁达夫的化名为赵廉，酒厂就以赵豫记作厂名。厂址设在张楚琨他们居住的几间茅屋里。

张楚琨向一个同乡学了点酿酒技术，就既当经理又当酿酒技师。胡愈之当酒厂的会计，沈兹九、邵宗汉都参加干一些轻活。这个酒厂出的酒当地华侨叫做“双清酒”。因为主要销给日本人喝，沈兹九给酒取了一个名叫“初恋”。酒的销路很不错。可是这些书呆子最初不懂得偷工减料，做成的米酒用真材实料，不免亏了本，后来学了乖，掺一些糖做原料，成本就降下来了，酒厂总算能挣点钱，维持下来了。

与此同时，沈兹九查看了从新加坡带出来的一本《日用百科全书》，发现草木灰可以用来做肥皂。当时逃难的文化人中有位叫方君壮的，上海交通大学毕业，懂化学，沈兹九称他为“山芭科学家”，他试过用草木灰和椰子油制造肥皂。于是他们为了扩大生计，增加收入，又办起了肥皂厂，生产大批像样的肥皂。

肥皂的销路特好，原因是当地的印尼人都信奉伊斯兰教，都酷爱清洁，特别是在斋戒节，天天要礼拜，礼拜前必需沐浴，虔诚地用肥皂擦洗。肥皂厂生产不久，又逢到印尼人的新年，印尼人纷纷争购肥皂贮存起来，使工厂供不应求，加班生产。以后还为了扩大生产，加盖了新的房子。

工厂收入增加，也能养活更多逃难的文化人了。因此一起从新加坡逃亡出来的高云览、杨骚、汪金丁、吴柳斯、林醒黄等都来到了巴雅公务，参加了两个小厂的生产。

当沈兹九她们忙于试制肥皂时期，胡愈之不仅当会计，管财务，还张罗过这些人的伙食，当过炊事员。

这时胡的姓名已改为"金子仙"，剃了光头，留了胡子，已没有一点文化人的模样，可是他们租住的茅庐的主人叫曾连发，受过中等教育，总觉得"金子仙"面熟，他找到过去报纸上登的胡愈之的照片一对，就知道胡的真实身份了。曾连发是个爱国华侨青年，从此对胡这一批人都更加热心照顾，使他们安心地定居下来，为时有一年半之久。

秘密组织同仁社

在这段时间里，从新加坡撤离的一些文化人聚集到巴雅公务来了。胡愈之为了加强同这些朋友的联络，成立了一个叫"同仁社"的秘密组织。参加的有沈兹九、汪金丁、邵宗汉、王任叔、吴柳斯、张企程、高云览、张楚琨等，每星期聚谈一次，最主要谈了对当时形势的分析，有时也谈个人读书研究的心得体会。会后还把这些发言和报告整理出来，复写后订成小册子，由邵宗汉把小册子传给隐蔽在其他地方的难友，请他们传阅，并交流意见。①

胡愈之在时事研究和印尼文学习方面都特别有收获。他写过《论时局》、《各民族抗日统一战线》、《印尼问题与华侨经济》等文稿，都交由难友们传阅。

到1945年春，反轴心国家的大战临近胜利时，胡愈之也没有放松时事研究，放松他对时局的分析，并提出进行斗争行动的意见。他写过《告侨胞书》、《告印尼兄弟书》，内容是号召中国华侨和印尼人团结一致，互尊互帮，为反对法西斯主义、建立人民共和国而共同奋斗。他准备在一旦盟军反攻到印尼时把它们发表出来，动员当地人民都行动起来。只由于1945年8月日本无条件投降，这些文稿都没有印发。

胡愈之对印尼文的研究也抓得很紧，他的学习时间都比在一起的文化人少，可是他倒学得最好。他是他们中间第一个能读印尼文书报的，而且以后还编写成了两部有关印尼文字的书稿：《汉译印度尼西亚语辞典》和《印度尼西亚语语法研究》。前一本书稿后来丢失了，而后一本书稿1951年在国内由人民出版社出版了。作者署名为"沙平"。

同胡愈之当年一起在巴雅公务避难的汪金丁，是个文艺家，曾在新加坡教书，也为胡愈之办的《南洋商报》撰稿，是胡在南洋

---

① 金丁．往事与文化人．中国人民大学出版社，1988.

的亲密战友之一。汪曾问过胡:“你是怎么学好印尼语的?”胡回答说:“我只有找我遇到的印尼人做老师,马来村庄的彭古鲁(村长——作者),溪边冲凉的马来娃娃,砍伐森林的苦力工,船夫,车夫,路旁的小贩,给我们洗衣服的马来婆子,都是我学印尼语的义务老师。”汪深表佩服。

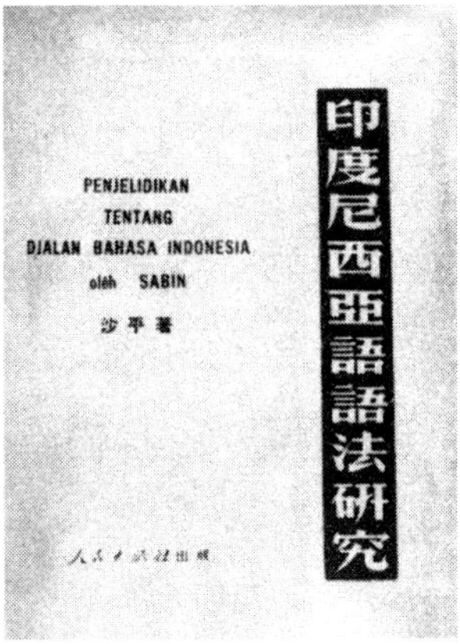

新中国成立后得以出版的《印度尼西亚语语法研究》

胡曾不止一次地称道印尼民族是个伟大的民族,一个有悠久历史和高度文化的民族,一个爱好和平、自由和正义的民族。[①]

这一批文化人在巴雅公务住了一年半,又发生了新的危机。1945 年 2 月庇护他们的郁达夫的身份暴露了,日本人知道了他是中国的著名作家,他被怀疑是联军的间谍,已受到了监视。郁达夫要胡愈之他们赶快离开。他们于是再次流亡。张楚琨、高云览等到了巨港,胡愈之一家到了苏门答腊西部的高原马达山。这里是避暑养病的地方,一向五方杂处,各色的人都有,陌生人到来并不会特别引起注意。他们就租了一处高脚木屋安顿下来。为了维持生计,还开设了一个小肥皂厂。

---

① 金丁. 往事与文化人. 中国人民大学出版社,1988.

写作《少年航空兵》

在马达山这段时间内，胡愈之觉得十分清闲，可能是有生以来空前清闲的时期。当时他住处有些华侨少年，他们都生长在印度尼西亚，在当地英文学校里受教育，没有回过祖国，中国的语言文字都没有搞通，他们就要求胡愈之帮助他们了解一些关于祖国的事情。最初，胡愈之只讲解一些中国的历史，后来就想到编成故事讲，而且要讲点理想，会使他们更感兴趣。这样，他就在宣讲以前写成了小说稿。以一个华侨少年的经历作题材，写成了《少年航空兵》。

胡愈之在苏门答腊流亡时创作的小说《少年航空兵》。书中描绘了作者心目中的新中国和新中国少年的精神。

胡愈之1945年5月1日起开始写《少年航空兵》，但这年8月中日本就停战和投降了，小说并没有写完。小说的后半部是在重返新加坡之后写成的。小说在胡创办的《风下》杂志上连载，一直到1946年8月才登完。由于小说情节动人，特别是关于新中国的一些描写，正是人们对未来的期望，更加吸引人。

小说写的故事可概述如下：

一个名叫陈逖先的华侨爱国少年，在印度尼西亚乡村生活，因不满日军侵略，同其他一些当地少年组成了少年抗日国际纵队。他个人曾在丛林中巧妙地杀死了一个日本兵。在逃避追捕中躲在一个印尼老人的家里。以后他在田野里遐想中入梦:经新加坡飞返祖国,这时祖国已是一个全新的国家,生活十分现代化,人际关系特别文明。他认识了几个少年朋友,一起开始了到各地旅游,见到了崭新的各种社会现象。少年朋友中有一个是《首都少年日报》驻上海的记者,他叫万里长,外号“龙门阵”,学识特别渊博,能说明许多历史和地理方面的问题。陈逖先通过同万里长的对话,了解了国际、国内许多政治问题。当时尽管新中国已是解放了的社会,但是这里还有一个地区叫“巴鲁图国”,这里的统治还是非常黑暗的,特务横行,人民惨遭压迫。陈逖先他们因飞机失事,落到巴鲁图的特务手中,被关进集中营华侨招待所,受到“特别招待”,也就是思想上的折磨。他们曾受到过审讯,被认为思想反正统,罪行严重。他们历经磨难,最后逃出了磨窟,回到了解放了的地区。

作者就通过这个故事,描述了对新中国的理想,不少情况实际上是作者从 1931 年冬在莫斯科访问时留下的苏联的印象和他以后从斯诺和其他人所介绍过的陕甘宁边区的见闻演化出来的。对于南洋和国统区的读者来说,自然是美好的未来。至于巴图鲁国的景象主要反映了抗战时期蒋管区的现实。

作者曾几次借书中人物的口吻提到“新中国生根在老中国里头,老中国经过蜕变就是新中国”,提示读者发扬变革精神,争取新中国的实现。

最最明显的提示是少年们参观周口店时,“北京人先生”在洞口作的一番演讲,他实际上在讲唯物史观。“北京人先生”

讲到：

“我们人发明了劳动，用劳动改变环境，用劳动改造世界。我们人能够支配这个世界，是因为我们不单是能适应环境，而且能改变环境。

“‘天不变，道亦不变。’这是谎话。只有骷髅和无生物，可以说‘以不变应万变’。其实骷髅和无生物也是在不断变化的。

“亲爱的孩子们，记着我的话，当你屈服于环境的时候，你是腐朽了。当你苟安于现状的时候，你的生命停止发展了。永远向着未来，不要怀念过去。一切为了明天，不要迷恋昨日。相信我的话吧。一切事物在矛盾中发展，正统是不存在的。背叛我的孩子，才是我的最好的孩子。

“孩子们，联合起来，为我们人类的未来幸福而奋斗着……”

由于小说的主人公在新中国的经历都还是在做梦，所以《少年航空兵》这个书名有个副题叫《祖国梦游记》。可能又由于作者在小说中反映的不少现象不是想象，因此小说在出版单行本时，作者在扉页上加了一个声明：“本书非文艺作品”。作者的意思显然在于提醒读者，要重视这本书的政治知识和现实意义。

1946 年 8 月起这篇小说公开发表时，胡愈之用了“沙平”这个笔名。以后 1948 年 3 月由香港一家书店重新排印出版时，笔名也没有变。国内许多读者都不知道“沙平”就是胡愈之。

一直到 1962 年国内才有人在报上发表《少年航空兵》的书评，才道出这本儿童幻想小说是胡愈之在苏门答腊避难时开始写的。书评还说，小说描摹出了新中国的轮廓，描摹出了新中国少年的精神，反映了作者对社会主义制度的向往。

胡愈之本人在 1978 年发表悼念名记者范长江时提到了他著作的这本《少年航空兵》,说到书中那个记者万里长是以范长江作为典型来描写的。因为 1938 ~ 1939 年间,胡愈之同范长江一起创设国际新闻社,胡愈之对范的生平和素养都有了很深的印象。

应该提一下,当胡愈之在苏门答腊的马达山地区居住时,他不仅写作了小说《少年航空兵》,还完成了一本《印度尼西亚语语法研究》。

流亡生活结束

1945 年 8 月初,胡愈之读印尼文报纸,知道盟军已攻打冲绳岛,他估计日本的失败已为期不远。他们流亡的日子就要结束了。

又过了一段时间,马达山上得到了日军投降的消息。当地的日本兵在出卖一些东西,准备当俘虏了。于是 8 月 23 日,胡愈之一家租了一辆小汽车,还做了一面小国旗,插在车头上,“无所顾忌地下了山”,到了苏门答腊西部的一个大城市棉兰。在这里他们知道了流亡到苏岛的难友有几个坐过牢,有的患过大病,彼此都通了消息,互庆再生。可是汪金丁打来了电报:郁达夫在 8 月 29 日失踪了。胡愈之这时估计,郁达夫已凶多吉少。[①]

他们为了弄清难友的真相,又匆匆地从棉兰赶到巴雅公务,

---

① 沈兹九. 流亡在赤道线上. 三联书店,1985:40.

证实了郁达夫“失踪”的不幸消息。在妥善地安置好达夫的家属之后，才同在该地的汪金丁和张企程一同到了一个叫北干峇鲁的地方，向那里的联合国总部反映，要求他们负责对郁达夫的被害进行查处。

然后，胡愈之一行怀着对苏门答腊掩护过他们的侨胞的感激心情，渡过马六甲海峡，回到了新加坡，从而结束了他们在印尼赤道线上三年七个月的流亡生活。①

误传的噩耗与真诚的怀念

1945年3月间，胡愈之还在印度尼西亚苏门答腊的马达山区避难，实际上这一段时间倒是流亡中比较安定的时期。但是，在国内重庆，忽然传出一个消息，“胡愈之已在1944年9月上旬病逝于南洋某地”。据说消息最初在泰国流传，后来传到昆明和重庆，还说“十之八九可靠”。

后来这消息又由胡愈之在重庆的亲友传到了上海、成都。在成都的叶圣陶仍在主持《中学生》杂志的编辑工作，他决定向胡在国内的一些挚友组织一批悼念的文章，以表哀思，希望借此把胡愈之的事迹和为人的长处记录下来，启迪青年。结果《中学生》杂志发表了叶圣陶本人，还有宋云彬、茅盾、傅彬然、曹伯韩等人的悼念文章，还重登了胡愈之1940年在桂林时为《中学生》复刊第18期写的文章——《论进步与倒退》。叶说，重登胡愈之

① 金丁．往事与文化人．中国人民大学出版社，1988.

这篇文章,“让读者们再与他接触一次,听听他那非进步不可的论见”。

叶圣陶当时对胡愈之病故的消息还是将信将疑的。因此把朋友们的文章编成《中学生》的特辑时,还说过:“我们真个失掉了这位老朋友吗?”“万一的希冀是海外东坡,死讯误传。如果我们有那个幸运,能与他重行晤面,这个特辑便是所谓‘一死一生,乃见交情’的凭证,也颇有意义。”

叶的文章不谈与胡的私交,只讲他所了解的胡的长处,意在让中学生读者有所学习和效法。

叶提到胡愈之四个长处:一、自学精神,说胡在中学没有读毕业,但从职业中学习,从生活中学习,始终不懈,结果既博且通,为多数正途出身的人所不及。二、组织能力,胡创设了许多团体,计划了许多杂志和书刊,又“善于认识朋友的长处,加以运用与鼓励,使朋友人人尽其所长,把团体弄得很好,把杂志书刊办得很好”。三、博爱思想。这里说的实际上是胡的革命思想,为人民服务的实干精神。“他长年忙碌,不为名利,他办许多事都迫于他那种博爱思想,只觉得有责任非做不可而已。”四、友爱情谊。说胡愈之最笃于友谊,他关心朋友甚于关心自己。

茅盾的文章回顾了从1920到1940年间与胡愈之的交往。作家用许多生动的情节抒发了他深切的友情。他提到了胡愈之早年为《东方杂志》勤奋工作,为进步出版业任劳任怨地服务,“朋友们都戏呼他为‘设计专家’,决不是出于俏皮,而是由于衷心的钦佩。”

茅盾的文章还提到抗战时胡愈之先后在武汉、桂林和新加坡的经历。茅盾对胡的"噩耗"，也觉得来的突兀，不愿信，又不能不信。他曾因此觉得"这一下打击太厉害了"。"在争取民主的运动中，我们需要愈之的地方实在太多，而且我相信愈之对于这一伟大事业必有光辉的贡献。"

茅盾认为胡愈之一生为学与办事的精神和成就，实在值得年青的一代永志不忘，奉为圭臬。

傅彬然、宋云彬、曹伯韩三人的文章都主要讲述胡愈之在桂林的成就。他们说到，胡愈之既办国新社，又照顾生活书店，主编《国民公论》，还创办一个很切合抗战时人民群众实际需要的文化供应社。他们说，胡这么尽心竭力地办文化事业，不为出名，不为私利，就在于普及文化。他们也提到胡创办的国新社，说它实实在在培养了不少青年记者，还说这些人好像是种子，"每颗种子又滋生出新的种子来。愈之先生的心血是不会白费的。"

他们都痛惜胡愈之过早的"亡故"。

与此同时，胡愈之的另一亲密朋友郑振铎，在上海听到了误传的噩耗，也情不自禁地写下一篇题为《忆愈之》的短文收在文集《蛰居散记》里，当时并不能发表，但郑心情激动，哀痛万分，终于写出了表彰胡愈之的回忆。他几乎按时间先后列举了胡的事迹，有些论述是别人没有说过的，例如：

"最生气蓬勃的生活书店的一段历史乃是愈之所一手造成的。"

"《鲁迅全集》的编印出版是他全力主持着的，在那样人力物力缺乏的时候，但他的毅力却战胜了一切，使这二十巨册的皇皇大著能够在很短时间内印出。”

“伟大悲壮的鲁迅葬礼的举行,也是他在策动着的。”

最后,郑振铎也愿望胡愈之病故的消息是误传。他说:“我祈祷着愈之的安健!为我们的国家,也为许多朋友们。”

胡愈之的战友们写了悼文之后,不久抗战结束,就得到了正确的消息,胡愈之还健在。他们发表的文章却成了为胡前半生所作的真诚的评价。

第二十章

重返新加坡

1945 年 9 月末，胡愈之和沈兹九、邵宗汉、张企程、汪金丁等一同流亡印尼苏门答腊的文化人回到了新加坡。靠难友原籍温州的侨领陈岳书的帮助，解决了初到新加坡的吃住问题。陈原是上海工人，因参加“五卅”罢工被开除而来到南洋，在新加坡开了一家“上海书店”，专门出售进步书刊，业务兴旺，使陈成了上

胡愈之在返回新加坡之前与友人在苏门答腊北干峇鲁合影。前排左起：刘牡丹之子、胡愈之、沈兹九；二排左起：张企程、刘毓奇、吴柳斯、刘牡丹（1946 年出任《南侨日报》董事）、汪金丁、杨之泉、杨嘉。

海帮的侨领。

胡愈之等一批从国内来南洋的文化人，本来很想抗战结束时，就返回国内，但是国内的局势很不稳定，蒋介石并不向往一个和平民主的新局面，他仍然企图维持地主资产阶级专政，镇压一切争取和平民主的力量。胡愈之到新加坡之后不久就恢复了同中国共产党、同国内同志的联系，得到了党中央的指示，要求他坚持在南洋工作，加强对华侨为和平民主而斗争的宣传教育，为建设一个新中国而斗争。

创办新南洋出版社

这时，新加坡和马来亚的情况也还十分复杂。英国殖民者还没有恢复以往的统治，马来亚共产党由于在大战时期坚持了游击战争，发展成一支相当强大的武装力量，有一个不小的解放区。胡愈之曾应邀前往参观。在抗战胜利后一段时间之内，新加坡和马来亚舆论界还相当自由，各种观点的报刊都相继诞生，文化出版十分活跃。

《风下》周刊

胡愈之，得到了侨领陈岳书的支持，办起了一个“新南洋出版社”，经过一段时间的筹备，创办了一个名叫《风下》的周刊，以华侨青年为主要的读者对象。

刊物之所以定名为《风下》，是由于南洋一带盛行季风，每年5月末到9月中，印度洋上有一股季风从西南吹向东北，从10月到12月中又一股季风由东北吹向西南。过去欧洲、非洲到东方来贸易的船只往往乘5月开始的西南风来到南洋，所以南洋被称为“风下之国”。胡愈之把刊物定名为《风下》，意在反映这个地区人民的利益和呼声，鼓励南洋地区各被压迫国家和民族联合起来，争取民主、独立和解放。对于华侨，还呼吁他们支援祖国争取和平民主的斗争。

胡愈之以“沙平”笔名主编《风下》，每期都写一篇时评。他紧扣时代脉搏，一面揭露战后美帝国主义称霸世界的野心，一面揭露国民党卖国、独裁、内战的反动政策，宣传中国共产党争取和平民主的方针，使华侨群众摆脱国民党的控制与影响，站到争取民主与解放的一边来。

新南洋出版社出版的由沈兹九主办的《新妇女》杂志

胡愈之依靠的主要作者是当地的进步文化人如杨骚、王任叔、张企程、汪金丁、卢心远、吴柳斯等，同时还联系国内知名作者郭沫若、茅盾、陶行知、许广平、楼适夷、何其芳、黄炎培、沈钧儒、马凡陀（即袁水拍）等为刊物供稿。这就使得《风下》内容十分丰富，而且旗帜鲜明，很能吸引进步青年，成为他们特别爱读的刊物。一年之间，许多华侨刊物相继停刊，而《风下》却一枝独秀。

1946年1月,沈兹九办起了《新妇女》杂志,它以华侨妇女为对象,在她们中间起到了很大影响。

这两个刊物的相继问世,使新南洋出版社声誉日隆,成为南洋进步的中文书刊的销售中心。

《南侨日报》诞生

1946年,从印尼返回新加坡的侨领陈嘉庚依然坚持支持中国共产党、反对蒋介石的爱国民主立场。1946年6月,国民党发动了对中共解放区的全面进攻,美国积极支持蒋介石进行内战。陈嘉庚对此十分愤慨,他在同年9月7日以南侨总会主席名义,致电美国总统杜鲁门和参众两院议长提出抗议,要求美国停止对国民党政府的一切援助,并撤退其驻华的军队。陈嘉庚的爱国言行都使国民党反动派十分震惊,于是在南洋的国民党爪牙对陈进行反扑,在他们控制的报刊上对陈肆意谩骂,并造谣中伤。

这时陈嘉庚同胡愈之的友好关系更加亲密,他们决心筹办自己的报纸,作为爱国华侨的喉舌,予国民党爪牙以反击。陈嘉庚办起了"南侨报社有限公司",并担任董事会主席。李光前(陈的女婿)、张楚琨、高云览、陈岳书等都投了资。到1946年8月26日,一张日出八大版的《南侨日报》终于诞生了。胡愈之担任社长,同时负责编辑和言论业务。张楚琨任总经理,李铁民任督印。

陈嘉庚为《南侨日报》的出版发表《告读者》一文。他明白说，出报的“目的在团结华侨促进祖国之和平民主，俾内战早日停止，政治早日修明，国民幸福早日实现，以达到孙（中山）国父建国之旨。”

《南侨日报》发扬了《南洋商报》和《风下》杂志的成功经验，以说理透彻、深入浅出的评论、准确而且周详的消息、活泼清新的版面、丰富多彩的专栏吸引读者。它被广大读者誉为“公众喉舌”和“民主堡垒”，它像1941年时的《南洋商报》一样，在南洋报业中赢得了显著的崇高地位。

当年《南侨日报》编辑部连胡愈之社长在内一共才21人，而报纸为四开八大版，每天提供十来个不同栏目的文字材料，他们的忙碌和紧张是可想而知的。当时胡愈之已年近半百，但精力充沛，每天下午三四点钟去报社，一直要忙到第二天凌晨才休息。由于他的带头作用，全报社的工作人员都积极肯干，通力合作。

这期间，中共中央十分重视开展团结海外华侨、开拓宣传阵地的工作。经胡愈之申请，中共又派遣原在重庆主持《新华日报》编辑工作的夏衍到新加坡，担任《南侨日报》主笔。党在新加坡成立了文化小组，由夏衍任组长，加强了党在新加坡文化宣传工作方面的领导。在胡愈之、夏衍和一批进步人士的共同努力下，《南侨日报》一直办得十分出色。它坚持大量报道国内战局和国际形势，引导华侨认清形势，支持祖国人民革命，响应解放战争期间中国共产党的号召，推翻国民党的反动统治，共同建立民主联合政府。

推动华侨参加当地的民族革命

胡愈之在重返新加坡期间利用所办报刊引导侨胞不仅支援祖国人民的解放战争，还尽力与当地其他被压迫民族一起，争取独立自主，把西方殖民主义势力赶出去。

1947 年，胡愈之在新加坡主持中国民主同盟马来亚支部的工作，他也曾尽力鼓励当地侨胞参与民族民主革命的斗争，改善侨胞自己的地位。他在同年 9 月支部的一项宣言中宣告："在马来亚，我们华侨心向祖国，对祖国的和平事业，当然极度关切，并愿促其实现。因为我们都是中国人。但我们华侨都身居于马来亚，并在当地受到种种苦难，因此便切望所受待遇能切实改善。为着要获取这一改善，必须与其他处于同样地位的民族共同努力。华侨的利益，只有在当地的政治、经济、文化地位被改善之后，始有确切的保障。民主不可分割的真理，在此已得到具体的证明。"

胡愈之考虑到当时东南亚的一些过去的殖民地都纷纷在争取独立，那里的华侨面临着一个如何确定自己的地位问题；是依然保持侨民地位，还是参与当地的政治斗争，从而在当地当家作主。胡愈之从调查中知道华侨在马来亚(包括未独立的新加坡)占全部人口的 46%，他们理应在当地享有与其他民族同等的地位，但是，当时 98% 的华侨不愿放弃以中国为惟一祖国。于是，早在 1947 年 9 月 20 日，胡愈之就在《风下》杂志上发表题为《华侨的祖国》的文章，他劝说华侨："一切南洋当地民族都在要求成为自己的国土的主人，而不愿永远以被统治被奴役的地位自处。”“要是我们要求和当地其他民族一样待遇，当地民族享有的政治权利我们也要同样享受，那我们就必须承认以南洋作为祖国，而不以中国作为祖国。”

1948 年 1 月，胡愈之在《南侨日报》又发表题为《华侨与东南亚弱小民族》的社论，又一次呼吁：“东南亚战后一切事变说明着：华侨再不能仰人鼻息，更不能希望投机取巧以侥幸生存。那么华侨有什么路可走呢？路是有的。但不是走中间的路，而是和当地弱小民族并肩携手，走真正自由解放的路。”

胡愈之为华侨指明了争取自由的出路，自然引起新加坡殖民当局的嫉恨，同年秋他和一大批进步人士都被迫离开了新加坡。但是他留下的革命思想仍然起到了推动作用，新加坡和马来亚的华侨后来都成了当地新的独立国的主人。

尽管 1996 年胡愈之已去世十年，胡愈之家乡为胡诞生 100 周年举办纪念活动时，新加坡的报纸还派专人前来采访，新加坡人显然还深情地怀念着他老人家。

领导民盟南洋支部

在南洋的七年中间，胡愈之一直贯彻执行中共关于统一战线工作的指示，广交朋友，既团结在南洋工作的文化界朋友，又团结华侨中一切爱国人士，连由欧洲返国在新加坡过路的知名人士，他也积极接待，尽力争取，使他们更明确地同情和支持中国共产党的路线。

1947 年春，费孝通重访英伦后途经新加坡，同胡愈之初识，

费孝通与胡愈之夫妇合影

但一见如故。胡为费分析国内国际形势,使费印象很深。费在1987年撰文回顾这次谈话,认为胡的时局分析使他"顿开茅塞",还说;"回想起来,在解放前一段时期里我能比较坚定地选定我的立场,这次在新加坡和愈老的会晤是起了重要作用的。"①

除费孝通外,胡愈之在新加坡还接待过其他过境的知名人士,产生过类似的效果。但是,抗战胜利之后他大量的统战工作是在1946年1月以后,筹组并领导中国民主同盟马来亚支部。

1945年10月16日,中国民主同盟在重庆召开临时全国代表大会。当时抗日战争刚刚胜利,国民党推行假团结、真分裂的反动政策,假意表示要召开政治协商会议,并在宪政实施以前,设置党派国事协议机关。因此民盟的这次代表大会提出了一些

① 费孝通等. 胡愈之印象记[M]. 中国友谊出版公司,1989.

有关的政治主张，并且决定，为开展盟务，“得于各省或特别市及海外设立支部。”[1]次年1月，民盟南方总支部成立，胡愈之受托在新加坡成立民盟南方总支部驻新办事处。不久，就成立了民盟马来亚支部，胡被选为支部主任委员。他就尽力把马来亚以知识界为主的著名爱国民主人士团结在民盟组织之内，这里有中共党员，马来亚共产党的党员，无党派民主人士和国民党左派。

民盟南方总支部驻新办事处还在缅甸、越南、泰国、印尼相继成立组织，使盟员几乎遍布于南洋各地。盟员人数达到几千人。整个南洋的盟员都被团结在爱国主义的旗帜之下，成为海外反对国内美蒋反动统治、争取和平民主的重要力量。

为了更有力地发挥华侨盟员的积极作用，民盟南洋组织也必须注意改善华侨地位的工作，把“拥护祖国革命同改善华侨自己的地位的斗争结合起来”。1947年9月末，胡愈之主持召开民盟马来亚支部代表大会。他负责起草了由大会通过的一个宣言。宣言里说过：“在马来亚，我们华侨心向祖国，对祖国的和平民主事业，当然极度的关切，并愿促其实现。因为我们都是中国人。但我们华侨却身居于马来亚，并在当地受到种种的苦难，因此便切望所受待遇能切实改善。为着要获取这一改善，必须与其他处于同样地位的民族共同努力。华侨的利益，只有在当地的政治、经济、文化地位被改善之后，始有确切的保障。民主不可分割的真理，在此已得到具体的证明。”

1948年6月19日，胡愈之根据在海外领导民盟工作的经

---

① 于刚. 中国各民主党派. 中国文史出版社，1987：461.

验,在香港起拟《中国民主同盟现阶段工作纲领》中的海外工作的部分,就提出了全面的主张:1. 团结华侨各阶层,建立华侨的民主统一战线,以支持祖国民主运动,反对国民党特务活动;2. 争取华侨在海外地位的改善及合法利益的保障;3. 改善华侨与当地民族间的关系,促进其友好合作;4. 发起并推行募捐,以支援祖国民主运动;5. 团结并教育华侨青年中优秀分子,作为未来建设新中国干部及华侨社会新领导人物。①

这五点主张充分体现爱国主义与国际主义相结合的思想,体现支援祖国与改善当地社会相结合的思想,体现照顾眼前利益与未来利益的思想。胡愈之这种全面规划的精神,对开展国内统一战线工作同样是很有指导意义的。

民盟在南洋的工作很见成效,因此引起当地殖民地当局的忌恨。1948 年 6 月,殖民地英国当局颁布一个所谓"英属海峡殖民地紧急法令,"取缔了马共,也取缔了民盟组织。许多进步人士遭到逮捕或被驱逐出境。沈兹九也被迫回到了香港。胡愈之早在两个月之前就离开了新加坡到的香港。但是,他开创的文化事业,他倡导的一些政治活动,对新加坡和马来亚一直产生着深远的影响。

为郁达夫报丧

早在 1945 年 8 月郁达夫失踪之后,他的亲友都已判定他凶

---

① 费孝通等. 胡愈之印象记[M]. 中国友谊出版公司,1989.

多吉少。但是一直到9月中旬，胡愈之才在巴雅公务了解到郁失踪的经过，肯定他被日本宪兵绑架走了。一直到第二年8月8日，胡在新加坡收到邵宗汉从棉兰来信，知道苏门答腊联军总部在审讯日军战犯时得悉，郁达夫于1945年9月17日被日本宪兵杀害，同时被害的还有几个欧洲人。遗骸埋在离武吉丁宜七公里处的丹戎草岱。邵宗汉主编的《民主日报》已把这个消息发表了。

这时胡愈之感到郁达夫之死是祖国文化界关心的一件大事，他作为郁的一个难友，有责任把有关的情况向国内有关方面汇报，因此他在1946年8月24日写出了一个给国内全国文艺界协会的报告书，同年9月9日又加了一个后记，一共长达7200多字，详细叙述了郁达夫的流亡和失踪的经过。报告从太平洋战争爆发时说起，讲到在苏门答腊辗转流亡的情况，郁被绑架和被害得到证实的情况，最后还讲了胡本人对亡友逝世的一点感想。

胡愈之沉痛地说明，从郁达夫一生在文艺上的造诣以及他在南洋沦陷时期的言论行动来看，不得不承认他有他的伟大。"他的伟大就因为他是一个天才的诗人，一个人文主义者，也是一个真正的爱国者。"文章还说：

"作为一个诗人与理想主义者的郁达夫，是'五四'的巨匠之一。他永远忠实于'五四'，没有背叛过'五四'。

"达夫死了，他的一生是一篇富丽悲壮的史诗。他不能用他自己的笔来写这篇伟大诗史，是中国文艺界一笔大大的损失。"①

---

① 胡愈之．我的回忆[M]．江苏人民出版社，1990.

报告书给予郁达夫很高的评价，并驳斥了海内外有人对郁的一些诬蔑。

悼念韬奋

30年代胡愈之最亲密的战友邹韬奋是在1944年7月24日因患癌症在上海去世的，因当时上海还在日军统治之下，韬奋秘密在沪就医和终于不治的消息直到同年10月7日由延安《解放日报》发布出来。11月22日，延安各界举行过隆重的追悼会。重庆各界是在10月1日举行的追悼会，也很隆重，发起人是宋庆龄、林伯渠、郭沫若、沈钧儒等。当时胡愈之还在苏门答腊西部的马达山地区，见闻有限，他完全不知道韬奋去世的消息。一直到大战结束，他从苏门答腊回到新加坡之后，才从一位从重庆到新加坡的华侨口中得到了这个不幸的消息。他当时不敢相信，还希望它不是事实。

但是过了一些时候，重庆、香港、上海都有朋友写信来，证实了韬奋去世的消息。重庆的朋友甚至把韬奋逝世纪念册寄来了。于是胡愈之关于最亲密的朋友韬奋留在人间的幻想完全破灭了。他只能相信，韬奋已为中国人民大众奋战而牺牲，已为了民族的生存、人民的民主与自由受尽折磨而去世了。

他想到南洋广大华侨希望知道韬奋是怎样去世的，他作为韬奋的知友有责任向海外读者作一个周详的报告，因此，他就根据上海《民主》杂志上署名杨明的一篇文章和重庆出版的韬奋纪念册提供的材料，在7月间写了一篇题为《韬奋之死》的文章，由

1946 年 7 月，胡愈之在新加坡华侨纪念邹韬奋逝世两周年大会上讲话。

1946 年 2 月 11 日起发表在新加坡《风下》杂志上，文章也寄托了胡对亡友的哀思。

这篇文章长达 25000 多字，由《风下》10、11、12 等三期刊完。文章从韬奋 1941 年由重庆第二次政治流亡讲起，讲了韬奋在香港一年间的奋斗，讲了韬奋辗转到苏北新四军地区和秘密在上海治病的经过。作者在文章最后表达了悼念韬奋的心愿——“应当挑起韬奋先生所放下的重担子，要集合精神物质力量，以完成韬奋所未完成的事业。”

胡愈之这篇文章对韬奋悼念之意并没有表达完，因此以后同年 7 月 16 日，他又写了一篇怀念韬奋的文章《伟大的爱国者——韬奋》，发表在《风下》第 33 期上。

同年,他又为上海出版的《悼念韬奋》一书写了《韬奋与大众文化》一文,讲了韬奋致力于大众文化的努力和成就。他又提了后死者的责任是继承韬奋的遗志,广泛开展大众文化运动,文化工作者都要立志向大众学习,为大众工作,永远不和大众脱离。

1963 年,沈钧儒去世时,胡愈之撰文怀念沈老的时候,又一次联想到韬奋,说他们两人都“热爱人民,真诚为人民服务,鞠躬尽瘁,死而后已”。他们两人结成生死之交的基础,乃是革命的人生观和人民大众的立场。

解放以后,胡愈之为整理出版三大卷《韬奋文集》,为建立韬奋纪念馆,为宣扬韬奋的思想与成就做了许多工作。1978 年 5 月,他在《写在〈经历〉重版本后面》的一篇文章中说过:“我们要进行社会主义革命和社会主义建设的新的长征,我们在思想上也必然要有通过草地和雪山的准备。因此,学习韬奋及其经历,仍然是有意义的。特别对于没有经过民主革命这一段时期的锻炼和考验的年轻一代更是如此。”

胡愈之一直念念不忘地宣扬韬奋精神,宣扬韬奋为之奋斗终生的两个信念:1. 提高人民大众的政治觉悟和文化知识;2. 在我国建立符合于人民大众要求的民主制度。

第二十一章

新中国诞生前后

在香港的四个月

1948 年 4 月，胡愈之到了香港。从此他在南洋的工作告一段落。他在香港的时间一共四个月，主要是等待新的任务。

民主同盟早在 1947 年 10 月就由于反对内战，要求民主，被国民党公然宣布为非法组织，民盟南京总部被迫解散。民盟领导沈钧儒、章伯钧等在民盟中央主席张澜等领导人的支持下从上海秘密出走到香港。1948 年 1 月在香港开过民盟的三中全会，恢复民盟总部，并决定与中国共产党加强合作，走推翻国民党政府的革命道路。胡愈之到香港后，向沈钧儒等民盟中央领导汇报了南洋民盟工作的情况，得到了总部的肯定。沈钧儒后来知道胡已无法再去新加坡，就让胡担任当时已改称“人民救国会”的秘书长，还请他参与民盟总部的工作。与此同时，他向中共南方分局负责人方方汇报了南洋地区的情况和他为党做的工作。

1948 年 5 月中共中央发出了召开不包括国民党反动派的新政治协商会议的号召，在香港的各民主党派和爱国民主人士都积极响应。党中央迫切需要更详细地了解南洋情况和在港澳的各民主党派和民主人士的情况。因此，按中共南方分局方方传达的组织决定，让胡愈之和沈兹九夫妇尽早到华北解放区，向当时已在河北省平山县西柏坡的党中央汇报南洋和港澳的情况。经过一段时间的准备，胡愈之夫妇在8月间作为第一批民主人士，从香港去了解放区。

这时解放战争已进入最后阶段，但三大战役还没有开始，香港没有直达华北解放区的船只。1948年8月，他们搭乘英国轮船离港北上。胡愈之、沈兹九在船上假称是华侨商人夫妇，带了一辆汽车，好像是准备到南朝鲜做买卖的。船到东海、黄海交界处，由于船上有人急需兑换钞票，船到上海停了一天。当时国民党政府由于通货膨胀，宣布改发金圆券，旧法币必须在9月1日以前兑换，三百万元换金圆券一圆，过期作废。船上掌握法币的人都下船到上海市里办事。胡氏夫妇留在船上很闷，想到了秘密到市里探望一下亲友。

秘访上海亲友

胡愈之夫妇坐小渡船在上海外滩登岸，来到国民党统治下的上海。内战已打了两年多，国民党的统治已很不稳固，摇摇欲坠。上海虽然已实行恐怖统治，特务横行，严防中共的地下活动，但他们对胡氏夫妇突然出现在上海，是完全不知道的。

胡愈之身穿米色西装，头戴太阳帽，一副华侨商人模样。沈兹九也是一身家庭妇女打扮。为了先找胡愈之的侄女胡德华，须到胡早先在福熙路安乐村174号的旧居（也就是经营出版《西行漫记》和《鲁迅全集》的“复社”的旧址），胡不便自己去，自己在外滩一家咖啡馆等候，让沈兹九去找胡德华。沈兹九到了胡家，小声地作了自我介绍，胡德华凭早先收到的照片，才知道是伯母来到，听说伯父也到了，在外滩等候，她又喜又惊，生怕伯父的安全出问题。胡德华是胡仲持的女儿，自幼受过父亲辈革命思想的影响，当时已参加中共地下活动，对这次意外的见面，不免特别提高警惕。她们一起坐三轮车前往外滩。

胡愈之这时一个人在咖啡馆已坐候了将近一个小时。胡德华到来后，胡就边喝咖啡，边轻声地说："对面那个人一直在注意我，可能认出我了，我们快走。"

胡愈之以往在上海多年，认识他的人无可计数，他个子矮，前额特大，特征明显，很容易为人们认识。胡德华也看到对面那个中年人注视着他们。

他们很快就离开了咖啡馆，走到外滩一个比较僻静的地方。胡愈之就让胡德华去找在金城银行工作的胡子婴（胡子婴是胡愈之堂妹，曾是章乃器夫人，特别在上海救国会活动时期与胡、沈等相熟），想在胡子婴家里歇一歇，谈谈话。这时沈兹九就打电话找她弟弟沈学源，要他的私人汽车来解决交通问题。等胡德华从金城银行找到胡子婴后回来，几个人就一起坐了沈学源的汽车去北四川路胡子婴家。怕有特务跟踪，他们的车子在马路上兜了一些圈子，趁此也让胡愈之夫妇看看多年不见的上海滩。

胡愈之夫妇同胡德华等在车子上就开始了热烈的谈话。胡德华很想问问伯父这些年在海外的生活，特别是流亡在苏门答腊的生活，可是胡愈之一句也不谈自己，抢着问胡德华和沈学源一大堆问题。他迫切地想了解上海的政治和经济形势。

1948 年夏的上海，国民党反动派还幻想控制局势，政治上实行白色恐怖，残酷镇压民主运动，抓人的警车整天狂叫着驶过大街小巷。经济上是物价飞涨，民不聊生。米价一天涨几次，上午一担米 2000 万元，下午就涨到 2500 万元。10 多元才够买一粒米！群众对反动政府的憎恨已到了极点。因此老百姓就多方进行反抗斗争，罢工、罢市、罢课、游行、请愿此起彼伏。

胡德华还讲了其他城市的情况，几天前宁波全城米店都遭到了抢劫。

沈学源在工商界工作，他讲了不少国民党在金融界穷途末路的情况，人们都纷纷把到手的法币换银元，换美钞，工商界不少人把资金转移到了香港。

胡愈之听了非常兴奋，低声说："我看，快了，快了。"意思是说，国民党政府很快就要垮台了。

汽车到胡子婴家，她已经在家等候，她一面张罗胡愈之夫妇洗澡，一面准备饭菜。胡子婴家仅母女二人。大家开怀畅谈，好像到了解放区一般高兴。胡愈之问得最多的还是国统区的局势。他听得很认真，不停地抽烟。后来，他郑重地说："我看国民党支撑不下去了，人心已经崩溃。"他显示了对人民革命胜利的坚定信念。

谈话到了下午四点，胡愈之夫妇就必须赶回吴淞口的轮船，就向胡子婴道别，由胡德华、沈学源送他们回到外滩，搭上渡船。①

胡愈之在上海几小时的勾留，实地了解了国民党政权崩溃之前的情况。

---

① 胡德华．匆匆会见黎明前——忆伯父胡愈老．上海滩，1991(3)：24～25.

高明的预见

胡愈之夫妇搭乘的轮船继续北上，到达终点南朝鲜的仁川港，在那里同中共安排的联络人接上了关系，住进了旅社，还拍卖了带来的汽车。第二天下午，他们又由联络人安排，装作去海滨游泳和游览，登上了一条小游艇，驶向港外，黄昏时偷偷地登上了停在那里的一艘小轮船。当晚船就启程离开南朝鲜。第二天早晨到了大连。当时大连还由苏军占领，市政已由中共接管。这里已是解放区了，胡、沈二人心情十分愉快。他们在大连会见了当时主持市区工作的中共老党员李一氓，他们须在大连居住几天，由李安排去河北平山的交通。

这期间，胡愈之同李一氓谈论时局。毛泽东曾公开估计解放战争的最后胜利从当时起还有两年，但依胡的看法，胜利的时间不要两年。胡认为：除军事形势外，估计战局发展还有一个人心向背问题。国民党此时不仅军事上崩溃了，经济也已崩溃，因此人心也在崩溃。国民党区域的各个阶层都希望解放军胜利，希望蒋介石垮台，蒋介石已经到了不能照旧统治下去的地步，革命正在发生质变，只需对国民党军队再增加一点压力，它必然会被迅速消灭无疑。因此估计还要两年的时间，可能长了一点。胡认为，国统区的人民大众已经等不及了。

李一氓听了，非常高兴，觉得胡愈之的说法很有道理。这样的看法有必要让党中央早一点知道。原来李准备在有人去河北时送胡愈之夫妇去，听到胡这样的估计，就决定向旅大区党委反映，建议立即派专人送去。旅大区党委也同意这样办，就专为胡此行组织了一次护送。临走时，李还着重提醒胡到平山之后，定要把这个看法告诉毛泽东主席和党中央。

以后胡平安到达平山，他怎样把自己的看法向毛主席和党中央反映的，他本人从没有提起过。只有李一氓在 1986 年胡愈之去世之后，在他写的一篇悼胡的文章里提到，说是 1948 年 11 月，李在大连收听到新华社社论，特别强调："从现时起，再有一年左右时间，就可能将国民党反动政府从根本上打倒了。"李发现，这一估计的正式宣布，振奋了全国民心，全解放军的军心；革命的进程以后果然在一年左右完成了。李认为，显然毛泽东吸收了胡愈之的意见，又根据他自己掌握的军事势态，作了更为明确的分析，把关于胜利的时间的估计缩短了一年。

李一氓还说，胡愈之历来善于分析形势，1974 年以后，李同胡常在一起谈论，胡多次做出一些形势估计，而以后局势的发展大致同胡的估计符合。

李一氓认为 1948 年胡愈之那次对形势作的估计是他"平生对党的最大贡献"。

李一氓那篇悼念胡愈之的文章的题目是《高明的预见》。①

继续做统战工作

在旅大区党委组织的人员护送下，胡愈之一行从大连上船

---

① 费孝通等．胡愈之印象记[M]．中国友谊出版公司，1989.

过渤海湾口,在山东胶东半岛东部的荣成湾荣成县的俚岛登陆,他们在这里休息一天。当时华北沿海还有国民党海军巡逻,就在这一天,敌舰曾两次向俚岛发炮攻击。第二天他们就改搭汽车在山东解放区赶路。由于道路失修,汽车一天只行进一百多里,走了八天才到了石家庄,见到了叶剑英,由叶再派车送他们到平山,到西柏坡已是9月底了。

胡愈之首先向党中央统战部部长李维汉作了汇报,李对胡在南洋的工作表示满意。接着又向社会部李克农汇报南洋的情况,完成了向党中央汇报情况的任务。当时胡愈之心想,自己最爱好也最熟悉新闻出版工作,到了解放区,今后可以放手干这一行了。至于民主党派的工作,实在麻烦太多,他真不想再干了。但是,党中央的考虑同他并不一样。

当他在西柏坡见到周恩来副主席时,周一见面就问他:"你现在是公开的,还是秘密的?"问的是胡的党员身份是否已经公开。

"还是秘密的。"胡回答说,他还申说了自己想干新闻出版工作的愿望。

周接着就说:"你是秘密的,还是做民主党派工作,如果公开了,就到新华社去。"

周可能感到对胡愈之还有解释的必要,几天之后又专门来到胡住的宿舍,同胡谈了一个通宵,要胡安心继续做统战工作。周说:

"我们胜利了,尖锐复杂的阶级斗争还在后头。是将革命进行到底,还是使革命半途而废呢?对这样一个问题,各民主党派和人民团体正在进行一场激烈的斗争。全国解放后，民主党派和无党派民主人士进行社会主义改造，也还是长期的事。统战工作还有很多事要做，我们一定要把这一工作做好。”

周副主席还建议胡愈之读一读恩格斯、列宁和毛泽东的几本著作。

经过这一次谈话，胡愈之终于信服了，统战工作还须尽力去做。他从此就在中央统战部领导之下做民主党派工作，一直到1986年因病遽然去世为止。

在西柏坡，胡愈之学习了党史，读了党的大量历史文件。党的历史上的一些重大事件和问题，例如遵义会议、延安整风、历次反“左”右倾机会主义错误的斗争，他都在这次学习中弄清楚了。他对党的路线和政策的认识水平得到了提高。

参加民盟中央活动

到1948年底，中央统战部就忙起来了。因为这时三大战役已全面展开，同国民党反动派决战的伟大胜利已成定局。许多民主人士都已陆续到达解放区。吴晗和楚图南等民盟重要成员从平津到来。为了共同学习和商讨民盟此后的工作，胡愈之同他们一起成立了民盟华北解放区第一小组。胡还投入了新政治协商会议的筹备工作，参加起草新政协筹备会的组织条例。他又忙碌起来了。

1949年初，平津相继解放，2月1日，胡愈之就来到了北平，参加了当天在前门城楼上举行的解放军入城式。接着他就积极进行迎接大批民主人士的筹备工作。从香港到天津的轮船也开航了,沈钧儒、李济深等都从香港来到北平。民盟总部大部分主要成员也到了北平,3 月 5 日他们成立了“民盟总部临时工作委员会”。胡愈之担任了临工委的委员,并开始了民盟组织的整顿工作。

这年 9 月 21 日,中国人民政治协商会议在北平开幕。这次会议执行了全国人民代表大会的职权,由它决定建立中华人民共和国,并成立中央人民政府,完成了重大的历史使命。参加这次会议的以民盟中央主席张澜为首的民盟正式代表 15 人,后补代表 2 人。胡愈之为正式代表之一。

同年 11 月,民盟中央召开一届四中全会扩大会议,增选了一批中央委员和后补中央委员,胡愈之入选中央委员会和中央常

参加人民政协第一次会议的民盟代表团正式代表是张澜、沈钧儒、章伯钧、张东荪、罗隆基、史良、周新民、楚图南、丘哲、周鲸文、费孝通、李相符、李文宜、胡愈之、辛志超、刘王立明,候补代表是叶笃义、罗子为。

务委员会，才正式参与了民盟中央的领导机构，致力于团结知识分子的工作。

创办《光明日报》

胡愈之早在西柏坡的时候，毛泽东主席就同他谈起过，新中国应该办一张以知识分子为主要对象的报纸。由于民盟成员是以知识分子为主的民主党派，解放前在香港创办过《光明报》，因此办知识分子为主要对象的报纸的任务就落在民盟身上。民盟总部在1949年春3、4月间就开始筹备这张报纸，并取名为《光明日报》。

光明日報

第一號

對破壞革命秩序者以應得懲罰 北平軍管會接受人民正義要求

首次槍決國特匪徒五名

從犯九名分別判處有期徒刑

民盟主席張瀾即來平

決定十八日自滬啓程

羅隆基史良二氏同來

团结起来 光明在望 毛泽东

《光明日报》创刊号

《光明日报》是中国民主同盟的机关报，胡愈之把它办成了宣扬民主团结的报纸。这是当年中共中央对《光明日报》的希望，也是胡愈之本人的一个宿愿。对于这张民主党派的报纸，中共中央的领导人都非常重视，分别为报社题词，以示鼓励。毛泽东写的是“团结起来，光明在望”，周恩来写的是“光明之路”，朱德写的是“民主光明”。当年北平市的市长叶剑英写的是“打倒黑暗，取得光明，这是火炬，照人前进”，主持全国统战工作的李维汉写的是“光明在于人民民主”。领导人们对于《光明日报》宣扬人民民主，显然抱着殷切的期望。

胡愈之完全领会中共中央的要求，因此由他执笔的《光明日报》发刊词宣告，报纸奋斗的目标是：国家的民主、和平、独立、统一。这发刊词的题目就是《团结一致建设民主新中国》。

在胡愈之创办《光明日报》的年月里，本书作者曾参与这报社的编辑部的工作，对胡老坚持爱国统一战线，对他办报的创业精神和工作作风，印象十分深刻。

胡愈之是新中国成立初期资望极高的新闻工作者之一。《光明日报》创办伊始，报社职工都对他马首是瞻。当时编辑部大部分同志都读过他在众多知名报刊上发表的文章，受过他的思想影响。特别在国际时事评论方面，他是用科学的方法分析问题的宗师。

胡愈之由于长时期在旧社会艰苦困难的情况下从事革命的新闻出版工作，历来重视工作效率，在用人上实行精兵主义。《光明日报》开办时，他坚持整个编辑部只需 40 人。工厂和经理部也贯彻同一原则。当时主持经理部工作的是曾任律师的林仲易，工厂厂长是费孝通的胞兄费振东。当年协助胡愈之在编辑部工作的不少是旧社会的进步记者，他们有热爱人民事业的觉悟，而没有“吃大锅饭”的经历。尽管报社人用得少，可是报纸内容充实，而且出得很早。当时《光明日报》效率高，出报早，闻名于北京新闻界。

还记得胡愈之来《光明日报》就任总编辑不久，就邀请了当时中共中央宣传部主管新闻宣传的胡乔木来报社作报告，谈论民主党派报纸的任务。胡乔木明确指出：新社会需要各界人民发言，需要民主的渠道，这就好像游行时过天安门前的三座门，如果人都走三座门的一个门，那就必然拥挤，队伍不能很快通过，让队伍通过三个门一起前进，就畅快得多。《光明日报》的创办就是为民主增加一个渠道，让人民多个说话的园地。这样有利于人民民主。

胡愈之过去长时期从事新闻出版工作，曾同知识界有过密切联系。他确信“知识就是力量”，过去革命时期需要知识分子，此后建设时期同样需要知识分子。知识分子应该是民盟主办的报纸的主要读者对象。胡愈之有意为《光明日报》开创一些学术专刊，为新中国的诸子百家开辟一个议论学术问题的园地。因此，《光明日报》作为一张全国性的大报，除了报道国内外时事要闻以外，十分重视报道知识界的情况，反映知识界的意愿，密切联系文教和科技界的实际和群众，而且要尽力充当知识界发表批评和建议的园地。《光明日报》从一开始就显示了他面向知识界的特色。

胡愈之十分重视报纸的评论工作，使《光明日报》不断发出民主党派以及广大知识分子的声音。当时胡愈之尽管作为民主党派的一个负责人，有很多国务活动，但是他依然经常为报纸亲自撰写社论，纵谈国内外局势中的新问题，目的在于尽到民主党派报纸的责任，向中共中央和政府反映民意，同时向知识界宣传中共中央和政府的方针政策。

胡愈之是个经验丰富的评论家，尽管社论不署作者胡愈之的姓名，但是他为《光明日报》写的文章一贯鞭辟入里、观点鲜明，通俗易懂，因此为《光明日报》吸引知识分子读者打开局面起到过很大的作用。

《光明日报》开办时作为人民共和国第二张大报，又是一张民主党派的报纸，它的言论理所当然地为国内外所重视，它的社论往往为中央广播台及时播讲，也由外国通讯社转发，被认为这是中国非官方的舆论，有民间代表性的舆论。

更主要的是，胡愈之编辑报刊从来重视群众路线，认真广开言路、广交朋友，拥有众多的合作者。他在过去为《东方杂志》、《生活》周刊、《世界知识》、《生活日报》、《南洋商报》等报刊工作时，曾同邹韬奋、金仲华、恽逸群、刘尊棋、邵宗汉、刘思慕、萨空了、张楚琨等知名新闻工作者密切合作，屡创人民新闻事业的辉煌业绩。在他开创《光明日报》时，又密切联系文教和科技界广大作者，动员他们为报纸撰文供稿，使报纸第一年的版面上就呈现过百家争鸣、群星争辉的喜人景象。共和国的许多专家学者从此成为《光明日报》的亲密朋友。这种情况在我们许多早年在《光明日报》工作过的同志，至今记忆犹新。

在胡愈之领导之下，《光明日报》办得虎虎有生气，可是以后由于他担任了中央人民政府出版总署署长，要推进全国的出版事业，工作实在太忙，他在《光明日报》实际上只工作了一年，此后总编辑就由另一位新闻界知名人物邵宗汉继任了。

胡愈之在新闻工作方面创造的许多业绩，是他为我们后人留下的宝贵遗产。

救国会宣告结束

在整个抗日战争期间,救国会作为一个政治团体始终存在,沈钧儒、邹韬奋、史良等救国会领导人仍紧密联系,参与政治活动。胡愈之也曾以救国会身份,在桂林参加广西建设研究会的工作。1941 年民主政团同盟在重庆成立时,救国会曾作为一个党派参加同盟。到 1945 年冬,救国会的同志有鉴于蒋介石集团窃取了抗战的胜利果实,坚持与人民为敌,发动大规模的反共反人民的内战,中国的命运又发生危机,于是重整旗鼓,将救国会组织改称中国人民救国会,决定配合中国共产党,进行反帝、反封建、反官僚资本的斗争。1948 年 5 月,中国人民救国会和各民主党派在香港共同响应中共"五一"口号,主张召开新政协,建立民主联合政府。

由于 1949 年秋人民解放军取得了解放全中国的基本胜利,中华人民共和国诞生,中央人民政府成立,救国会一贯的政治主张得到了全部实现。早在 1948 年冬,人民救国会沈钧儒等领导人从香港到达解放区黑龙江哈尔滨市时,就开始考虑人民救国会结束的问题,经过在会内广泛征得同意,到 1949 年 12 月,人民救国会决定公开宣告结束。

在 12 月 18 日救国会诞生 14 周年的纪念日,人民救国会的领导人在北京举行了一次茶话会,招待在京会员和各民主党派人士。人民救国会的中央常委沈钧儒主持这次座谈,由秘书长

胡愈之报告结束的经过,他说了下列一些重要的意见:

“中国人民救国会产生在中国人民遭受内外灾难、民族危机十分深重的时日。十四年以来,它随着中国人民的力量的伸张成长、发展、进步,它配合了中国共产党所领导的人民大革命的主流,为了团结全中国人民,挽救民族危机、反对内外压迫者和完成人民解放事业,不断地进行工作和斗争。

“现在这一工作和斗争已经获得预期的效果。中国人民救国会所号召的政治主张已经全部实现。它胜利地完成了它所担负的历史任务。作为人民的政治性的组织,它已没有存在的必要。它向全国同胞、朋友们和同志们宣告它自己的光荣的结束。”

胡愈之还概括地说了救国会存在十四年的主要经历,列举了主要的经验:

一、救国会之所以在挽救国家危局方面取得成就,是由于依靠了人民的力量。“一切决定于人民的力量,脱离了人民就会一事无成。”

二、中国革命只有走中国共产党指引的道路。撇开共产党,是一条死路。

三、救国会的成员之所以能够教育和提高群众,是由于首先自己在斗争中受到了教育和锻炼。要不断求进步,需要不断学习。

四、团结就是力量。在自己队伍里“团结之中要有斗争,斗争是为团结和巩固团结”。

接着又说了1949年末当时的形势和任务,说明救国会的同志为了不落在时代的后面，必须从政治上思想上提高自己。他提到近年来中国人民救国会的同志们已经分散到各种不同的岗位上工作，不少同志已光荣地参加了中国共产党，一大部分参加了中国民主同盟和其他民主党派，参加了各种人民团体，同志们都没有把人民救国会看作自己的一个山头或小圈子，因此中国人民救国会的这一组织形式上的消灭，将更便于同志们在各个岗位上分头努力。

胡愈之最后激动地号召：同志们要为了彻底实现新民主主义共同纲领，为了建设独立、民主、和平、统一、富强的新中国，为了迅速走向社会主义和共产主义，实现毛泽东主席在《论人民民主专政》中所指出的光明的远景而努力奋斗。

座谈会进行到下午四时许，周恩来总理赶来参加，还发表即席讲话，肯定救国会的历史功绩，并对同志们今后的工作表示了鼓励。

为了办理救国会的先烈邹韬奋、陶行知、李公朴、杜重远等的永久纪念事业，座谈会上宣布了由沈钧儒、史良、沙千里、沈志远、千家驹、胡愈之、萨空了、曹孟君、王健等九人成立一个纪念委员会。

有十四年光荣革命历史的中国人民救国会就在这次座谈会的热烈气氛中结束了。

12 月 19 日，《人民日报》发表了上述座谈会的消息，并刊登了《中国人民救国会结束宣言》。

一个功绩卓著的人民政治团体不居功自傲，却谦逊地说明自己已不适应时代要求而自动宣告结束，这还是中国近代史上一个十分罕见的光辉事例。

胡愈之卸去了人民救国会的工作,他开始了更广泛的社会活动。

综观胡愈之参与救国会的经历,能看出他具有很明显的几个特点:

一、他作为共产党员,参与救国会工作时间最长,一贯为贯彻执行统一战线尽心竭力,有始有终。

二、他作为新闻记者和政论家,熟悉各个时期的政治形势,能结合形势创造性地执行统战的方针政策,有力地推动救亡运动的迅猛进展。

三、他作为知识分子,最了解知识分子,也善于团结知识分子。他平易近人,虚怀若谷,坚持广交朋友。救国会中起重要作用的是各界的知识分子,其中不少领导者都和胡愈之成了知己和亲密战友。

四、他作为文化工作者,一贯重视为群众启蒙,善于利用舆论工具,以通俗的形式传布真理,从而使救国会得到广大群众的衷心拥护,拥有群众巨大的信任,使救亡运动成为历史上空前强大的群众运动。

从 1935 年到 1949 年,胡愈之参与救国会的工作,取得了很不平凡的成就。这是他为人民革命事业作出巨大贡献的时期之一。

第二十二章

出版工作者大团结

出任出版总署署长

在创建人民共和国时期，党和国家领导人都非常重视胡愈之这个人才，已经给他安排了统战工作的重任，又让他创办一张民主党派的日报，在安排领导全国出版工作这一任务时，又找到了他，让他主持中央人民政府的出版总署，担任署长。

这显然因为回顾革命的出版事业的历史，胡愈之身经旧社会创办出版事业的万般艰难，而且屡建奇勋。他在私营的商务印书馆主编过《东方杂志》，办过“文库”，宣扬进步思想，帮章锡琛、夏丏尊等进步作者创办过开明书店；更难能可贵的是在整个30年代帮助邹韬奋、徐伯昕等，团结了广大进步作者，开创了成为革命文化堡垒的生活书店，对国民党反动派的文化“围剿”展开了强有力的文化反“围剿”，并取得辉煌的胜利。由于他深明出版事业的重大意义，并富有提高人民大众文化素质的工作经验，他在桂林与海外时期，也都兴办起影响巨大而深远的出版事业，因此在海内外出版界，都有敬仰他的战友。开创新中国更大规模的出版事业绝非易事，而出版总署的署长职务就毫不偶然地落到了他的肩上。

出版总署最早的副署长是叶圣陶和周建人。叶、周二人都是出版界胡的亲密战友。另外,归出版总署领导的已有解放区和国统区两支出版队伍,其中许多骨干都是胡愈之在出版界早年的同事,例如黄洛峰、徐伯昕、胡绳、沈静芷、傅彬然、华应申等等。

一系列的方针

胡愈之尽管是人民出版事业的先驱者,但是他过去毕竟是出版事业的经营者,而不是行政领导。作为共和国的出版总署的领导,他的任务是十分繁重的。出版总署要按照开国时共同纲领的原则的规定,保护人民的出版权利,禁止反人民出版物的出版和发行,在出版方面贯彻人民民主专政的方针。这在胡愈之仍然是一项全新的工作。对他的几位老同事,如叶圣陶、周建人等也一样。另外,这时全国出版界的形势相当复杂。

第一,出版工作的队伍还处于分散状态,没有团结和统一。首先是公营的新华书店在1949年10月已有700家左右,可是它们仍分别属于各个战区,因此一省之内的新华书店虽然名称相同,但领导关系不同。在有的城市里甚至存在各自独立的两家新华书店,编书、印书和卖书,都各自为政。

长期以来主要在国民党统治区从事革命出版工作的生活书店、读书出版社和新知书店按中共的指示,为了迎接新中国的诞生,1948年10月在香港实行全面合并,建立了生活·读书·新知联合书店(简称三联书店)。北平解放后不久,三联的总管理处也辗转由香港迁移到了北平。

由于缺乏统一的领导，这些公营书店在编辑出版方面不可避免地发生无计划、重复浪费、版本杂乱、质量不高等现象。

第二，就全国出版业的力量来说，私营的出版业的力量相当强大，它们拥有一支编辑、出版、印刷和发行队伍，还有一批在新社会还可以销售的书。按胡愈之的调查，当时私营出版业占全国出版业的四分之三。① 私营出版业需要切实领导，使它们走上为人民服务的道路。

第三，全国解放以后，广大人民渴望了解一切新事物，需要学习，而出版业无论就编辑力量、印刷力量、发行力量来说都有供不应求的问题。公营的新华书店由于在农村和战争环境中发展起来的，长期以来分散经营，它们具有艰苦奋斗的优良传统。但也存在着游击作风和小生产习气，缺乏科学的管理方法，不能适应新的需要。而私营出版业长期按资本主义思想经营，不免有投机取巧的毛病。因此全国的出版业都有改变作风，提高工作质量的问题。

早在 1949 年 2 月，中共中央预见到解放后出版工作面临一个全新的局面，成立了一个出版委员会，由黄洛峰主持，抓过一段出版工作的统一和集中。但不久就成立了中央人民政府，出版工作主要由政务院所属的出版总署负责。胡愈之走马上任，面临上述种种复杂的问题。

胡愈之在就任署长之后，主要抓了出版的方针政策的拟订

---

① 新华书店总管理处．全国新华书店出版工作会议专辑．新华书店总管理处编印，1950.

工作。从实际出发,是他必须贯彻的工作原则。他当时主要学习了毛泽东的《论人民民主专政》,《在中国共产党第七届中央委员会第二次全体会议上的报告》和《新民主主义论》等著作,还有开国时的《共同纲领》,根据这些文件的精神,来确定领导出版工作的方针。建署之后一年之间,胡愈之在三次全国性的出版工作会议上作过9次重要的讲话,据说记录在案的约达七万字。他在这些讲话中提出了解决上面提到的种种问题的方针、方法和步骤。他主要提出下列一些方针性的观点:

在人民民主专政的国家,出版事业是人民民主专政的工具,出版事业的领导权必须操在人民政权管理下的国营出版业的手中。

人民出版事业的总方针应当是民族的、科学的、大众的;出版事业的发展应该与实际需要相结合,理论与实践相结合,提高与普及相结合。

两支队伍的会师

胡愈之最先着手的工作还有出版业的大团结,当时他尽力贯彻的方针是出版业的“统筹兼顾、分工合作”,首先要求全国的公营书店统一起来,让长期在解放区工作的干部同长期在蒋管区工作的干部会师之后团结起来。

在1949年10月3日召开的全国新华书店出版工作会议上,黄洛峰在报告里指出,长时期在解放区工作的干部,政治上比较可靠,阶级立场站得稳,他们有一套农村出版发行工作的经验,但是大部分人文化水平较低，不熟悉城市工作，还保留着一些不适合新情况的老作风，不少同志还背着一个经验主义的包袱。而长期在蒋管区工作的干部，文化水平较高，也接受了一些进步思想，但还有教条主义的毛病。他们对业务技术比较注意，他们对工农出身的人往往缺少正确的看法。

黄洛峰希望来自不同地区的干部要互相学习，而不是互相磨擦；互相协助，而不是互相排斥。他强调一定要把团结问题解决好。[①]

建国初期，朱德副主席曾代表中共中央主管出版工作，他曾在 1949 年 10 月 3 日全国新华书店出版工作会议作过指示："我们就一定要团结一切愿意和可能为人民的出版事业服务的人，来共同工作，就一定要把私营出版事业和公私合营的出版事业都团结在公营出版事业的周围而共同从事新中国的文化建设，不这样做，我们就不能把事情办好。"

当时中央宣传部的陆定一部长为会议发表了闭幕词，着重提出了出版工作者从思想政治上团结起来的要求，要树立"首先是革命家，同时又是出版工作者"的思想。他的讲话后来成了新华书店和三联书店干部学习的重要文件。

第二年 4 月间，三联书店举行的第一次全国分店经理会议，胡愈之在会上发表讲话，也讲了团结的意义。他要求三联的工作人员以邹韬奋、李公朴为榜样，和一切为人民的出版事业而努

---

① 新华书店总管理处．全国新华书店出版工作会议专辑．新华书店总管理处编印，1950.

力的各方人士大团结。他特别要求三联的同志和新华书店的同志一样，要发展出版业的统一战线，照顾私营出版业。

胡愈之说了："过去在反动派压迫时期，三联的范围还不太大，同时又是个进步的书店，曾为私营的大书店看不起，但现在的情势不同了，三联的威望很大了，他们不会看不起的，现在应该去照顾他们，同志们不要存这种感想，以为从前吃过人家的亏，现在要报复。这是不好的。因为我们是做政治工作的，我们要团结他们，这样才能负起重大的任务来。如果他们不来参加我们的新民主主义出版事业，这是国家的损失，这不是他们不好，而是我们没有做好，我们要想尽方法，遵照我们的业务方针，去和他们团结，不能让他们不得其所，只要他们肯为人民服务，就得照顾他们。"①

为了加强新华书店和三联书店的团结，黄洛峰也还作过工作，主要是使两店的党组织结合在一起，行政上常开联席会议。

胡愈之更多注意解决公私出版业的团结与合作问题。

团结私营出版业

按建国时出版业的情况，私营出版业是必须十分重视的。当时无论是出版、发行，还是印刷，私营企业远远大于公营企业。商务印书馆、中华书局、开明书店都在国内各地设有许多分店，

---

① 胡愈之．出版发行工作的新方向[J]．三联书店总管理处编印《店务通讯》(6)：4.

都有一个有一定规模的编辑部,集中了许多人才,并和著作界有着长期的紧密的联系。它们过去出的书也不容全盘否定,不少还可以为新中国的建设服务,特别是商务印书馆。按解放后叶圣陶的说法:

“从出版的书籍和杂志来说,古今中外,文史政哲,理工农医,音体艺美,无所不包,有极其专门的,也有非常通俗的,不管男女老幼,不管哪行哪业,都可以从商务找到自己需要的喜爱的书刊。服务的对象如此广泛,出版物的种类如此繁多,在当时以商务为最。”

“此外,商务还贩卖国外的书刊,贩卖各种文具和体育器械,还制造仪器标本和教学用品供应各级学校,甚至还摄制影片,包括科教片和故事片。业务方面之广和服务对象之广,现在任何一家出版社都不能和商务相比。”

叶圣陶还说到其他一些解放前的出版企业:

“中华书局是我国近代第二家大出版企业,它的规模跟商务差不多,编辑、印刷、发行的骨干,大都从商务出来的;后来成立的世界书局、大东书局、开明书店,情形也大体如此。”①

胡愈之同叶圣陶一样,对于这些私营出版企业在建国初期能起的作用是了解的。出版总署对出版企业实行公私兼顾的政策。出版总署一面大力发展公营的出版机构,一面坚持保留商务、中华、开明等私营出版企业。1949 年 10 月召开第一次全国

---

① 商务印书馆编辑部. 商务印书馆九十年——我和商务印书馆. 商务印书馆,1987.

出版工作会议之后，总署按“统筹兼顾、分工合作”的原则，指导公私出版业之间关系的协调工作，以利于充分供给为人民所需要的各种出版物。

就在这个时期，党中央对私营出版界的元老非常尊重。显著的事例是商务最有影响的原负责人张元济被邀参加第一届中国人民政治协商会议，并被选为人民政协第一届全国委员会的委员。当年这个全国委员会就相当于后来的全国人民代表大会的常务委员会。1951 年，张元济已患病，还写出《涵芬楼烬余书录》一书，并将新书一册送给毛泽东主席，毛主席于同年 7 月 30 日复信，对张表示慰问。信上说：“尊恙有起色，甚以为慰。”

据出版家章锡琛的回忆，早在 1949 年上海解放以后，80 多高龄的张元济就曾经亲自由沪至京，邀请原在商务工作过的胡愈之、叶圣陶、陈叔通、章锡琛等，商谈过商务此后的经营问题。张已经提到实行公私合营的设想。到 1954 年，张全力支持商务的公私合营，与出版总署密切配合。张曾任公私合营商务印书馆的董事长，另外还先后担任过华东军政委员会委员、全国人民代表大会代表、上海文史馆馆长。①

制止滥禁书刊

建国初期，出版工作的一个重要方面是取缔反动书刊的流

① 商务印书馆编辑部．商务印书馆九十年——我和商务印书馆．商务印书馆，1987.

传，当时各地文化部门查禁书刊工作的开展没有统一的制度，因而发生了应该查禁而未予查禁、不应该查禁而予以查禁等现象。据1952年出版总署的了解，"近一年来主要和普遍的毛病则是滥用查禁手段"，负责查禁的人员对查禁书刊缺乏明确的标准，往往凭个人的好恶办事，结果出版总署发现，《新逻辑学》、《红楼梦研究》、《鲁滨逊飘流记》、《田径训练图解》等等书籍都被错误地查禁了。

上述被错禁的有价值图书大多是私营出版业编印的。滥行查禁书刊不仅违反党的文化政策，也损害私营出版业的正当利益，损害出版工作者的大团结。

于是出版总署在1952年7月1日发布了《关于查禁书刊问题的指示》，郑重指出："查禁，这是出版行政机关重大的行政手段，一般地只应该用来对待那种与现实政治有关的政治上反动的书刊，也即是直接反对共同纲领而对国家和人民有重大危害的书刊。"

《指示》具体地指出，应该查禁的"就是那种反共、反人民、反对人民民主专政的书刊，那种反对人民解放军的书刊，那种反对或诽谤我们的盟邦苏联和人民民主国家的书刊，那种鼓吹帝国主义对中国侵略的书刊，那种反对土地改革的书刊，那种离间中国人民团结和民族团结的书刊，那种反对现行政策法令和重要政治措施（如抗美援朝、镇压反革命、'三反'、'五反'等）的书刊，那种泄露国家机密、危害社会秩序的书刊。除了这种政治上反动的书刊外，一般书刊都不应予以查禁。"

《指示》最后还着重指出，"为了防止和克服漫无限制地任意查禁书刊，特规定：今后各地出版行政机关查禁书刊，必须于事前得到本署批准，绝对不允许先斩后奏。”

出版总署的这个文件充分体现了它的领导在文化工作上认真贯彻党中央实事求是的精神。

重视旧中国有价值读物

建国初期的出版工作千头万绪，出版总署为了普及文化知识，还调动私营出版业的积极性，整理并出版了解放前出版的仍有价值的各类图书。

为了充分发挥私营出版业的积极作用，出版总署于 1954 年 4 月 19 日做出《应该组织重印一些有价值有内容的近代学术著译、文化知识读物》的决定。这文件一开始就指出“当前出版工作中一个很重要的缺点是书籍的品种太少，许多过去出版的有价值的译著没有重印，不能满足人民日益增长着的文化知识的各方面的需要。专家学者感到缺乏研究资料。……一般文化工作者、机关工作干部，迫切要求解决参考书的问题，以丰富自己的知识，更好地进行自己的工作。青年知识分子所读的书范围太狭，内容单调，不能培养起广博的知识。不少青年同志缺乏中国历史知识，因而既不能真正了解中国人民在创造中国历史中的作用，在为自己的光明幸福前途斗争中所作的伟大贡献，也不能深切明白旧中国旧社会的黑暗面以及中国人民与黑暗势力斗争的艰苦过程。这对他们的爱国主义思想的发展与革命警惕性的提高都是不利的。”

这文件然后说明："近代中国出版界在解放以前所出版的书籍中，虽然有许多是政治思想内容不好的，但也确实有一些比较有价值、有内容的东西，这些东西由于无人过问以致湮没无闻了。我们初步研究了中华书局、商务印书馆、开明书店的旧书书目，发现其中有许许多多值得重版的书籍，这些书籍都是中国学术界长期劳作的成果，我们应该而且必须加以保存，使其继续传布。"

文件明白指出："出版工作也与其他文化工作一样，我们不能割断历史，应该继承历史上所有优秀的、有价值的东西，使之为现代中国的读者服务，并使之发扬光大。"

文件特别提到，除了中华、商务、开明，上海还有一些出版机构如世界书局、神州国光社、上海出版公司、北新书局、良友图书公司、申报馆、甚至正中书局，都有一些可以重印的书籍。

很明显，出版总署当年的领导人都是文化界的前辈，他们了解全国解放后，人民群众以至各级干部还迫切需要理论和文化知识的武装，对旧中国出版物中包含的有价值的东西是不能排斥的。

从 1949 年到 1955 年，胡愈之领导的出版总署由于坚持"统筹兼顾、分工合作"的方针，使公私出版企业共同为满足全国各界对出版物的需要做出了贡献。

第二十三章

出版业的分工与专业化

新华书店的统一

在1949年10月3日举行的那次全国新华书店出版工作会议上，胡愈之在致开幕词时宣布过：

“我们过去是分散的，我们的工作是局限性的。现在全国快要完全统一了，我们必须由分散走向集中，由面对局部趋向于面对全国。因此怎样使新华书店有计划地、有步骤地走向统一领导，集中经营，这是这次会议所担负的主要任务。”①

经过二十多天的讨论，这次会议终于通过了一个决定，在北京成立新华书店总管理处，为隶属于出版总署、受总署出版局领导的企业机构。全国各地新华书店的业务都归新华书店总管理处领导。在全国各大行政区（华北、华东、东北、西北、中南、华南、西南）设新华书店总分店，在大区总分店之下各省、自治区、直辖市原则上设一处分店，省属市、县或重要集镇设支店。

新华书店总管理处设出版、厂务、发行三个部门，各总分店也分别设立这三个专业部门，分店、支店一般只做发行业务。

---

① 新华书店总管理处．全国新华书店出版工作会议专辑．新华书店总管理处编印，1950.

在1950年12月底以前，原来的新华书店的资金统归总管理处掌握，人员也由总管理处统一调度。

与此同时，关于新华书店各部门的业务，会议也做了规定。总管理处负责出版：一、各级学校的教科书，二、马列主义经典著作，三、政府的政策、文件与指令，政府负责人的言论；国家通讯社的重要言论等的单行本，四、其他带有全国性的书刊。

地方新华书店可出版通俗读物、文艺作品和地方性书刊等。

新华书店的统一工作由于有了这些决定，进行得十分顺利，业务也扩展得很迅速。

向苏联学习

就在新华书店出版工作会议召开的同时，中共中央请来了苏联出版工作的专家，他应邀向与会的代表介绍苏联的经验。与会代表都参加了中苏友好协会的成立大会。从上到下都热心于向苏联学习。胡愈之认为会议代表们听取了苏联专家的经验介绍，也是出版工作会议的一个收获。

当时苏联专家、苏联国际书店经理德奥米多夫在回答会上提出的问题时说，苏联的出版机构分三个部门，出版、印刷和书店。私营的出版业（包括印刷、出版和书店）都已没有了。整个出版事业都由国家经营的。

他还说，出版业务却有些分工，总工会、科学院都有出版部。

“苏联的经济都是有计划的经济，任何部门都是有计划的生产。……那些书应该出版，出版的数量多少，出版的范围是什么，然后把书的价钱规定好。因此，在苏联任何一个书店的价钱是一样的，不能随便加价。”①

新中国成立之后，向苏联学习的空气非常热烈。苏联专家德奥米多夫的经验介绍，掀起了出版界学习苏联的高潮。高潮中主要进行了两项新的工作。一、加强统一领导，出版与发行分工；二、进一步调整公营出版业和私营出版业的关系。

1950 年 6 月 20 日，胡愈之署长首先在京津发行工作会议上讲话，提出了出版与发行实行分工，首先由国营的出版业做起，新华书店在全国建立一个发行网，负责供应书刊，不仅发行国家的出版物，也发行为人民需要的一切出版物。让私营出版业也依靠新华书店来扩大发行。

他还提出，出版与发行分工以后，出版也要分工。为了提高出版物的质量，出版要实行专业化，不能让一个出版机构出版上至天文、下至地理的一切书籍。专业化之后，出版教科书的就不出文艺书，出版文艺书的不去出自然科学的书。

出版工作的“大革命”

1950 年 7 月 10 日，胡愈之又在京津出版工作会议上讲话，传达出版总署的决定，出版工作要进一步分工。政治书籍是人民出版社的专业方向，教科书是人民教育出版社的专业方向，国

---

① 新华书店总管理处．全国新华书店出版工作会议专辑．新华书店总管理处编印，1950.

际时事性读物是世界知识出版社的专业方向，工人、青年读物分别是工人出版社和中国青年出版社的专业方向，科学技术读物是科技出版社的专业方向，“出版专业化的目的，应该是提高书的生产，增加出版物的品种和质量。”

胡愈之认为，这样的一些变革在出版业是一场“大革命”。①

1950 年 9 月，出版总署又召开了全国出版会议。公私营出版业的代表都出席了这次会议，胡愈之作了报告，经过十天的讨论，他作了总结。他肯定会议取得了巨大的成绩，全国出版事业已开始由无政府走向有政府，由无组织走向有组织，由无计划走向计划化。这次会议使公私出版事业建立了更密切的联系。

在这次会议之后，新华书店成为专业的发行机构，尽力组织好全国的发行网。三联、中华、商务、开明、联营五家书店一共有 87 个分支机构，分布在 35 个城市中，经过逐步调整，成立了“中国图书发行公司”自成一个统一的系统，作为新华书店的辅助机构。

以后，三联的出版部门成为出版一般政治理论书籍的专业出版社。商务的编辑业务与人民教育出版社有关的部分合成高等教育出版社，中华书局也有个专业方向——财政经济读物，后来又改为编辑出版中国的古籍。开明的编辑部门归并到中国青年出版社。

全国出版事业的这些分工与调整，实际上使私营出版业的

---

① 胡愈之．论人民出版事业及其发展方向——在第一届全国出版会议上的报告[J]．三联书店总管理处编印《店务通讯》(10)：6.

书刊生产都统一于政府的领导，为私营出版业的实现全部公私合营奠定了基础。在全国私营工商业的社会主义改造中，出版业的改造是最早实现的。这里起作用的是胡愈之领导的出版总署积极贯彻中共中央关于"出版工作需要统一集中"的指示，一直坚持"要在分散经营的基础上，在有利和可能的条件下，有计划的、有步骤的走向统一集中"的方针。

这次分工专业化的改革，进一步促进了国营书刊的生产。人民出版社和各省（自治区）市人民出版社都在短期间调集了编辑人员，编印为当时特别需要的政治读物。中央人民政府各部也开始设立了出版社。

重视政治理论学习

建国初期，党和政府为了提高各级干部的政治理论水平，确定了《社会发展史》等12本"干部必读"的书目，由中共中央宣传部门编印，并由新华书店广泛销售。为了借鉴苏联建设经验，党中央提倡学习《联共党史》。1951年10月起，《毛泽东选集》四卷陆续问世。

与此同时，三联书店出版的《学习》杂志，推动广大干部和知识分子学习马克思列宁主义和毛泽东思想。

出版总署为了配合干部学习的需要，曾大力组织政治学习材料的生产与销售，1953～1954年间，先后发布了《关于学习文件印行的规定》等三个文件，通告总署所属各部门"力求及时地供应各方面对学习文件的需要，以减少干部和人民学习中的困难。”

这期间，由于我国开展了抗美援朝的伟大的政治运动，出版总署为了提高人民群众的国际主义和爱国主义的认识，曾经在1951年推动出版界广泛出版有关的书籍，新华书店推行了一个发行直接与抗美援朝运动有关的各种书刊一亿册的计划。一亿册书刊中包含期刊五千万册，通俗读物四千万册，一般读物一千万册。

据出版界的调查，从1950到1951年，出版业为配合抗美援朝、土地改革、镇压反革命三大运动，出版了大量通俗读物。抗美援朝读物4277000册，土地改革读物1048000册，镇压反革命读16854000册。光是新华书店华东总分店编印的《惩治反革命条例通俗图解》一书一次印了7555000册。[①]

建国初期，胡愈之经过调查研究，在出版工作方面，还提出了其他许多方针性意见，例如，在出版工作中教科书的出版、印刷和发行应该居于各类图书的首位，杂志能与读者群众建立密切联系，应该加以重视，要编得快，销得快，价钱低；解放初期，印刷力量在沿海大城市过剩，应该适当调剂，把部分印刷设备和人员调配到内地去；应该研制先进的印刷设备，提高生产率；全国书价一律；版税制度是一种进步的制度，可以造就以写作为专业的作家等等。

因此，在胡愈之领导之下，新中国的出版事业有了飞跃般的发展。早在1950年，全国出版发行了图书27500万册，杂志3500

---

① 大公报社人民手册编辑委员会. 1957人民手册[M]. 大公报社,1957:576.

万份。到 1954 年,图书增加到 94000 万册,杂志 20500 万份。图书和杂志分别增长 3.3 倍和 5.8 倍。

到 1954 年,中央一级的出版社已建立了 30 多家。各省、自治区、直辖市的人民出版社已基本上建立齐全。实行全国统一领导的新华书店总店已领导了 1726 个分支店。原来分布不匀的印刷生产单位经过了合理调整,得到了改善。

私营出版业的公私合营与社会主义改造也已基本完成。

胡愈之在出版总署将近五年的工作,认真坚持了中共中央的方针,成绩斐然,是众所周知的。但是,“文化大革命”期间,“四人帮”叫嚷“突出政治”,“知识越多越反动”,胡愈之也受到了荒唐的攻击。“造反派”不顾历史,硬说胡愈之鼓吹了“出版自由化”,因为胡愈之说过“许多历史较久的私营书店,在业务管理和出版技术方面都各有特长,为公营出版业所不及。因此为全局打算,维持并发展私营出版业是必要的。”当年的攻击,都只能说明“四人帮”极左分子的荒谬与无知,无损于胡愈之在出版工作方面的丰功伟绩。

第二十四章

出版家亲手办实事

出版家胡愈之在建国后，不仅担任了领导全国出版事业的出版总署长的繁重工作，还曾亲自承担一些具体的编辑图书刊物的工作。他念念不忘于为干部和广大人民群众提供文化知识的主要读物。他亲手办过许多出版界的实事，兢兢业业，并乐此不疲，充分显示了他的踏实、严谨、细致和民主的作风。

《新华月报》的创刊

胡愈之从来关心文摘杂志的出版，他早在1937年创办过一种《月报》。他认为这种综合性的文献资料性刊物，最有助于读者增进时事信息和各类知识。因此，在他担任出版总署署长之后，在百忙之中还亲自规划新中国第一本文摘刊物——《新华月报》。

解放后，他对办文摘性刊物的必要性又多了一种想法：新中国成立了，我们国家掀开了一页新的历史，怎能没有一个刊物把它记录下来。更何况新中国成立后，广大知识界、党政干部开始忙于共和国经济的恢复与建设，多么需要一本文摘性综合性的资料刊物，供大家学习浏览和查阅！

胡愈之曾为创办《新华月报》办了许多事。他曾亲自函请毛泽东主席为《新华月报》题词。他亲自拟定名单，组成《新华月报》的编委会。当时聘定的编委有胡绳、杨培新、傅彬然、曹伯韩、楼适夷、艾青、臧克家、钟惦棐、王子野等，这阵容比 1937 年《月报》时强大多了，编委们都不是挂名的，绝大部分兼任《新华月报》各栏的主编。王子野是出版总署编审局第三处处长，他负责总揽编辑出版业务。胡愈之曾亲自主持编委会，参加每月召开的编委会例会，与编委们共同讨论每期选稿的重点和确定初选目录。

《新华月报》创刊号

《新华月报》的创刊词是胡愈之亲自撰写的。创刊词的题目为《人民新历史的开端》。他开宗明义地提出：《新华月报》的宗旨是“纪录新中国人民的历史”。

《新华月报》最初几期付印前，胡愈之都曾亲自审定封面、图片和一些重要稿件。他严格要求编辑广泛搜集材料，认真阅读和选用，一定要把《新华月报》办成一本最有权威性的资料刊物，内容包罗万象，在政治、经济、文化等方面重要的资料，应有尽有。

为了搞好这本刊物，胡愈之还亲自规划一个为刊物服务的能提供全面、准确资料的资料室。他规定这个资料室要订阅全国所有较重要的报纸和刊物，针对《新华月报》内容的需要，选存资料,以备选用。他还亲自设计一种资料柜,让剪报资料分类插放,便于查阅。他要求资料室工作人员对资料实行科学化管理,做到“不论什么资料,个人放进去任何人都能够拿得出来。”他要求重视报刊上的“更正”,把它们同原资料贴在一起。他的所有这些设想都为着确保《新华月报》的权威性。①

这份《新华月报》以后由出版总署移交人民出版社编辑出版。这个为《新华月报》服务的资料室也移交给了人民出版社。

由于《新华月报》是本别具一格的权威性资料刊物,它成了党政机关、研究部门不可缺少的参考工具,它一直坚持出刊,一度改为《新华半月刊》,仅文化大破坏的“文革”期间被迫休刊。到1970年,由周恩来亲自指示复刊。1979年,为适应读者的需要,《新华月报》分出《文献版》和《文摘版》。到1981年,又发展成两本互相配合的刊物:《新华月报》与《新华文摘》,保存的资料与读物更加丰富,这就进一步实现了胡愈之出版文摘性刊物的宿愿。

胡愈之十分珍爱这类文摘性刊物,他生前按期保存在他书房的书架上。在胡去世之后,他的全部藏书捐赠给了上虞市图书馆,其中就包括多年的《新华月报》和《新华文摘》。

主编《知识丛书》

英国的科学家佛朗西斯·培根说过:“知识就是力量。”胡愈

① 费孝通等. 胡愈之印象记[M]. 中国友谊出版公司,1989.

之对英国先贤的这句话是笃信无疑的。他早在1934年为出版《世界知识》杂志写的“发刊词”中就申述过他的救国主张:“我们的后面是坟墓,我们的前面是整个世界。怎样走上这世界的光明大道去,这需要勇气,需要毅力,——但尤其需要知识。”他主办《世界知识》就为了帮助人们认识世界,“在走向‘世界的中国’的途程中,它将尽一点小小的力量。”

与出版《世界知识》的同时,他曾为生活书店编辑部规划并主编一些丛书,以便让企求进步的人们掌握较大的改造社会的知识。

解放后,他仍然热心于传播知识的工作,先后欣然接受创办《光明日报》和出版总署的工作。但是在他主持出版总署工作五

由胡愈之策划并主编的《知识丛书》。

年之后,他仍然感到为干部提供知识武装的出版工作十分不够。

1961年,经过了"大跃进"这一经济工作上的折腾之后,胡愈之更加感到建设中国,也不仅需要勇气和毅力,尤其需要知识,不仅是社会科学知识,还需要科学技术知识。

当时胡愈之还住在北京东城区东总布胡同内北牌坊胡同22号那座小楼里。他住在一楼,主持中华书局编辑工作的金灿然住在二楼。他们俩时常谈论出版工作。有一次金灿然谈起中华书局将出版一套由吴晗主编的历史知识丛书。

胡愈之就断然说:"光出历史丛书不够,建设一个现代化国家还需要其他知识。"

"可是,中华书局只限于出版有关历史的书。"金灿然建议:"多科的书是否可以由人民出版社出版。"

"人民出版社也有局限性。"胡愈之接着想到:"可以由几家出版社合出一套多科的丛书。"(据前中华书局工作人员俞筱尧谈话——作者注)

以后胡愈之找到当时任文化部出版局副局长的陈原。陈也是个传播知识的有心人,他赞成胡的主意,出一套有利于国计民生的书,一套中级的普及读物,以一般干部为读者对象。他们谈了好几次,形成了胡愈之出版"知识丛书"的整套设想。

1961年5月,胡愈之还约了中宣部出版处处长包之静、文化部出版局局长王益、人民出版社的王子野、商务印书馆总编辑陈翰伯以及陈原、金灿然等七八个人在四川饭店吃中饭,商量出版《知识丛书》的事。席间胡愈之说:

"现在干部缺少合适的读物,尤其缺少提高知识的读物。前几年干部做工作很热情，干劲很足，因为缺乏足够的知识，常常会失误。所以必须提高干部的知识水平。”

他谈了想组织几个出版社一起来编一套丛书，一个题目写一本书，几个出版社同时搞，同时出，每年可以出五六百本。他还说，写中级知识性的书，用不着都找专家，出版社的编辑也可以写。这样做对于培养编辑干部也很有利。从前商务、中华、开明等书店都用这样的方法，培养出一批又一批的骨干。

这次会餐的人都赞成胡愈之的倡议，相信只要领导重视了，这套丛书一定能及时出版，并收到宏大效果。

会后，胡愈之请陈原打个报告，向中共中央宣传部请示，还亲自审定一个编委会的名单，其中包括茅以升、竺可桢、华罗庚等自然科学家，一共 56 人。

报告送到中宣部，陆定一部长还召开了一次部长办公会议，专门讨论了《知识丛书》的编辑出版问题，部长、副部长们的意见都是赞成的。常务副部长周扬还讲了，这部丛书重在材料，观点不必要求得那么严格；由胡愈之来当主编，是最合适不过了。“这等于由出版界的‘佘太君’出来挂帅，太好了。”

这期间，7 月 31 日，国务院主管文教工作的陈毅元帅在一次文艺座谈会上发表了一个重要讲话。他谈到了红与专的问题，他认为“现在的毛病在于不专。”“苏联有七百万专家，我国专家少。真正的政治家是鼓励搞专业的。”“任何专业本身不分红白，2 + 2 = 4，没有阶级性，看为谁服务。没有专家，怎么能在世界斗争中取得胜利？对乒乓球运动员作了一定的政治动员很有作用，但是主要靠勤学苦练。专家对我们帮助很大。政治也有专家。我们也不要过分贬低自己，我们有些人接近世界水平，但我们还要大为努力，鼓励很多人钻研，像园丁培植花草。中国如有二千万专家，问题将初步解决。”①

陈老总这一番话的用意就在于扭转人们的思想，要大家多学点知识，他的讲话是有影响的。有关各方都对《知识丛书》的出版重视起来。8 月 3 日，《知识丛书》编委会在人民大会堂举行成立大会，周扬在会上作了报告。他认为“我们迫切需要知识，就像迫切需要粮食、副食品一样。”“最近几年我们强调了思想改造，对文化知识也讲了，但是讲得不够，现在就要强调。现在我们的干部不是知识太多，而是太少，不是太高，而是太低。这是指整个干部队伍来说的，不是指某几个干部。”“这些年专业、政治、文艺的书籍出得不少，但知识性的读物出得很少。专业出版社出的专门书有很多好书，分工分得非常细；但是有缺点，好处是专，缺点是太专，没有注意综合、普及。很需要出版一套综合性的、基础性的知识丛书，这套丛书会受到读者欢迎的。”②

周扬的讲话后来由中央宣传部作为文件发布，宣传了这套《知识丛书》的现实意义。

《知识丛书》主编胡愈之得到了中共中央的大力支持，他就开始抓编辑出版丛书的组织工作。当时有六个出版社（人民出版社、商务印书馆、中华书局、人民文学出版社、世界知识出版社、科普出版社）的负责人成为胡愈之的主要助手，筹划丛书的

① 陈原．胡愈之和《知识丛书》．出版史料，1991(1)：12.

② 陈原．胡愈之和《知识丛书》．出版史料，1991(1)：12.

出版。他们在 1961 年四季度召开过分科选题座谈会。国际问题的座谈会曾由姚溱(中宣部副部长)主持,乔冠华、宦乡、陈翰笙、张铁生、刘思慕、邵宗汉、孟用潜等知名专家都热心地到会商议。会上商定写一百多个国家的概况,为《知识丛书》出一百几十本国际问题的书。

经过几次类似的座谈会,《知识丛书》编辑部初步拟定了大约一千个选题,分发到六个出版社,由它们分头去组稿。

胡愈之曾亲自找气象专家竺可桢撰写一本《物候学》。这是门交叉学科,从许多动植物的现象说明气候发生的影响。竺可桢很快就完成了。

《知识丛书》中最早出版的一本是语言学家王力教授的《诗词格律》。这本书写得通俗易懂,约五万多字,完全符合丛书的体例要求,由中华书局出版,以后接着出版的有商务的《凯恩斯学说》、科普出版社的《半导体及其应用》、《电子学》等。

这些书的格式是由胡愈之授意人民出版社的副总编辑范用拟定的。各出版社出的《知识丛书》中的书一律小 32 开本。为什么用小 32 开? 据说,胡愈之根据自己读书的经验,一般字数不多的读物最好是小开本的,能放进制服口袋,便于携带,随时阅读。

《知识丛书》封皮采用四种浅的颜色:淡蓝、淡绿、淡黄、淡红。分别由各种图书选用。

丛书的每一本书的扉页上印着一小段启事。题目是"知识就是力量",启事写道:"一个革命干部需要有古今中外的丰富知识作为从事工作和理论的基础。《知识丛书》就是为了满足这个需要而编印的，内容包括哲学、社会科学、历史、地理、国际问题、文学，艺术和日常生活等知识。为了使这一套丛书编写得更好，我们期望读者们和作者们予以支持和合作，提供意见和批评。”这启事最后由“知识丛书编委会”署名。据陈原说，这段启事是胡愈之主编审定的。①

《知识丛书》在60年代前几年出版得比较顺利，在书市上也很受欢迎。图书馆都认真采购。在“文化大革命”前一共出了30多种。其中有金开诚的《诗经》，杨伯峻的《文言文法》，沈起炜的《文天祥》，李俨的《中国古代数学简史》，林森木的《英国古典政治经济学》，华罗庚的《运筹学》等。

虽然，1962年夏北戴河又传出“千万不要忘记阶级斗争”的号召，《知识丛书》受到的冲击还不大，但是，1966年“文化大革命”的大乱把《知识丛书》的计划整个儿冲垮了。“知识就是力量”被诬为反动口号。“四人帮”扬言“知识越多越反动”。胡愈之作为《知识丛书》主编，成了大批判的对象。“文化大革命”就是“文化大破坏”，《知识丛书》的遭到摧残，不是很明显的事例吗？

精心设计新农历

早在1951年初，胡愈之领导出版总署期间，已经注意到农历是一种向人民进行宣传教育的重要工具，编印新历书，使历书充

---

① 陈原．胡愈之和《知识丛书》．出版史料，1991(1)：12．

实以为农民需要的政治常识、生产与卫生方面的科学知识，就可以收到教育农民和农村干部的重大效果。出版总署在当年5月11日曾发布《关于编印发行1952年历书的指示》，要求人民出版社与各地方人民出版社合力编印。但由于各地对这项任务的重视不够，出版新历书的工作没有持续进行，效果也并不理想。

胡愈之抗日战争期间在广西和新加坡工作，他在广西和马来亚民间都看到过为农民和城镇一般居民欢迎的“黄历”。广西的农历内容陈旧，有不少封建迷信的东西，但是马来亚的“黄历”收进了一部分农村实用知识。海内外华人农民都把这种历书当作家庭常年顾问，把它挂在灶头上，一年中无论做什么事，都要去求教于它。这种书发行量很大。解放后，胡愈之多次下乡，也早已发现，农村文化生活十分贫乏，农村的图书室里适合农民阅读的通俗读物极少。于是他终于下定了改进农村历书的决心：“为农民编出一本好书！”

1962年，他还是文化部的副部长，社会活动又十分繁忙，但为了出版一本新的农历，他征得文化部党委的同意，亲自到人民出版社去参加编辑工作。他向人民出版社的负责人说明，这本新历书可命名为《东方红》，是一本“凡事不求人”式的年历，内容丰富，通俗易懂，知识性强，图文并茂，适应农村需要，一年改编和发行一次。

他为《东方红》这种年历拟定了十个方面的内容：一、祖国新面貌；二、学习毛主席著作；三、全国农业先进典型；四、国际时事；五、农业生产知识；六、科学普及知识；七、卫生常识；八、农村文化室；九、生活小常识；十、历书（历表、节气、气象、农事等）。

胡愈之主持编辑的农村新历书《东方红》

他设想，新历书该有下列五个特点：一、“全”，农村生产、生活；学习、娱乐等方面的内容都有；二、“新”，一年中的新成就、新情况、新问题都有所反映；三、“实用”，确实切合农民实际需要，四、“通俗”，深入浅出，图文并茂，为广大农村读者所喜闻乐见；五、“及时”，每年出版一本，上半年编辑，下半年印刷，年末出书，第二年春节前发行到农民手中。

人民出版社原有农村读物编辑部，它调集了足够人力来执行胡愈之的方案。胡愈之本人也坚持到人民出版社“蹲点”，实际主持编务，从拟订选题，组织作者，内容编排，插图到封面设计，他无不给予精心指导。最后，他还亲自审读《东方红》的清样。清样文字数量巨大，而且字迹不清，年轻人都觉得这工作太苦，他们劝胡愈之翻看一下就行了。可是胡却严肃地说，“不管大事小事,要做就一定尽心竭力地认真做好。”于是,好多天,胡愈之白天忙于参加社会活动,到了晚间,他还带着老花眼镜审阅清样,一直把全书的清样都看完为止。

《东方红》创刊号征订后,订数巨大,这时人民出版社发现纸张准备不足。胡愈之听说后心情很不愉快。他就责问有关的同志,“为什么出版那么多文学作品都有纸,而为农民出一本书,纸就那么困难?!”

后来,还是经过他亲自多方奔走呼吁,《东方红》所需纸张才得到满足。

《东方红》创刊号在1963年初出版,它受到了广大农村读者,特别是农村知识青年的普遍欢迎。第一版就印了150万本。印数已经反映了《东方红》的巨大社会效果,但是,胡愈之认为出版者光看印数,还不能明确《东方红》究竟有什么具体效果。为了对当时五亿农民负责,1964年他不顾年老体弱,决定亲自带领《东方红》编辑部的部分工作人员到浙江和湖南两省的农村做调查。

胡愈之出发时就同同行人员约好,一路上要做到三点,作为约法三章:

一、为了便于接触群众,胡愈之改名为“沙平”,从此时起,谁也不再称他“胡部长”,而要改口叫“老沙”。

二、绝不要通知下面迎接,要像一个普通干部一样下乡去工作。

三、要一直下到生产队,住在农民家里,白天和农民一起劳动,晚上参加村里的文化和科技活动,从中了解情况,组稿编稿。

调查小组先在浙江金华地区深入农村了解情况,“老沙”因年事已高,被人们劝说白天不去田间劳动,但他仍坚持调查了解,晚间到文化站、科技站活动。在金华地区两个县工作了十天,效果极好,现场组稿,收获不小。《东方红》以后许多年,部分稿件都在农村组稿,或在农村采访后写稿,成了传统。

调查小组以后还到湖南长沙郊区和韶山,胡愈之因旅途劳累,肠胃得病便血,经文化部党委电召返京。小组其他人员仍继续工作。7 月间,这个小组还去过山西大寨了解。

经过调查了解,胡愈之对《东方红》的编辑工作提出了许多改进意见:首先,中国幅员辽阔,各地自然条件差别很大,农业生产知识由北京统一编稿很难适应各地实际需要。因此以后书中通用部分(如政治、文教、卫生、生活常识和历表等)可仍由《东方红》编辑组编,但农事和科技部分,须安排到外地去编。可以考虑在全国分设几个点,分别编印华东版、西北版、华南版等。

但是,很遗憾,不久“文化大革命”的风暴陡起,胡愈之的许多美好的设想都成了泡影。一直到 1973 年,人民出版社才恢复出版《东方红》。当时,胡愈之已经不在文化部工作。当《东方红》编辑人员去探望他时,他热心地谈论了有关的意见。

1983 年,全国首届农村读物评选,《东方红》荣获一等奖。胡愈之已 87 高龄,由于健康原因,他不能参加颁奖大会,但是,他得讯后,非常兴奋,还亲自打电话给人民出版社,表示祝贺。①

在 80 年代,《东方红》改名为《农村年书》,仍坚持出版。

---

① 吴承琬. 他心中装着农民[J]. 人物,1991(4):51~62.

令人难忘的工作作风

出版总署成立初期，就有个计划处。解放前曾主持新知书店工作的沈静芷，实际负责计划处的工作，他一度奉命主持纸张管理工作。他在1986年11月30日庆祝出版纸张管理建制35周年时撰写了一篇题为《几桩难忘的事》的文章，怀念胡愈之的功绩，其中说过胡愈之“他老人家在出版总署虽然仅仅是他整个革命生涯中的短暂的一部分，他在建国以来对文化出版工作方面所做出的开创性的工作；将永远铭刻在我们出版工作者的心中。”

沈的文章主要讲了胡愈之在出版工作方面三件事情：

一是重视调查研究。建国初期出版事业发展得很快，而国民党反动派留下的纸厂产量有限，当时民营纸厂有的停产，有的改产。胡愈之认为人民的精神食粮如同我们每日三餐一样，出版用纸是一天也不能脱档的。他要求沈静芷主持的部门，通过切实的调查研究，采取有效措施，去扭转困难的局面。这项工作涉及的面很广，涉及全国公私营出版机构、印刷厂、发行机构，涉及生产出版用纸的工厂的能量。胡愈之曾亲自为计划处设计一些调查和统计的表格和方式。从1950年到1952年，国内纸的产量都低于实际用量，胡愈之经常要求及早了解情况，他亲自审阅各类统计报告，遇有疑问，一定向主管人打破沙锅问到底。他那时对数字的记忆力非常惊人，有些重要数字都过目不忘，往往在讲话时脱口而出，准确率极高。

二是习惯于民主办事。当时出版总署的重要事项,都先由职能部门提出初步方案或报告,提交定期的署务会议民主讨论,通过后才付诸执行。他主持会议有个显著特点:从不抢先定调,任何问题都征询与会者的意见,并听得十分认真。凡是经过署务会议集体讨论、决定的文件,因为决定时尊重了从有关方面汇总的意见,它们的执行都取得较好的效果。

三是秉公办事,不徇私情。纸张是轻工业部主管的产品。1949 年 12 月中旬,轻工业部由于所属纸厂正待恢复生产,供应用纸不足出版需要,缺口很大,还表示难于解决。胡愈之就据实上报政务院周恩来总理,要求列入政务会议议程,要有关部委研究解决。当时轻工业部分管纸张生产的副部长是王新元。王和胡愈之在解放前都在救国会工作,是老战友,私交极好。出版总署成立后,为了用纸的事,他们俩也常打交道。政务会议预定讨论纸张问题的前一天,王新元主动找了出版总署准备在会上反映问题的王熟识的同志,要求发言时留有余地,不要使王在会上为难,并说有的问题可以在会外商量解决。当出版总署这位同志将情况向胡愈之反映时,胡就坚定地说:“弥补纸张缺口是当务之急,我们还是照已准备的发言如实在会上汇报,还是公事公办为好,这对轻工部督促各地生产厂加速恢复生产也有好处。”第二天出版总署主管纸张的同志如实地作了汇报。经过周总理裁决,王新元全部接受了出版总署提出的意见。1950 年 10 月 28 日,政务院发布指示,明确规定轻工业部“应积极研究和解决文化用纸问题”,“并力求发展和改进我国造纸工业,使出版事业能够获得足够的和比较廉价的国产用纸。”①

另外，据建国初期参加出版工作的吉少甫的回忆，胡愈之“善于通过出版工作做好统战工作，独具创造性，他对个人的名利完全置之度外，只是默默无闻地对人民的革命事业做出贡献。”吉称赞胡愈之，“实在无愧为我国进步文化出版事业的先驱者，新中国出版事业的奠基人”，“他是我们出版工作者的楷模，更是年轻一代终身学习的老师。”②

---

① 沈静芷．几桩难忘的事[G]．中国印刷物资公司．出版纸张工作35周年纪念(1952~1987)．[出版者不详]，1987.

② 费孝通等．胡愈之印象记[M]．中国友谊出版公司，1989.

第二十五章

从“反右”到“文革”

中华人民共和国成立之后，中国民主同盟成为人民民主专政政治制度下的参政党，它原来担负的历史使命——反帝、反封建、反对官僚资本主义和建立新中国，已经完成。为此，它需要适应新的形势，确定盟的性质，制订新的政治纲领。建国之初，胡愈之曾经以主要的精力，参加民盟的整顿工作。从民盟一届四中全会到一届七中全会，盟的性质与任务，适应形势的需要，不断发展。

1953年5月，一届七中全会修改了盟章，明确了民盟是以小资产阶级知识分子为主要成分的阶级联盟性质的新民主主义政党。它以参加国家文化教育建设为民盟的中心工作，实行民盟的工作重心的转移。

这期间，民盟在参加国家文教建设工作中，以高等教育为重点，协助党政部门做了三件事：一是教师队伍的思想改造；二是高等院校的院系调整；三是教学改革。

团结高级知识分子

胡愈之对于旧社会过来的知识分子思想改造的必要是早有

认识的。1948 年 2 月 14 日他在新加坡《风下》杂志上就写过一篇《知识易主论》,说的主要是知识分子要同人民群众结合,不搞自私自利,而要为人民大众服务,这就需要自觉的努力,改变人生观。因此,建国以后,党授命他做知识分子的统战工作,他信奉党关于知识分子思想改造的方针,曾在实际主持民盟工作期间,认真贯彻执行。

1952 年,高等院校进行院系调整,这是新中国高等教育整顿与改造的重要步骤。贯彻这个步骤必然影响许多教育工作者的实际利益。有些教师的课要撤消,有的教师要搬离沿海城市到内地,不免产生许多思想抵触。民盟成员中多数是高教工作者,民盟中央就必须认真对待这个盟员中存在的重大思想问题。

胡愈之以团结知识分子、调动他们的积极性为己任,常年奔波于北京郊区几个重点大学,亲自去教师们住处,倾听他们的意见,曾多次召开座谈会,同他们交谈。

在 1955 年～1956 年间,民盟的知识分子成员大量增加,民盟在知识分子中的威信也得到提高。1955 年 11 月,胡愈之、费孝通受命筹备民盟第二次全国代表大会,负责起草盟务报告,为了进一步了解知识分子的情况,由全国民盟组织开展了一次广泛的调查。到 1956 年 1 月为止,全国 28 个省市组织取得了近 2000 位高级知识分子的情况材料。①

胡愈之领导草拟了一个题为《关于高级知识分子问题主要情况的分析和建议》,由民盟中央通过后,送交中共中央统战部

① 中国民主同盟简史. 群言出版社,1990:118.

和全国政协。这份材料主要反映了知识分子在生活、工作、学习和关系等四个方面的情况。材料中也提出了民盟的建议，主要是：适当提高高级知识分子的工资，有特殊贡献者给予物质奖励；提高他们的居住面积；调查他们的专长，尊重他们的志愿，全面规划专门人才的使用；畅开言路，避免以行政命令解决学术问题，建议党政领导发扬民主，多听意见；采取多种多样形式，开展思想教育，等等。

1956年1月全国政协召开二届二次会议，讨论知识分子问题，周恩来在会上作政治报告，对发挥知识分子的作用非常重视，他提出：应该改善对知识分子的使用和安排，给以应有的信任和支持，使他们能积极地放手地工作。毛泽东主席在同一个会上，提出要进行技术革命，号召全党努力学习科学知识，同党外知识分子团结一致，为迅速赶上世界先进水平而奋斗。情况表明，民盟提出的有关知识分子的一些建议，在党和政府以后几月内贯彻执行的有关方针、政策和具体措施中得到了体现和贯彻，广大知识分子心情舒畅。1957年3月下旬，《人民日报》发表了费孝通的文章《知识分子的早春天气》，就反映了当时知识分子的欣喜心情和对未来的期望。文章中说："自从1956年1月周恩来讲话以后，知识分子的物质条件已有很大改善，不再成为问题。……周的讲话第二次解放了他们，保证在新社会有他们的地位……春天的确来了。"①

① 戴维·阿古什．费孝通传[M]．时事出版社，1985：194．

最艰难的岁月

1956 年 5 月,胡愈之被民盟中央任命为民盟的秘书长,让他担负更多具体的任务。也就在这一年,苏共召开了 20 大,赫鲁晓夫发表了批判斯大林的报告,震动了全世界,不久,东欧的波兰和匈牙利两个社会主义国家,发生了反对苏联体制的政治动荡。对这三个国家的事件,中国共产党中央都认为坏事,毛泽东考虑要维护国内的局势,防止出现波匈事件,他开始规划和实行两项措施:一、批驳苏共;二、发动反右斗争,整饬知识分子的异己思想。

不久,中共中央发布公告,为克服党内存在的官僚主义、宗派主义和主观主义,决定进行开门整风,号召民主党派、无党派民主人士和各界群众对党政工作和干部的思想作风提出批评和建议。1957 年初,全国党报都开始鼓吹“百花齐放,百家争鸣”,还号召发扬民主,知无不言。同年 4 月 27 日中央发布《关于整风运动的指示》,4 月 30,毛泽东亲自召开会议,动员民主党派动起来,帮党整风,以便“听到不同的声音”。于是民盟和各民主党派都曾积极响应,其中就有章伯钧提的建议政治设计院,罗隆基的平反委员会。各民主党派共同主办的报纸《光明日报》也曾积极反映民主党派和知识界提出的各种意见。

当时中共中央毛泽东主席已经发表了《关于正确处理人民内部矛盾的问题》的文章,提出了正确处理人民内部矛盾问题的理论,但是毛主席对于知识分子和民主党派的实际估计,同他关于人民内部矛盾的理论并不一致。因此,当开门整风时,他误把民主党派和知识界提出的批评意见,看成是反动分子的猖狂进攻。按历史学者胡绳主编的《中国共产党的七十年》的记载,5月中旬,毛泽东写出《事情正在起变化》一文,指示党内整风转向反击右派。于是全国各地各单位,举行的给党提意见的整风会马上转成批斗会,民盟中央也不例外;而且由于民盟中央的民主人士都是名人,这里的批斗会成了全国传媒报道的重点。

1957年5月15日,《人民日报》发表了毛泽东亲自撰写的社论《〈文汇报〉的资产阶级方向应当批判》,它突出地指出:"民盟在百家争鸣过程和整风过程中所起的作用特别恶劣","整个春季,中国天空上突然黑云乱翻,其源盖出于章罗联盟"。

于是,首先是民盟的两个重要领导成员章伯钧和罗隆基,被指控组成了反党反人民的"章罗联盟";在教育界占有重要地位的民盟六教授(民盟六教授为曾昭抡、吴景超、黄药眠、费孝通、钱伟长、陶大镛——作者注)被定为"右派六教授",他们提出的《对于有关我国科学体制问题的几点意见》、《我们对于高等学校领导制度的建议》(草稿初稿),被指控为反党的纲领。在这场反右派斗争中,各民主党派都被当作重点单位,民盟更是首当其冲。反右派斗争在民盟内从上到下迅速地层开。胡愈之作为民盟的秘书长,更主要作为中共的秘密党员,作为党员干部,有服从党的纪律的义务,他实际上领导了民盟内这场反右派斗争。

由于民盟成了反右斗争的一个重点,胡愈之承担的任务就非常沉重。首先他得在民盟中央开展揭发和批判。毛主席已点了章伯钧和罗隆基的名,说他们是"章罗联盟",一时民盟的反右斗争开展得相当激烈。许多中央委员终于成了批斗的对象,被划成右派分子。

1957 年 9 月,《人民日报》发表社论《各民主党派的严重任务》,里面指出,“就现状说,各民主党派在总的方面还是资产阶级性质的政党,还没有成为真正为社会主义服务的政治力量。”

胡愈之按中共中央的指示,在民盟内宣告,民盟是个资产阶级性质的政党。9 月 13 日至 21 日,民盟召开全国整风会议,决定把反右派斗争深入到各级组织,贯彻到底。这就使反右斗争在民盟内进一步扩大。

据民盟中央组织部 1958 年 1 月的统计,民盟内共“揪”出右派分子 3378 人,占当时盟员总数 10.5%,其中中央委员和候补中央委员 59 人,占中央委员和候补中委总数三分之一。中央常委 11 人,占中央常委总数 35%。这些人被批斗,被丑化,被当成牛鬼蛇神,对全国知识界起着巨大的消极作用,从此知识界普遍保持缄默,全国鸦雀无声。

这以后,民盟还开展了组织的根本改造和盟员个人改造的运动。1958 年 11 月民盟召开第三次全国代表大会,“为建立接受共产党领导、坚决走社会主义道路的领导核心”,大会在选举中央委员会时清除了原来中央委员会中的“右派分子”,只因毛泽东说过了保留几个“反面教员”,罗隆基、章伯钧、费孝通等七人还保留为中央委员,叶笃义、浦熙修等五人保留为候补中央委员。就在这次大会之后的一中全会上,胡愈之当选为九位副主席之一(九位副主席为杨明轩、马叙伦、史良、高崇民、胡愈之、邓初民、陈望道、吴晗、楚图南)。

这次大会通过了决定:民盟此后的中心工作是“服务与改造”。

一直到1960年6月民盟三届二中全会之后,民盟内部才提倡举行“神仙会”,改变了持续几年的紧张气氛;当时国家经济已发生暂时困难,政治上迫切要求稳定。

但是,到1962年9月,中共召开了八届十中全会,毛泽东提出“千万不要忘记阶级斗争”,把社会主义社会中一定范围内存在的阶级斗争扩大化和绝对化。民盟的活动仍然以“加强改造”为重点。要求盟员“自觉改造思想”。当“社会主义教育运动”在全国开展时,各地不少盟员被派到农村参加“四清”,接受阶级斗争的“再教育”。按以后中共十一届六中全会通过的《关于建国以来党的若干历史问题的决议》,这次“四清”运动同样存在着严重的“左”的错误。

不久之后,就发生了所谓“无产阶级文化大革命”。民盟中央于1966年8月20日成立了“文革办公室”,由胡愈之任主任,但是,不到五天之后,民盟也受到了冲击,“红卫兵”查封了民盟中央机关,胡愈之被迫交出民盟中央的印章,全国的民盟组织从此陷于停顿。胡愈之本人也受到了冲击。在十年动乱中为数众多的盟员和民盟的干部受到了不公正的对待和处理。“文革”十年,民盟经历了建国以来最艰难的岁月。

无畏的义举

在胡愈之负责主持民盟工作时期,他始终相信团结知识分子是一件国家大事,他同意知识分子需要思想改造的观点,但是他从来坚持团结知识分子的统战工作,坚持认定知识分子在建设祖国中的重要作用。在这方面,他根据自己的经验,确信对知识分子的思想教育总要通过和风细雨的方式,以热诚帮助的态度来进行,要让知识分子接受先进思想的影响,在实践中自觉地努力改变人生观和世界观。他过去在出版界,在救亡运动中,从来都以言教和身教影响别人,包括对知识界名人邹韬奋。

1966年,“文革”开始以后,林彪、“四人帮”鼓吹针对知识分子的“横扫一切牛鬼蛇神”、“知识越多越反动”等谬论,广大知识分子都受到残酷的迫害,文艺界,新闻界、理论界一些知名人士首当其冲。以知识分子为主要成员的民主党派都被迫停止活动。胡愈之也身陷于逆境之中,但是他并不消极,仍为党和国家的命运担忧,而且尽力研究形势,亟望找到一条正确的出路。

1972年,胡愈之会同毛泽东的早年同学周世钊和老党员杨东莼,通过党中央办公室汪东兴主任向毛泽东提出痛切建议。胡愈之陈述的是:广开言路,发扬民主,恢复民主党派的活动,即使恢复部分代表的活动也好;还说,本人愿意出来办一份报纸或杂志,疏通舆论,起到团结知识分子的作用。杨东莼谈了关于青年问题的意见,周世钊说的是关于教育问题的意见。他们谈了整整两个半天。据说,这些意见都被详细记录了下来,并且上报了。但是没有什么结果。

当年,知情的人们都认为胡愈之敢于向毛泽东提出发扬民主等不同政见,是他又一次大胆的义举。按知道当时情况的民盟另一领导人楚图南的了解,这次谈话只得了相反的反应。但是胡愈之没有灰心。[①]

尽力帮助难友

在文革后期,胡愈之关心着一些老战友的困难境况,他尽力给以帮助,表现出对这些者战友深厚的革命情谊,表现出他“见义轻风浪”的胆识。

作家茅盾是胡愈之20年代在商务印书馆时的同事,胡尊崇茅盾是“鲁迅以外中国第一个革命现实主义作家”,茅盾曾同陈云、杨贤江等一起领导过1925年商务印书馆的职工运动。1928年茅盾失去了党的组织关系,但他仍坚持写作革命文艺作品,并拥护党的政治号召,解放以后曾参加新中国的文艺界领导工作。“文革”中茅盾受到了不公正的对待。胡愈之不顾当时的所谓“舆论”,去看望过无人过问的茅盾,并利用一切机会反映茅盾的正当要求,仗义执言,因而茅盾的问题终于受到了正视。

同样感人的是胡愈之对备受迫害的瞿秋白夫人杨之华的慰问。杨在“文革”期间因所谓“叛徒”问题在北京被捕入狱,以后因病危才移送北京阜外医院。她也处于无人过问的境地,但胡愈之闻讯后,不顾一切赶往医院,向她表示问候。胡愈之认为瞿秋白是革命知识分子的模范,“四人帮”对瞿的任何造谣诬蔑不能改变他的这种认识。

冯雪峰是在1976年1月31日因患肺癌去世的。当时“四人

---

① 费孝通等. 胡愈之印象记[M]. 中国友谊出版公司,1989.

帮”的大小喽啰不许开冯的追悼会,最初的治丧方案中还规定不许称冯为同志。还是胡愈之出面奔走呼吁,为冯举行的告别仪式总算被准予用了“冯雪峰同志”的称呼。

民盟中央的前任秘书长闵刚侯在“文革”中也备受折磨,因病早逝。胡愈之曾在闵蒙冤时多次探望,并在闵逝世后,多方照顾其家属和子女。[①]

萨空了是胡又一战友,“文革”中曾在干校劳动,得重病后也得不到有效的治疗,是胡愈之得讯后,向有关领导呼吁,萨才得到许可回京治疗。[②]

据民盟前副主席李文宜反映,“文革”期间她和胡愈之已被一起打成“走资派”,但彼此成为患难之交,见面时仍互致慰问,并议论林彪、“四人帮”的累累罪恶,抒发内心的义愤。[③]

清醒的见解

关于十年动乱期间胡愈之的情况,有许多朋友和后辈都谈论过,他们都说胡头脑清醒,在一些重要问题上发表了独到的见解。比如作家谢冰心就对胡深怀敬意,她认为;在“批林批孔”时期,胡就敢说对孔子要一分为二,胡胆识过人。[④]

关于这方面的情况反映得较多的是妇女运动先驱杜君慧的

---

① 费孝通等. 胡愈之印象记[M]. 中国友谊出版公司,1989.

② 费孝通等. 胡愈之印象记[M]. 中国友谊出版公司,1989.

③ 费孝通等. 胡愈之印象记[M]. 中国友谊出版公司,1989.

④ 费孝通等. 胡愈之印象记[M]. 中国友谊出版公司,1989.

儿子杜链。他在1986年4月15日在《人民政协报》上发表一篇题为《和胡愈之伯伯在一起的日子》的文章，主要讲了十年动乱时期对胡愈之的印象：

“十年动乱时期，胡伯伯和沈兹九阿姨、陈此生伯伯、罗叔章阿姨经常和妈妈杜君慧秘密往来，讨论时事，为党和国家的命运而担忧。我们家是几位老人聚会的场所之一……”

“胡伯伯非常关心祖国的科技事业，他对‘四人帮’反科学的倒行逆施深恶痛绝。1974年的一天，我到胡伯伯家里，他关心地询问我：‘你们现在设计什么样的直升飞机？能赶上美国人六十年代末的水平吗？’我说：‘现在研究所里天天开会，大搞批林批孔、评法批儒，航空科研工作很不景气。’听到这些，胡伯伯非常气愤地对我说：‘报纸上对儒家、法家发表了不少文章，其实儒家、法家在历史上界线并不清楚，能说清楚的是这两家都是封建学说。中国封建社会的历史太长了，过去当医生的叫郎中，搞科学的叫匠人，都属于社会的下层。封建社会是不讲科学的，只讲八股文和官场。现在一方面大讲“法家”，一方面又大批“唯生产力论”，这样搞下去，国家怎么会有希望？’”据杜链说，胡愈之坚持学习新事物，他“向自己的年龄挑战，直到年近九旬还订阅计算机杂志，对学会使用计算机满怀信心。”

第二十六章

在新时期

难忘的回忆

在周恩来总理去世后,1976 年 1 月 1 日,胡愈之作为社会知名人士,曾参加总理遗体前最后一次守灵,并曾随同灵车,一起到了八宝山革命公墓火葬场。他曾在遗体火化之前瞻仰了总理的遗容,致最后一次敬礼。这时他悲痛得恸哭不止。回到家里时仍陷于极度的悲伤之中。据胡愈之夫人沈兹九的回忆,有几个晚上,胡愈之在睡梦中还在痛哭。

在以后一些日子里,胡愈之同亲友谈话,都离不开与周总理有关的一些往事的回忆,言谈间充满了对总理的深切怀念和敬意,也充满子对人民事业的兴衰的忧虑,因为此时邓小平同志又遭到了“批判”。

胡愈之难忘 1937 年 9 月 19 日他第一次会见周恩来,那是在上海举行的鲁迅逝世一周年纪念会上周热情洋溢的讲话,为此后“孤岛”带去了再接再厉坚持抗战的思想,使胡愈之留下了永不磨灭的印象。

然后是在武汉在周亲自领导下做抗日宣传工作。难忘的是周找他作过一次通宵达旦的长谈,耐心教育他克服“小资产阶级软弱性”,树立抗战到底的决心。

1939 年胡愈之转到桂林，搞统战和文化工作，1940 年秋又转到南洋做对华侨的宣传和团结工作，都是周亲自安排的。1948 年到了解放区，又是周副主席同他谈了一个通宵，耐心地劝他坚持统一战线工作。

周恩来的言教和身教都使他毕生难忘。

1976 年周总理去世后，胡愈之一直深情怀念这位总理。直到“四人帮”倒台以后，1977 年 1 月 8 日，他才有机会一吐对周总理怀念之情。他写了以《永远怀念周总理》为题的长文，其中写道：

“至于我，又怎能忘记敬爱的周总理！正是周总理指引我走上了革命的征途；是他鼓励我学习马列主义、毛泽东思想；是他教育我要识别真革命和假革命，识别马克思主义和修正主义；是他帮助我改正认识上和工作上的多次错误；也是他，敬爱的周总理，在艰难的日子里，鼓舞了我对革命树立胜利的信心，在惊涛骇浪中不动摇。”

在同一篇文章里，他向读者控诉了“四人帮”倒行逆施，始终同周总理唱对台戏，祸国殃民：

“四人帮”曾千方百计诋毁革命统一战线政策，破坏党和非党人士的关系，破坏党的民主协商的优良传统，破坏党对知识分子的政策，给文教科技工作者统统戴上“臭知识分子”、“精神贵族”、“有文化的剥削者”等等，帽子，只许他们到农村、工厂劳动，不许他们进课堂、图书馆和实验室，他们严重破坏了党和知识分子的关系，挫伤了知识分子的积极性。他们干这些坏事，目的就为了破坏革命，他们好上台，变人民民主专政为法西斯专政。

"四人帮"这批大阴谋家、大野心家真是丧心病狂到了极点。

最后,他还说,"我要把周总理的教诲,牢牢记在心头,永葆青春的温煦。"

文章的结束语是:"团结起来,到明天,英特纳雄耐尔就一定要实现!"

到1980年3月5日,蔡元培去世40周年纪念日,适逢周恩来82岁诞辰,胡愈之又发表了一篇题为《从纪念周总理想到蔡元培先生》的纪念文章。当时中共十一届三中全会开过不久,党已明确了实事求是的思想路线,胡愈之重提了落实党对知识分子的正确政策问题。文章引用了周总理1962年在广州会议上的讲话:"不论是在解放前还是在解放后,我们历来都是把知识分子放在革命联盟内,算在人民民主专政的人民队伍当中。民主的范围把知识界包括在内,对反动派进行专政。"

文章还说,总理在同年的政府工作报告里说过:

"我国知识分子的状况,已经同解放初期有了很大的不同。新社会培养出来大量年轻的知识分子,他们正沿着'又红又专'的道路成长。从旧社会来的知识分子,经过十二年的锻炼,一般地说,已经起了根本的变化。知识分子的绝大多数,都是积极地为社会主义服务,接受中国共产党的领导。并且愿意继续进行自我改造的。毫无疑问,他们是属于劳动人民的知识分子,我们应该信任他们、关心他们,使他们很好地为社会主义服务。如果把他们看作是资产阶级知识分子,显然是不对的。"

胡愈之此时此刻,怀念周恩来,已经着意在贯彻周的遗教,使"文革"以后党的拨乱反正工作,特别是落实知识分子政策的工作,进行得更加顺利。

晚年的杰作《怀逝者》

政治评论家和新闻记者胡愈之,晚年出版的《怀逝者》一书,是一本怀念一批当代杰出人物的文集,是一本很有《史记》那样特色的人物评论集,是评论家晚年自己难得完成的一批佳作。

笔者爱读史家司马迁的《史记》,也爱读胡愈之的《怀逝者》。《史记》里一些人物的记录都包含着珍贵的史料,《怀逝者》也具有同样的特点。《怀逝者》记录了 22 个当代的杰出人物。他们是周恩来、宋庆龄、鲁迅、蔡元培、沈钧儒、邹韬奋、郭沫若、陈嘉庚、瞿秋白、潘汉年、杜重远、陶行知、茅盾、李公朴、范长江、金仲华、陈同生、孟秋江、俞颂华、郑振铎、杨贤江、许地山。这些人都有过可敬的经历,胡愈之和他们有过种种密切的联系,他亲自见到和听到许多有关的重要历史情况,因此他写的这些人物评述,反映了不少一般人并不知道的史料。

《怀逝者》

胡愈之把 1977 年 1 月 8 日所写悼念周恩来的文章《永远怀念周总理》作为《怀逝者》的第一篇。他在这里又一次对周作了全面的评价。

《怀逝者》里所载另一位共产党

杰出的政治活动家是潘汉年。文章里更多记录了为人们闻所未闻的史实。潘汉年曾长时期从事党的对敌隐蔽斗争,斗争是在过去极其复杂的时代和环境中进行的。胡愈之曾接受他的单线领导,了解一些情况。胡愈之的文章以许多雄辩的史实证明了潘“是个坚定的马克思主义者,卓越的无产阶级革命战士,久经考验的优秀的共产党员,在政治上对党忠诚,为党和人民的事业做出了重要贡献。”他赞扬潘的统一战线工作,称潘的一生为“伟大的不平凡的斗争的一生”。

胡愈之对另一位为革命牺牲的逝者杜重远,同样怀有深厚的同志感情。杜重远不是共产党员,但是胡愈之证明他从“新生事件”起“是紧跟中国共产党走的”。胡讲了杜出面主持爱国救亡刊物《新生》的经过,特别是西安事变前使张学良和东北军转变过来,促成了第二次国共合作,实现了抗日战争。最后杜因坚持抗日民主,而遭到反动军阀盛世才的残杀。这是由胡愈之的文章首次公开的史实。

司马迁写《史记》中的人物,都曾直抒本人的看法,有不少中肯的评沦,这是司马迁作为历史学家被人们推崇的原因之一。胡愈之的《怀逝者》也有这方面的特色。

杜重远是一位工商界的爱国民主人士,在国难深重的日子里,成为共产党的同情者,为党作了非常难能可贵的贡献。胡愈之认为,杜是“一生献给新民主主义革命”的烈士。他和邹韬奋、李公朴、闻一多、陶行知等同志一样,是“我国现代史中的不朽人物。”

胡愈之在评述鲁迅、邹韬奋与沈钧儒等三人的文章里,认为三人同具中国人民的优良传统，即威武不能屈，富贵不能淫，贫贱不能移的精神。

他赞扬韬奋“一直并永远站在人民大众的立场，面对着现实，有知识便求取，有阻碍便解决，有黑暗便揭发，只问人民大众的需要和公意，不知自己一身的利害。”在这里，胡愈之揭示了真正忠于人民的新闻工作者的规范。

胡愈之还评介了另一位名记者范长江，他肯定长江是在新闻工作的战斗实践中逐步完成自己思想上的大转变的，是逐步认识马克思主义的，是个“好党员，好战士，好同志”。他衷心喜爱长江的性格，1945 年他为华侨青年写作幻想小说《少年航空兵》时，曾把长江作为典型来描写。

在胡愈之怀念的 22 位人物中，有两位是他推崇的教育家。他肯定陶行知对中国人民的教育事业作出了杰出的贡献，江青利用陶时常提起武训行乞办学的故事对陶进行恶毒攻击，必须认真平反。杨贤江是 20 年代胡愈之在商务印书馆的同事，在 1925 年“五卅”运动以前就参加了中国共产党，在革命工作中特别关心教育问题，发表的有关文章在当时青年中起过巨大作用。胡愈之认为中国广大劳动人民需要知识化，杨贤江这样的革命家是不可多得的。

胡愈之在讴歌这些为人民立功、立德、立言的杰出人物的同时，没有抑止住对一切假丑恶势力的痛恨。他在缕述另一位亲密战友金仲华的贡献时，指控“四人帮”是十恶不赦的法西斯独裁者，文化专制主义者，最残酷的反革命分子，他们才会向这样一位革命老同志下毒手，而“四人帮”是逃脱不了捣乱、失败、再捣乱、再失败以至灭亡这一反动派的共同命运的。

《史记》传之久远，还由于书里饱藏着中国古代的历史经验。他描述刘邦、项羽等人的成败经历，使后世读者得到为人处事，特别是从事政治斗争的大量教训。当代评论家胡愈之写当代的许多杰出的政治人物，记下了更多具有现实意义的经验和教训是不待明言的。

熟悉民主革命史的人一看前面的名单就能知道，胡愈之所写的这些人是有他们共同的特点的。他们都是历史的促进派，为人民的利益奋斗的忠诚战士。他们中间一部分是共产党人，而大部分是非党的爱国民主人士。胡愈之对他们都满怀热爱，因此他为文悼念，评述他们的成就，从而归结出许多重要的历史经验。

胡愈之的这些怀逝者的文章，大部分写在拨乱反正的新时期，文章本身具有为被污蔑过的逝者恢复名誉的意义。逝者们的成就和经验得到了明确的肯定和宣扬。

归结起来，胡愈之在这些文章中着重讲了两点：

一、团结。作者在怀念周总理的文章中说过：周总理是最善于团结人的，革命总是人多一些好，“要调动一切积极因素，为社会主义服务”，我们世世代代都要唱着“……团结起来，到明天，英特纳雄耐尔就一定要实现。”

二、教育。胡愈之在好几篇怀念文章中大声疾呼：“在民主革命取得胜利以后，要逐步的发展生产力，满足广大人民的物质文明和精神文明的需要，不从教育的普及和提高入手，是难于办到的。”“今天在向四个现代化前进的时候，要使中国人民满足物质文明和精神文明的需要，实事求是地说，就要有千千万万个像杨贤江同志那样的青年导师和革命教育家。”“要造就千千万万个无产阶级文化战士，为统一祖国，完成新时期的总任务作出贡献。”

很明显，胡愈之在晚年撰写那么些悼念逝者的文章，并编书出版，意在使这些先驱者们的先进思想和宝贵经验能为千千万万后来人所继承和发扬光大，服务于人民。遗憾的是，胡愈之本人在 1986 年 1 月去世，没有看到《怀逝者》一书在 1986 年 5 月出版，没有了解到它的巨大效果。

关于“群言堂”的创议

“文革”十年，“天下大乱”，整个国家以后该怎么办，所有关

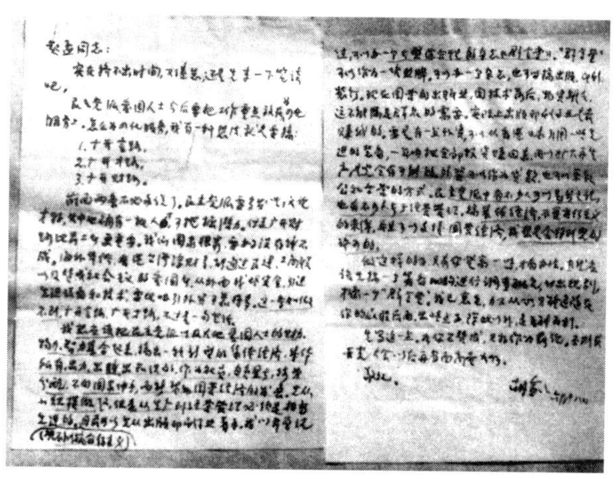

胡愈之致孙起孟函

心国家大事的人都会有所思索，有所醒悟。胡愈之也并不例外，他作为一个习惯于深谋远虑的人，一个杰出的观察家，早已在70年代后期同一些爱国民主人士窃窃私议。到1978年末，中共中央十一届三中全会通过“解放思想、实事求是，团结一致向前看”的方针之后，胡愈之就开始同别人侃侃而谈了。当时重新站出来领导中共中央的邓小平鼓励解放思想，说过这样的话：“干革命、搞建设，都要有一批勇于思考、勇于探索、勇于创新的闯将。……我们希望各级党委和每个党支部，都来鼓励，支持党员和群众勇于思考，勇于创新，都来做促进群众解放思想、开动脑筋的工作。”胡愈之就是一贯勇于探索的闯将，1979年6月29日，他就在给他的老朋友孙起孟的信中提出了一个关于“群言堂”的建议。

这个建议全名是《建立“群言堂产销合作社”的初步设想》。

胡愈之痛感过去一言堂的教训十分深刻，更加不遗余力地提倡发扬民主。他认为，这个建议可以在民主党派、爱国人士中推行。民主人士中确有一批人才，要多发些议论，有的人就可以著书立说，有的人可以发挥经营管理的长才，达到“广开言路、广开才路，广开财路”的目的。

“群言堂”不仅要搞出版，办一个大型综合性名为《群言堂》的杂志，而且要搞成一种新颖的集体经济，凡是出力，出钱、出知识的，都可以作为社员。这个集体自负盈亏，按劳分配，它不向国家伸手，还帮助国营经济的发展。

他认为，这一类型的集体经济如试验成功，可推广到其他企业。它是对国营经济的补充，而且可以很快提高生产率。

按孙起孟的体会，胡愈之1979年这个建议体现了胡本人“发人深思的见地和开拓精神”，它给人的启迪是：统一战线必须为国家的工作重点服务；实现社会主义现代化建设，又非发展广泛的统一战线不可；推进经济和社会的发展，除了依靠国家力量，也需要依靠各方面的社会力量。①

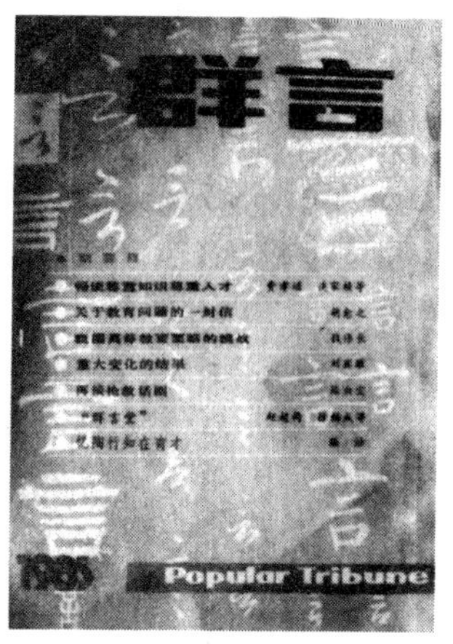

由胡愈之倡议出版的民盟主办刊物《群言》。1985年4月，杂志的创刊号刊登了胡愈之在1983年10月写的《关于教育问题的一封信》。

可是创议的全部设想在1979年之后没有得到有关的民主党派的认真研究，而搁置了起来，只有关于出刊物的部分在1985年4月，由中国民主同盟中央办了起来，刊名改称为《群言》，并作为向社会公开的刊物，希望成为“知识分子的群言堂”。

1986年胡愈之去世之后，楚图南和孙起孟分别在悼念胡愈之的文章里提到了这个创议，深表敬佩，并认为胡愈之留下的精神财富之树是常青的，仍在发挥着启迪后人的作用。

有关办集体所有制事业的设想并不是胡愈之在“文革”之后一时的灵感，而是他早在30年代初创办生活书店时就付诸实践的一个理想，在这个年代的后期，他又在创办国际新闻社时经过

---

① 费孝通等．胡愈之印象记[M]．中国友谊出版公司，1989．

试验,都证明志同道合的人们举办集体所有制事业是可行的,而且有利于调动参加人员的积极性。建国后,胡愈之担任政协委员时期,曾竭力宣扬抗战时期路易·艾黎创设的“工合”运动,认为“工合”是生产合作社性质的组织,工人参加生产,同时,管理生产,工人是企业的实在的主人;它是民主的经济组织,因此上下一心,效率较高,经营管理中的官僚主义会受到抑制。胡愈之建议政府在发展工业中广泛推行。只是那时经济体制改革的思想还很微弱,胡的建议也一直未能受到重视。① 但是,到 80 年代,人们注意到,有许多新兴的乡镇企业是实行集体所有制和民主的管理办法的,因而昌盛起来了。

两件国家大事

在 80 年代,也就是在胡愈之接近 90 岁的几年,他仍然关心国家大事,为共和国的建设与改革操心,他仍然参加许多国事活动,其中他特别热心的是发扬人民民主。

作为第六届全国人民代表大会常务委员会副委员长(1983 年 6 月当选),他几乎逢会必到,除了因健康不佳请假,他都认真参加,对这几年为改革而创制的法律,他都投入了自己的心血。常委会的同事们都尊崇他是知识特别渊博的政治活动家。1981 年他被选任为宪法修改委员会委员,参与了 1982 年末通过的新宪法的修订工作。

---

① 费孝通等. 胡愈之印象记[M]. 中国友谊出版公司,1989.

另外,胡愈之最关心两件事:一是"尊重知识。尊重人才",调动知识分子的积极性。二是教育为立国之本,教育需要改革。

1979年10月,民盟在北京举行第四次全国代表大会,胡愈之在会上做工作报告,他明确指出"在新的历史时期,民盟是中国共产党领导下的革命的爱国的统一战线的一个组成部分,是以社会主义知识分子,特别是文教科技界中上层知识分子为主的社会主义劳动者和拥护社会主义的爱国者的政治联盟。民盟的任务是广泛地团结所能联系的文教科技界的中上层知识分子,其中包括社会主义劳动者、拥护社会主义的爱国者和拥护祖国统一的爱国者,在他们中间发挥带头作用、骨干作用和桥梁作用,为在本世纪内把我国建设成为社会主义的现代化强国,为实现祖国统一大业而奋斗。"

他着重指出,为了切实地把民盟的工作重点转移到为四个现代化服务上来,要实现下列几项任务:第一,积极推动盟员和民盟所联系的知识分子为四个现代化贡献力量;第二,贯彻"长期共存、互相监督"的方针,积极参加政治生活,为发扬社会主义民主做贡献;第三,推动成员学习马列主义和毛泽东思想;在改造客观世界的同时不断地改造主观世界;第四,扩大联系,广泛团结爱国知识分子,特别是要开展同台湾同胞、港澳同胞、海外侨胞中的广大知识分子的联系工作;第五,继续整顿组织,适当发展组织,充实干部队伍。

他在报告最后,还以他个人名义承担了他从1953年以后,特别是民盟三中全会以后,担任民盟中央秘书长职务和主持盟中央"反右"斗争期间,工作中所犯的"左"的错误,诚恳地向因此受到政治牵连和不公正待遇的盟内同志道歉。当时参加会议的同志曾对此极为赞赏和感动，认为他不失为思想解放和能够实事求是的领导人。会场上长时间的掌声说明，胡愈之的自我批评受到了欢迎，他的威信是有增无减的。

民盟这个代表大会也被肯定为一次解放思想、发扬民主的大会，团结的大会，并且是动员盟员为四化多做贡献的一次誓师大会，民盟进入了一个新的发展阶段。这以后，民盟在拨乱反正，落实统战政策和知识分子政策方面加快了步伐。

在反右斗争中民盟的所谓“章罗联盟”终于被宣布它“在组织上并不存在”；被打成所谓“右派六教授”以及刘王立明、浦熙修的右派问题都给予改正。民盟中央还为潘光旦教授开了平反昭雪的追悼会；1985 年 11 月为章伯钧诞辰 90 周年举行了纪念座谈会。

民盟中央还协助中共平反了一大批知识分子的冤假错案。

1984 年胡愈之了解到贵州桐梓县水电局一位中年工程师段后麟的冤案，曾亲自撰文在《光明日报》上发表，揭露了这一个严重迫害知识分子的事件。段后麟被以莫须有的罪名，判徒刑三年，并在 1984 年 1 月被绑赴刑场“陪斩”。胡愈之认为这是一起骇人听闻的新的迫害知识分子的严重事件。他认为对于桐梓县执法犯法、恣意迫害段后麟同志的有关人员，应当按照党纪国法严肃处理。“只有对那些打击迫害知识分子的事件进行认真查处，才能确保知识分子的人身自由和为祖国贡献自己聪明才智的合法权益，才能维护和加强社会主义法制，才能使我国的社会主义现代化建设事业顺利进行。”①

胡愈之发表这一篇文章,充分显示了他对知识分子后辈的爱护,对迫害知识分子的官员的不满。

关于知识分子问题的谈话

关于知识分子在建设社会主义时期的重要性,胡愈之曾多次发表谈话。1982 年 12 月 10 日他在对《工人日报》记者的谈话中,谈得十分透彻。他谈了下面这些看法:

> 一、重视知识分子就是重视知识。过去,由于“左”的错误,这个问题没能处理好,知识分子吃了苦头,全国人民也吃了苦头。在全国开创局面的今天,这一点便更突出了。没有知识便不会有现在的一切,也没有明天。甚至可以说,连我们的昨天也没有。马克思、恩格斯、列宁、毛泽东、周恩来,哪一位不是知识分子?
>
> 二、有人说,现在知识分子又“热”起来了,“香”起来了。实际上,知识分子一直是很“热”的。一方面,他们爱祖国,爱人民、爱党,有着赤诚的心;另一方面,人民也一直给予他们很高的期望。鲁迅的“俯首甘为孺子牛”精神,闻一多“拍案而起”的气节,还有蒋筑英、罗健夫、呕心沥血为民献身的品德,都受到了人民的敬仰。为新中国的建立,为社会主义

① 胡愈之. 从工程师段后麟冤案所想到的[N]. 光明日报,1984-9-14.

建设事业，他们做出了巨大的贡献。这些，人所共知，这些出了大力的知识分子，还不应该“热”起来、“香”起来吗?

三、知识分子不是一个单独的阶级，一般来说，从旧社会过来的知识分子，大多数曾经依附于资产阶级。所以解放后，在开始阶段，有必要把他们当成“团结对象”，帮助、教育、改造他们。解放这么多年了，这些人的政治立场和思想感情已经发生了巨大变化。同时，现在知识分子队伍的状况也发生了巨大的变化——新中国培养的知识分子已占了绝大多数，他们当然应该和工农一样，是建设社会主义的依靠力量。

四、科学技术是生产力，这的确是个真理。十年内乱，文明被践踏，使得我国的建设事业落了后，好的制度没有带来应有的发展速度。其原因就在于打击迫害知识分子，摧残科技事业。不是一度有人对培根的名言“知识就是力量”也怀疑和批判吗?现在拨乱反正，重新肯定了知识和知识分子的重要作用，这就为大大发展生产力提供了条件!

五、至于对解决知识分子问题的希望，第一，希望知识分子越来越多，工人、农民、知识分子互相学习；第二，希望知识分子活到老，学到老，不断开拓新的天地；第三，希望大家都来关心我们队伍中活着的蒋筑英、罗健夫——他们中间有些人也许不如蒋筑英、罗健夫那样有很高的精神境界，但不要求全责备，而应热诚地对待他们，切实从政治、思想、生活上解决他们实际存在的困难和问题。看吧，当知识分子的巨大的潜力发挥出来时，我们都会吃惊哩。

《工人日报》的记者在文末赞扬胡愈之说："这位老一代的知识分子，对明天的一切充满着多么热切的希望呵。"

关怀教育改革

关于教育的改革，民盟中央在胡愈之主持下做了许多工作，主要是调查研究，提出建议。1983 年 1 月它向中共中央提出过《关于改革城市中等教育的几点建议》，1984 年，又提出了《关于高等教育改革的几点建议》，1985 年又提出了《关于城市普通教育改革的几点建议》。民盟中央在建议中提出"教育为立国之本"的观点。

胡愈之晚年已很少撰写评论国事的文章，但 1985 年 4 月民盟中央主办的《群言》杂志创刊时，他同意将他给刘季平的一封谈教育的信，作为文章发表，文章批评我国教育制度基本上是模仿苏联的，实际上同资本主义的学制差不多。它们都是和实际生活脱离、和社会脱离的。他认为陶行知的教育思想是适合于社会主义中国的教育思想。陶行知主张"生活即教育"，"社会即教育"，要使人民大众都受教育，是个行之有效的办法。他建议，为了普及教育，追赶科学技术先进的国家，一定要推行陶行知的教育思想。①

1983 年 4 月 11 日，胡愈之为全国政协文史资料委员会出版的公开刊物《纵横》题词，他依然关怀着青年一代，他写道：

---

① 胡愈之．关于教育问题的一封信[J]．群言，1985(1)：16.

“我们这一辈人经历了近一个世纪的沧桑，才逐渐懂得了社会主义才能救中国的真理。我们有责任让青年一代知道祖国过去的苦难，了解老一辈的艰苦奋斗，懂得今天来之不易，激发他们的爱国主义热情，在四个现代化建设中贡献青春。希望《纵横》丛刊能起到这个作用。”

1981 年 2 月 16 日，《北京晚报》记者访问了胡愈之，请他谈谈对年轻一代的希望。胡当时作过如下的回答：

“这是一个很重要的问题。我国九亿多人口中，有六亿是全国解放以后出生的青少年。对青年的教育，要靠老一辈革命家的传帮带，这是当然的。但是归根到底，要在二十年内实现四化，完全是青年人的责任。我衷心祝愿广大青年，新的一年中在又红又专的道路上健康成长，为四化做出新的成绩。”

普及科学知识

在革命战争年代，胡愈之就倡导知识的普及，当时他更注重社会科学知识的普及，因为人民群众要完成推倒三座大山的任务，首先需要关于社会发展的科学知识。但是到了解放之后的建设时期，人民群众大力进行经济建设，迫切需要掌握自然科学知识，这时胡愈之就十分重视自然科学知识的普及。

1980 年当胡愈之 85 岁时，他曾同一位撰写科普文章的作者畅谈科普书籍的出版和科普文章的写作，他谈了下列一些意见：

一、主要的科普书要有计划地出。要出就出几十本、几百本,可以分类出小丛书,三五万字一本,价钱必须便宜。

二、可以出两套书,一套关于各门科学的,可以出一百本,从理论讲到应用,以理论为主,要有一些先进的东西。另一套是专业性的应用科学技术的书。要有各行各业的。这些书的编写不能光靠“滕文公”东抄西抄,要靠走进广阔天地里去调查,收集实际材料,用以丰富创作。巴甫洛夫说过,“事实是科学家的空气”。看来,事实也是科普作家的空气。

三、农业就可以写许多本。种粮食,种菜,养牛,养羊,养猪的实际经验都可以写书。还有沼气,也是个好题目。这些书都要能解决问题才好。

四、工业技术的书就更多了。除了电子技术等书以外,还包括手工业和一些做零件的小工业。关于第三产业的知识可以出书。现在中学生就业问题很严重。我们出的书要为解决就业问题做贡献。这一类专业的书,要让读者学了之后就能开始搞这个专业。

五、科普的书都要写得通俗生动,一般中学程度的人都能看懂才好。

胡愈之始终念念不忘于向人民群众普及知识。“知识就是力量”,在他是笃信不疑的。

第二十七章

对文字改革的渴望

早年的创见

早在30年代中期，胡愈之就积极推动文字改革，前面提到过，1934年9月他在陈望道主编的《太白》半月刊的创刊号上写过一篇题为《怎羊打到方块字》的文章，提倡文字改革。当时此篇文章有一个副题:《提倡“写别字”和“词儿连写”》。

在这篇文章中，胡愈之认为方块字的最大罪状不在于难学难写，而在于“根本就和口头语的组织冲突”。因为口头语是以词为独立单位的，而方块字是以每个字为独立单位的;口头语是用语音来表现意义的，而方块字则是以形态来表现意义的。因此，要使语与文统一，“若是不打倒方块字，就不会达到目的。”他拥护实行汉语拉丁化的主张，他认为事情还不可能一蹴而就，改革需要有个过渡，就是提倡写别字和实行词儿连写。

他提倡的写别字，原则是“只认声音，不认形态”，因此，只要声音相同，写什么字都可以。又为了使词容易辨认，须把组成词的各个方块字连着写，而词与词之间则各有间隔，不相连排。这样排印出来的文句，就跟西方国家的文句一样。

他的全篇文章就别字连篇，别开生面，这篇文章在文化界曾哄动一时，反对的人目为“怪文”，赞成文字改革的人认为他的意见不失是一家之言，是一种积极的创见。

在五四运动时期，文化界不少人都注意到汉字是普及文化的一大障碍，已经提出了“汉字革命”的口号。[①]

1918 年，与《新青年》同时出版的《新潮》杂志就对汉语拼音文字作了有力的肯定。它发表的评论说“汉字应当用拼音文字代替否?”它的回答是“绝对的应当”。“汉语能用拼音文字表达否?”它的回答是“绝对的可能”。[②]

这以后，瞿秋白、钱玄同、黎锦熙、赵元任、周辨明等都积极提出汉字改革的具体意见，提倡汉字拉丁化。

当时在苏联的瞿秋白拟订了一个汉字拉丁化方案，这个方案有个附件《中国汉字拉丁化的原则和规则》，其中就宣告了拟订者根本改革汉字的雄心大志：“要根本废除象形文字(汉字)，以纯粹的拼音文字来代替。……要造成真正通俗化、劳动大众化的文字，要采取合乎现代科学要求的文字，要注重国际化的意义。要达到以上的目的，只有采用拉丁字母，使汉字拉丁化才有可能。”但是，“实行新文字并不是立刻废除汉字，而是逐渐把新文字推行到大众生活中间去，到了适当的时候才取消汉字。”[③]

1931 年 9 月 26 日，留学苏联的吴玉章曾与萧三等一起在海参崴推行中国汉字拉丁化的工作，用这种新文字扫除苏联远东华侨工人中间的文盲，取得过改革的成果。

---

① 周有光. 汉字改革概论[M]. 文字改革出版社，1961.

② 周有光. 汉字改革概论[M]. 文字改革出版社，1961.

③ 周有光. 汉字改革概论[M]. 文字改革出版社，1961.

1934 年 8 月鲁迅写过一篇题为《汉字和拉丁化》的短文，对文字改革的意义阐述得非常深刻，他在文章里痛咒了方块字：

“为了这方块的带病的遗产，我们的最大多数人，已经几千年做了文盲来殉难了，中国也弄到这模样，到别国已在人工造雨的时候，我们却还是拜蛇、迎神。如果大家要活下去，我想：是只好请汉字来做我们的牺牲了……

“不错，汉字是古代传下来的宝贝，但我们的祖先，比汉字还要古，所以我们更是古代传下来的宝贝。为汉字而牺牲我们，还是为我们而牺牲汉字呢？”①

胡愈之赞同鲁迅和瞿秋白他们关怀劳动人民提高文化的思想，因此也热烈响应汉字拉丁化的运动。1935 年 12 月，蔡元培、鲁迅、郭沫若等 688 位文化界进步人士在上海连名发表了一个拉丁化运动的宣言：《我们对于推行新文字的意见》，胡愈之就是积极的倡导者之一。

从 1934 年到 1937 年，拉丁化运动出现了高潮，在当时国民党统治区上海、北京、西安、重庆、汉口等地成立了 70 多个“新文字”研究团体，出版了期刊 30 多种，书籍 60 多种，有 40 多种报纸和杂志登载过提倡拉丁化的文章，60 多种刊物采用了新文字的报头。陕北解放区也成立了新文字协会，开展过新文字教育。这时期拉丁化新文字进入了一个实验的时期。新文字除了以北方话为标准的北方话拉丁化新文字以外，还出现了十多种地方话拉丁化新文字。关于怎样实现汉语拼音化的问题，在许多语

---

① 鲁迅．花边文学．人民文学出版社，1973：110.

文工作者中开展了讨论。

胡愈之当时也积极参加研究。他曾在1936年8月间在《生活日报周刊》上发表过以《新文字运动的危机》为题的长篇文章，提出了新文字运动必须侧重于技术研究的意见，他主张新文字应确立语法，编制词典；要限制各地方言新文字的粗制滥造，不完善的方案不要推广；新文字还要有利于促成统一的民族语言，使它成为群众参加民族解放斗争的一种武器。

抗日战争爆发后不久，上海成为“孤岛”，大批难民生活在租界内的一些难民收容所里。胡愈之曾领导难民工作，曾在48个难民收容所开办了一百多个难民新文字学习班。

可是，在国民党统治区，拉丁化活动难于开展，国民党政府把拉丁化活动视为“异党活动”，严厉地查禁。在整个抗日战争和解放战争时期，汉字改革工作处于沉寂阶段。

文字改革的新时期

一直到全国解放以后，文字改革工作者才有了顺利开展改革的信心。1949年初，胡愈之已从西柏坡来到北平，这年5月5日，他就在天津的《进步日报》上发表了题为《“五四”与文字改革》的文章；文章开头简略地回顾了五四以后文字改革活动。他说：

“拿过去五十年的经验来做一个总结，文字这方面的进军虽然发动得最早，所获得的胜利并不算太大。和哲学、经济学、政治学、军事学、历史学以及文艺各方面的战线来比较，文字战线所得的战果是要少一些。

“只有在‘五四’新文化运动开始的最初十年中,文字改革运动有了一些进展。在以后的二十年中就停顿下来。特别自从抗战以后,文字战线方面,即使不是全面退却,至少也只是采取了守势。”

胡愈之认为以往30年间,新文字工作者一直“还只是在农村中打游击,对于几千年来的方块字的坚固堡垒,并没有动摇丝毫。”

他最后呼吁,“当人民革命获得胜利,人民有了自己的政权的时候,我们不应当忽略一件事,那就是完成‘五四’以来所没有完成的文字改革工作。这一件工作是长期性的,但也是重要而且迫切的。”

胡愈之和老友叶圣陶就十分关心的出版事业交换意见

这一年“五四”纪念日以后，文字改革的呼声就高昂起来，而且空前地产生了全国性的活动。同年10月10日，北京成立了中国文字改革协会。一大批文字改革倡导者如吴玉章、胡愈之、陈望道、陆志韦、罗常培、林汉达、叶圣陶、曹伯韩、叶丁易、陈鹤琴、叶籁士、倪海曙、黎锦熙等开始了紧密的联系和合作。

协会选了78位理事，十天以后选出了15位常务理事，胡愈之是常务理事之一。吴玉章为常务理事会主席。

从此协会在文字改革的宣传和研究方面做了许多工作，在各地开了无数次座谈会，办了不少种报刊，发表了许多文章。

到1952年，在政务院领导下，文字改革协会改为中国文字改革研究委员会。

这期间，胡愈之忙于出版总署的领导工作，兼顾着其他许多政务和社会活动，文字改革方面的工作参加的不多。到1954年文字改革研究会的研究工作进展较快，汉字的简化方案和拼音方案接近定稿，胡愈之在这年1月13日被增聘为委员会的委员。同年11月国务院决定成立直属于院的中国文字改革委员会，并任命吴玉章为主任委员，胡愈之为副主任委员；吴玉章、胡愈之、韦悫、丁西林、叶恭绰等五人为常务委员。这样，胡愈之就以较多的力量投入了文字改革工作，他的工作侧重于确定拼音方案。

那几年，中共中央和国务院十分重视文化建设，对文字改革工作的领导抓得很紧。1956年1月20日中共中央在北京召开知识分子会议，文改委主任委员吴玉章在会上作了文字改革的发言，讲了关于汉字拉丁化的意见。紧接着毛泽东主席讲话，他说：

会上吴玉章同志讲到提倡文字改革，我很赞成。在将来，采用拉丁字母，你们赞成不赞成呀？我看，在广大群众里头，问题不大，在知识分子里头，有些问题。中国怎么能用外国字母呢？但是，看起来，还是以采用这种外国字母比较好。吴玉章同志在这方面说得很有理由，因为这种字母很少，只有二十几个，向一面写，简单明了。我们汉字在这方面实在比不上；比不上就是比不上，不要以为汉字那么好。有几位教授跟我说，汉字是“世界万国”最好的一种文字，改革不得。假使拉丁字母是中国人发明的，大概就没有问题了。问题就出在外国人发明，中国人学习。但是外国人发明、中国人学习的事情是早已有之的。例如，阿拉伯数字，我们不是久已通用了吗？拉丁字母出在罗马那个地方，为世界大多数国家所采用，我们用一下，是否就大有卖国嫌疑呢？我看不见得。凡是外国的好东西，对我们有用的东西，我们就是要学，就是要统统拿过来，并且加以消化，变成自己的东西。我们中国历史上汉朝就是这么做的，唐朝也是这么做的。汉朝和唐朝，都是我国历史上很有名、很强盛的朝代。我们不怕吸收外国的东西，有好的东西就欢迎，只要态度和方法正确，学习外国的好东西，对自己是大有好处的。[①]

---

① 文字改革杂志编辑部．建国以来文字改革工作编年记事．文字改革出版社，1985:76～77.

同月27日，中共中央发出《关于文字改革工作问题的指示》，指出，汉语拼音方案采用拉丁字母比较适宜。

第二天，国务院全体会议通过了公布“汉字简化方案”的决议，还发布了《推广普通话》的指示。为了推广普通话，为汉字拼音方案的实施打基础，中央成立了推广普通话工作委员会，任命了当时主持国务院文教方面工作的陈毅为主任，郭沫若、吴玉章、陆定一等七人为副主任，胡愈之等43人为委员。

为贯彻中央指示奔走

到1958年1月10日，周恩来总理亲自在全国政协作了题为《当前文字改革的任务》的报告。他说，我国当前文学改革的任务是简化汉字、推广普通话，制订和推行《汉语拼音方案》。他指出，“文字改革是关系到全国人民的一件大事，政府对它采取的步骤是很慎重的。”“希望大家积极支持文字改革工作，促进这一工作而不要促退这一工作，好使中国文字能够稳步地而又积极地得到改革，以适应六亿人民摆脱文化落后状态的需要，以适应多快好省地发展社会主义事业的需要。”①

人民政协全国委员会紧接着派出了六个宣传组，分别到全国15个大城市去宣传和贯彻周总理报告所提到的任务。胡愈之作为华东组的负责人就在1月11日到了南京，同月15日到上

---

① 文字改革杂志编辑部．建国以来文字改革工作编年记事．文字改革出版社，1985:76～77.

海。上海举行了一次万人大会，由胡愈之作报告，第二天上海报纸还发表了他写的题为《为什么文字改革是一项重要的政治任务》的文章。

第二年1月，胡愈之又亲自到广州，去推广普通话，在动员大会上作报告。这期间，热心文字改革的专家罗常培、叶圣陶、王力、韦悫、吕叔湘、魏建功等都分别到许多地方开展文字改革的宣传工作，主要是动员文教界开展支持文字改革的活动。

这期间，胡愈之团结了许多热心于文字改革的语文专家。叶籁士曾是他倡导世界语的亲密战友，在中国文字改革上，他们依然是积极的合作者。另外，周有光和倪海曙两位专家在建国后文字改革方面写了许多论著，也是胡愈之极好的合作者。

经过五、六十年代许多文字改革工作者的努力，汉字改革运动终于进入了实践时期。最早实现的是汉字序列的横排。在1955年以前汉字文稿的书写和排印从来是直行的。1955年元旦，北京的《光明日报》改为横排；同年，《新华月报》和其他70%的期刊也改为横排；1956年元旦，中央和各地的报纸一律改为横排。

其次，是1956年1月《汉字简化方案》由国务院正式公布，于是汉字出现了515个简体字和54个简化偏旁。简体字的推行受到了广大群众，特别是工人、农民、小学生和语文教师的热烈欢迎。周恩来总理曾说："方案公布后……大家称便，特别是对初学文字的儿童和成人的确做了一件很大的好事。"①

---

① 周恩来．当前文字改革的任务[N]．人民日报，1958－01－13．

胡愈之曾为简化字能为各界群众特别是书法家所喜爱，在1954年派专人到上海，敦请书法家邓散木到北京。邓生于1896年，与胡愈之年龄相仿，他精于撰写各体汉字，还熟悉中国的“六书”，懂得汉字演变的由来。胡愈之请他把一批原来是手写体的简化字一个个写成正楷，使它们写得端正秀丽，看起来顺眼。这位老人是第一个投入汉字改革运动的书法家。他在胡愈之的推动之下，首先写出了一套初级小学的包括简化字的语文课本，以后还写了简化字的习字帖范本和简体铜模字。邓散木的成就为第一批简化字的顺利推行，立了一功。①

文改会在推行第一批简化字之后，还积极准备简化汉字，曾向全国各地征求新的简化字。经过多年的研究，文改会在1977年12月公布了第二批简化字，但是，文字改革确实是件很难的事，这批简化字由于部分不够完善，公布后也还是没有推行。

第三个成就是拟订了一个汉语拼音方案。这是酝酿了半个多世纪才确定下来的一个拼音方案。在建国以前拼音文字究竟用什么符号就发生过争论。胡愈之是赞成拉丁化的。建国以后，争论还在继续。一直到1955年2月，文字改革委员会设立了拼音方案委员会，吴玉章和胡愈之亲自抓了拟订拉丁化字母拼音方案的工作。1956年2月12日，才推荐了几经修订的“汉语拼音方案草案”。经过全国人民政协、邮电、铁道、海军等多方面人士不同规模的讨论，一直到1958年2月11日才由全国人民代表大会批准了用拉丁字母的汉语拼音方案。

---

① 费孝通等．胡愈之印象记[M]．中国友谊出版公司，1989．

但是汉语拼音方案还只被用来拼注汉字，帮助小学生初学汉字，帮助文盲认识汉字；拼音汉字出现为报刊的名称，出现于商品名称的印件上。较大的成绩是中国的地名从此按拼音方案拼写，被联合国所承认，取代了以往惯用的威妥码式的拼写法。从此国际上通用了“北京”的汉语拼音字 Beijing，而不再用 Peking 了。

但是这以后，由于政治运动的不断发动，文字改革工作受到了猛烈的冲击，拼音方案的推行也受到了干扰。《人民日报》报头从 1958 年起加注汉语拼音，从 1966 年 6 月 2 日起取消了。在它的影响之下《解放军报》、《光明日报》、《北京日报》等也相继取消了报头的注音。“文化大革命”期间，文字改革工作基本上停顿了。

晚年的呼吁

1976 年 10 月“四人帮”倒台之后，形势大变。胡愈之推行拼音文字的心又热了。在次年 4 月 9 日，他为上海《文汇报》写了《汉字改革有希望》一文。他一面痛斥“四人帮”对文字改革工作的肆意破坏，一面建议坚持文字改革，希望通过广大群众的实践，产生能在全国通行而又语文一致的拼音文字。他明确地指出，一旦“有了这样的一种拼音的现代汉字，从儿童到成年人，人人都能在很短时间内学会读书写字，也自然学会了讲普通话。”

他估计完成这样的工作大约要花十年到二十年的时间。

"在这段时间里,可以容许标准汉字和拼音新汉字同时存在,到最后表意的汉字自然消亡,由标准汉字过渡到拼音新文字,这就是汉字改革可能走的正确道路。"

一年之后的4月26日,胡愈之又在上海《文汇报》发表题为《赶快把这一课补上——关于文字改革的意见》的文章,再次呼吁实现汉字的拼音化。他认为"我们要精简汉字,要推广普通话,要研究地方话,要改进语文教育工作等等,这些都要做,但是都要根据毛主席所制定的战略方针,要服从汉字拼音化这个总方针,别的道路是没有的。"

他心情十分激动地建议:"在三年到八年的时间内,赶快把文字改革,特别是汉字拼音化这一课补上去!"

他认为,我们已经有了《汉语拼音方案》,可以作为基础,以后"在党的一元化领导下,群策群力,把各种意见集中起来,在全国各地进行广泛的座谈和讨论,在两三年内制定出科学的、为群众所能接受的、比较理想的拼音新文字是并不困难的。"他向当时正在首都召开的全国教育工作会议提了建议。

但是,自从"文化大革命"开始以后,文字改革工作上的许多先行者,如吴玉章、邵力子、叶恭绰、马叙伦、陆志韦、林汉达、丁西林、韦悫、黎锦熙等陆续去世。胡愈之关于拼音新文字的呐喊,就显得有些孤单。

到80年代,尽管文字改革委员会又恢复工作,汉语拼音方案仍须进行完善化的研究。文改会在1984年8月进行改组,胡愈之、叶籁士、吕叔湘、倪海曙、周有光等都改任顾问,退居二线。文改会还需要向社会各方面作耐心而持久的宣传。

这时，胡愈之已88岁，关于文字改革的工作也就很少参加了。一年半之后，他去世了。他几十年热心推动拼音新文字的工作，只能由下一代的改革家来继承了。

第二十八章

毕生倡导世界语

当世界语协会理事长

世界语运动在旧中国是左翼人士开展的活动。新中国成立之后,得到党和政府的支持,运动开展得比较顺利。

早在 1951 年 3 月 11 日,全国的世界语者就在胡愈之推动之下,成立了中华全国世界语协会。他被推选为这个协会的理事长。

在协会的这次成立大会上,胡愈之满怀深情地说过:"我国的世界语运动是在反动统治阶级的残酷压迫之下成长起来的,是革命者在牢狱和集中营中发展起来的。在三十年来为革命牺牲的人民英雄的光荣名录中,有着不少世界语者的名字。在许多人民民主国家中,都有同样的情形。这些事实都证明了:世界语这一武器,掌握在人民手中的时候,它增加了国际人民的力量,它产生了打击人民敌人的效果。"

中华全国世界语协会的成立,为全国世界语运动树立了一块新的里程碑。各地世界语协会的分会相继成立。总会出版了机关刊物《世界》(La Mondo),向国内世界语者和各国世界语组织发行。出版界出了不少世界语著作。许多省市开办了世界语学习班,传授世界语。新闻总署的国际新闻局在 1950 年就出版了《人民中国报道》(El Popola Cinio),坚持用世界语宣传新中国的成就,受到各国世界语者的欢迎。

但是,好景不长,从1953年到1955年,由于国际上有人一度把世界语运动视为“世界主义”的活动,我国的世界语运动也受到了挫折。当时我国政务院文委决定停止世界语活动,这样世界语销声匿迹了好几年。

一直到1956年,胡愈之应邀去莫斯科参加“五一”观礼,并去捷克斯洛伐克访问,了解到在苏联、东欧世界语的活动已恢复,他回国后向国务院主管文教工作的陈毅副总理写了报告,申请恢复全国世界语协会的工作,这才从同年下半年起,世界语在国内又抬起头来。这年9月12日国务院批准恢复全国世界语协会,由中国人民对外文化联络局负责领导。

1957年1月,文化部和对外文化联络局联合发出通报,指令各省、市、自治区的文化局支持并指导各地的世界语运动。中共中央宣传部批准《人民中国报道》复刊。这样,上海、北京、重庆、西安、天津、武汉、太原、贵阳、昆明等19个城市的世界语组织相继恢复活动。中国人民大学、北京大学、南京大学、四川大学、浙江师范学院、贵阳师范学院等高等院校都开设了世界语班。

与此同时,世界语者的国际联系也重新活跃起来。知名的世界语者叶籁士、陈原、张企程等曾作为官方代表团被派出国,到丹麦出席一年一度的国际世界语大会。1957年全年,有11个国家的25名世界语者来我国访问。

1958年7月中华全国世界语协会举行会议,选出新的理事会,胡愈之仍被推选为理事长。

发扬世界语的积极作用

1959年，世界语创始人柴门霍夫诞生100周年。胡愈之于12月15日发表纪念文章，题为《希望正在变成现实》。他在文章中指出：

“世界语产生后，经过72年的实践和两次世界大战的考验，直到今天仍然在国际经济、文化生活中，作为一种活的语言被几千万人实际使用着，它是不能加以否认的。”

“柴门霍夫不是为世界语而创造世界语。他还有一种更远大的理想。1887年当他第一次发表世界语方案的时候，他不用他的真姓名，而用了‘希望者’(Esperanto)这个笔名。‘希望者’后来就成为世界语的正式名称。(‘世界语’是中国和日本用的译名)。‘希望者’希望的是什么呢？从柴门霍夫用世界语创作的诗篇《希望》可以看出：他希望长期以来分裂的各民族团结起来，建成人类的友爱的大家庭。”

然后，胡愈之在文章中又指出：

“百年来的人类历史证明，和平和民族团结，不能依靠希望和幻想来求得。向帝国主义者乞求和平是与虎谋皮。只有爱好和平的各国人民团结起来，和帝国主义的侵略与战争阴谋作坚决斗争，才能争取真正的持久和平。世界语作为民族间的一种交际工具，在促进各国人民之间的相互了解、文化交流与友好团结中，可以起一定的积极作用。归根到底，对于和平事业的最后胜利起决定作用的，是各国人民的力量。"①

胡愈之在50年代后期和60年代初，工作十分繁忙，但他仍然兼顾着世界语协会的领导工作，他不断地向周恩来总理和陈毅副总理、中国文字改革委员会主任吴玉章等中央领导同志呼吁，因而得到他们多方的支持。

吴玉章曾在1963年7月宣告：

"世界语是进步的，是朝着世界统一语言文字这个总方向努力的。而且它在全世界各地建立了许多组织，使各国的世界语者可以互通消息，帮助各国人民相互了解和团结。世界语还有沟通中外语言的作用。所以它可以做中国人学外国语的桥梁，这也是世界语的好处。而且世界语采用的国际词汇很多，可以帮助我们的语言国际化的实现。有这许多理由，所以我是赞成世界语运动的。愿绿星（世界语的标志）的光芒，在中国更加灿烂辉煌。"②

同年7月25日，全国第一次世界语工作座谈会在北京举行。陈毅在会上发表了长篇讲话，对世界语工作给予高度评价。他号召我国世界语者加倍努力，以便创造条件在我国举行一次国际大会，产生更大的影响。

胡愈之也在座谈会上发表讲话，主要是鼓励我国的世界语工作者积极工作，团结国内新老世界语者，团结各国世界语者，通过他们争取广大群众。

同年，高教部向各省、市、自治区教育厅局发文指示："把世

---

① 人民日报，1959－12－15.

② 李文．胡愈之论世界语[M]．长春出版社，1991.

界语列为全国大专院校的第二外语。”同时批准在中国人民大学开办第一期世界语教师进修班。为各大专院校培养世界语师资。

当人民大学世界语教师班开班时，胡愈之曾亲自到校演讲，向师生们表示鼓励。

不久，北京大学、人民大学、复旦大学、华东师范大学、华中师范大学、四川大学、厦门大学、上海外语学院、西安外语学院等十多所院校相继开设了世界语课。

1964 年 12 月，中国国际广播电台正式开设世界语对外广播。从每周两次增加到四次，在亚洲、欧洲和美洲，估计有几万人收听我国的世界语广播。电台举办这项广播一直得到全国世界语协会和胡愈之个人的积极支持。

从 50 年代后期到 60 年代前期，我国世界语运动出现了空前的高涨。但是，后来“文化大革命”一开始，世界语运动又遭到了严重的挫折，又一度陷于停顿。胡愈之曾不顾个人安危，尽力维护这项工作，但效果极微。不少世界语运动的积极分子被诬为“里通外国”，遭到了打击，有的被关进了监狱。

一直到 1979 年，世界语运动才同其他许多文化工作一样得到全面恢复。这年 8 月，胡愈之主持第二次全国世界语工作座谈会。当时他年已 83 岁，他在会上曾遗憾地说：“中国的世界语运动搞了五六十年，没有很大发展，中间走了一些曲折的道路。”但是他面对中共第十一届三中全会之后全国的新形势，仍然对我国世界语运动十分乐观。他说：“现在我们搞‘四化’，要同世界各国人民来往，引进各国的先进的科学技术，而且要大大发展我国的旅游事业。所以搞世界语是实际需要。”

他还说,“我们有了中华全国世界语协会,各地还成立了世界语组织,进行一些活动。现在我们有一千多人,两三年内可以发展到一万人,五六年后可发展到五六万人……”

这一年12月15日,胡愈之出席柴门霍夫诞生120周年和毛泽东主席为延安世界语展览会题词40周年纪念会,他在会上讲话,又满怀信心地说:

“柴门霍夫博士所创造的世界语,在中国九亿人口中推广,是有很大前途的。中国要广泛地逐步地推广世界语运动,为世界和平,为使世界语成为全世界通用的国际语做出贡献。”①

1982年全国世界语协会召开理事长碰头会,有巴金、叶籁士、张企程、陈原、叶君健等参加,由胡愈之主持。他们决定实现陈毅生前提过的创议,申请国际世界语协会同意于1986年在中国召开第71届国际世界语大会。

崇高的荣誉

1984年国际世界语协会在加拿大温哥华召开第69届国际大会上,授予胡愈之“名誉理事”的称号。这是世界上只有很少几位对人类进步文化事业有重大贡献、同时又对世界语运动有卓越功绩的社会活动家才能获得的荣誉称号。那次出席大会的各国代表曾以经久不息的掌声表示祝贺。国内的世界语者也都感到非常高兴。语言学家陈原认为“胡愈老正是理应得到这个

---

① 李文. 胡愈之论世界语[M]. 长春出版社,1991.

称号的一个”。[①] 在这以前，巴金也得到过这个崇高的荣誉。

从20年代起，一直到80年代中，胡愈之为推进世界语运动坚持奋斗了72个年头，谁也说不清，由于他的努力，多少人受到了进步的影响，走向光明。

1985年，全国世界语协会积极筹备将于1986年在北京举行的国际世界语大会，胡愈之已年近90，在身体很虚弱的情况下仍然尽力支持筹备工作。这年12月27日，他在东城汪麻子胡同寓所会见参加筹备工作的主要人员，详细地询问了大会的筹备情况，还强调说明这次大会意义重大，筹备工作一定要搞得十分周全。他和这次谈话的参加人员一起合影留念，临别时向大家说了世界语“Gisrevido!”(再见)

就在这一天谈话之后，胡愈之因患肺气肿住进北京医院，半月之后就因病情恶化去世。从此世界语运动失去了一个忠诚的领导人。

许多世界语者撰文悼念胡愈之。

世界语者李文曾于1991年出版《胡愈之论世界语》一书；他在序言中写道：胡愈之“毕生热爱世界语事业，为中国和国际的世界语运动真是呕心沥血，奋斗终生。遗憾的是，他没有能亲自参加在北京隆重召开的第71届国际世界语大会！但是，胡愈之——这一颗巨大光辉的绿星，将永远在中国和国际的世界语运动史上发出灿烂的光芒”。[②]

---

① 陈原．胡愈老与世界语[J]．群言．1986(7):14.

② 李文．胡愈之论世界语[M]．长春出版社，1991.

第二十九章

巨人的逝世

暮年的殷切希望

尽管胡愈之年幼时体弱多病，十五岁时生过一场伤寒，几乎丧命，“一·二八”淞沪抗战时发过一次疟疾，但除此以外，他走南闯北，出国远行，流亡在赤道线上，都还一直身体健康，几十年如一日，勤奋地工作。一直到80年代他已是近九十岁的人了，还是腿脚行走如恒，头脑思维敏捷，记忆力依然挺好。最大的弱点是听觉不灵，需用助听器，另外，由于长年抽纸烟，患有气管炎，但也不妨碍他参加社会活动；他仍然写了不少文章，表达了他暮年的许多殷切的希望。

1985年，胡愈之已89岁，他除了经常的工作以外，增加了一项写自传的工作。这是应党史资料征集委员会的要求而承担的。由于他自己仍然太忙，只能抽空口述，由他的侄子胡序文记录，并整理成为文稿。这篇生平自述一共写了六万字，主要写了建国前经历的大事，胡显然认为建国三十多年的事组织上都清楚，就没有叙述。这项工作延续了好几个月。据胡序文说，这个材料写成后，胡愈之要求送给一些了解他情况的同志校正，但是，很遗憾，这件事拖延了时间，胡本人没有看到修订稿。

胡愈之这篇生平自述已由他本人加了题目《我的回忆》。它不仅记录了他建国前几十年的经历,也叙述了他几十年奋斗的经验与教训,无疑是他老人家晚年留下的一笔宝贵的精神财富。他在革命的实践中亲身领会的真知灼见,将是后来人的一盏指路明灯。

中国共产党的理论家胡乔木,也是胡愈之生前多年的战友,他对于胡愈之所写生平回忆,评价很高。胡乔木在纪念胡愈之的文章中说过:胡愈之"应党史资料征集委员会的要求,口述了六万字的历史资料,其中除了叙述个人的历史经历外,更多的总结自己的不足。他说:'这就算是我在整党中交给党的一份个人总结。'这是多么崇高的精神境界。"

1985 年 6 月,前民盟中央副主席、科学家华罗庚因心脏病突发在日本去世,胡愈之把华看作是中国知识分子的一代典范,深感痛惜,亲自写了悼文,发表在《光明日报》上,希望年轻一代将会沿着华罗庚开拓的道路前进,"使我国的科学一天比一天更加灿烂,社会主义事业一天比一天更加美好。"①

同年 10 月,前民盟中央主席史良也因病去世了。胡愈之与沈兹九两人都是史的老战友,他们联名在 10 月 13 日《人民日报》上发表了以《悼念七君子的最后一个》为题的悼文。胡沈两人赞扬史良为人民奋斗一生,不愧是中国共产党的亲密朋友,革命的忠诚战士,祖国的优秀儿女。②

同年 11 月 27 日,北京新闻界纪念我国 20 ~ 30 年代著名的

---

① 胡愈之. 悼华罗庚同志[N]. 光明日报,1985 - 06 - 21.

② 胡愈之,沈兹九. 悼念七君子的最后一个[N]. 人民日报,1985 - 10 - 13.

进步新闻记者戈公振逝世50周年，胡愈之主持了这次集会，还发表讲话，他称赞戈公振是个伟大的爱国主义者。他指出，半个世纪以来，爱国主义思想化成了一股巨大的力量，激励着中国人民赴汤蹈火抵抗外来侵略，奋不顾身建设新中国。他表达了对文化、新闻、出版界的一个殷切的希望："继续努力宣传爱国主义思想，发扬先驱者们的献身精神。"①

胡愈之在1981年中国出版工作者协会春节茶话会上讲话

同年年末，胡愈之倡议出版的《群言》杂志为第二年的元月号搞一次以《新年畅想》为题的征文，胡愈之这位共和国最老的杂志主编欣然应征，在文章里表达了他对新的一年的两点希望：一是"一定要坚定不移地把改革开放搞下去"，二是"认真学习马克思主义理论"，"加强我们工作中的原则性、系统性、预见性和创造。"②

① 胡愈之．在戈公振先生纪念会上的讲话[N]．光明日报，1985－11－28.

② 胡愈之．坚持改革，认真学习[J]．群言，1986(1)：12.

这篇文章言简意赅，切中时弊。文章发表时为1986年1月7日，胡愈之曾亲自阅读了。但一个多星期之后，他就与世长辞了。这篇文章成了这位杰出的政治家的最后遗言。

巨大的哀荣

1986年1月16日，胡愈之因气管炎恶性发作，经北京医院抢救无效，遽然去世。

对于同他经常接触的亲友来说，他的去世是非常突然的，因为就在前几天他还参加全国人大常委会的活动，就在前一天还同住在同一个医院治病的叶圣陶聚谈，两人都认为自己没有患

1986年1月16日胡愈之因病逝世。夫人沈兹九在家中设立的灵堂旁哀悼自己一生敬爱的导师、战友和伴侣。

什么不治之症,他们还谈得很高兴。

但是,北京医院的医生认为90岁的老人总是在风烛残年,而胡愈之还患有气管炎,这是他七十多年抽烟造成的痼疾。按医生的说法,他遽然去世,是被尼古丁杀害的。

胡愈之的寿终正寝使全国上下感到悲痛。

《人民日报》在1月17日就在一版上刊登了消息:

"第六届全国人民代表大会常务委员会副委员长、中国民主同盟代主席、忠诚的共产主义战士,我国著名的政治活动家胡愈之同志,因病于1986年1月16日11时15分在北京逝世,终年90岁。"

一周之后的1月22日,胡愈之的遗体告别仪式在八宝山革命公墓举行,党和国家的许多领导人都前来向遗体鞠躬告别,沉痛悼念这位献身于共产主义的知识分子的好榜样。前来表示悼念的亲友多达六百人。他们中间不少是国家机关、民主党派和人民团体的代表,上海市、浙江省和胡愈之家乡上虞县都来了代表。

告别仪式上散发了一份介绍胡愈之生平的材料,长达三千多字,文末宣告:

"胡愈之同志的一生,是革命、战斗、全心全意为中国革命和建设事业奋斗不息的一生。他对党忠心耿耿,坚信党的事业必定胜利,忠诚地接受党的领导和执行党所交给的各项任务。他严格遵守党的纪律,工作认真负责,任劳任怨。他平易近人,严于律己,宽以待人,廉洁奉公,作风正派。他不愧为中国共产党的优秀党员、知识分子献身共产主义事业的好榜样。他的历史功绩永远铭刻在人民心中。”

国家通讯社新华社全文发布了这份胡愈之生平材料，海内外许多报刊都在显著位置刊登了。

胡愈之为人民奉献一生，他的丰功伟绩赢得了理应得到的巨大的哀荣。

不尽的思念

尽管胡愈之个人的生命停止了，但是正如他的“生平材料”说过的，他的历史功绩永远铭刻在人民心中。他的无数亲友和受到教益的后人永远地怀念着他。

就在他去世之后不久，知名人士李一氓、胡乔木、夏衍、费孝通、楚图南、叶圣陶、吴觉农、陈翰笙、冰心、胡绳等，在全国许多报刊上发表了悼念胡愈之的文章。

李一氓反映了胡愈之的一个重大的贡献，为解放战争最后胜利的时间作了精确的估计，鼓舞了军心、民心。

胡老的亲密战友、文坛另一巨人夏衍留下的怀念文章说过：胡愈之是我国“五四”以后70年间这一伟大时代应运而生的思想、学识、才艺上卓绝的巨人，是中华民族的脊梁。他的“这种大无畏的勇气和非凡的组织力，以及埋头苦干、拼命硬干的精神，在近代的知识分子中真可以说是无可伦比的。”

费孝通称呼胡为一代师表、革命知识分子的先驱者。费自己在解放前的一段时间内能比较坚定地选定走向革命的立场，是由于胡愈之的启发和鼓励。费根据同胡长期交往的体会，认为胡平易近人，以理服人，以诚感人，取信于人，无时不急人之急，忧人之忧，而且勇于拯人之危、解人之困，由于他身教力行，树立模范，广大知识分子能团结在党的周围。费最后说，“做人应该做这样的人。”

党内长期主管思想意识工作的胡乔木，曾称颂胡愈之为“终身为人民民主、民族解放、社会改革事业英勇奋斗的杰出革命家”。他的回忆文章全面回顾了胡参与革命的重要经历。

胡绳特别着重说明胡愈之在三十年代文化工作中不大为人们了解的贡献，还说胡的这些事迹“最足以显示他一生奋斗的精神。”

多年和胡愈之一起进行党的统战工作的楚图南，着重回忆了胡愈之不顾危险的革命精神。救亡运动最困难的时期，是胡愈之坚持着艰苦奋斗，发挥了卓越的斗争艺术；在十年动乱时期，是胡愈之说出了发扬民主、广开言路的诤言，是胡愈之尽力维护茅盾、冯雪峰、瞿秋白夫人杨之华等等受到不公正对待和含冤蒙辱的同志。文章还提到，由于胡愈之在反右期间也执行了错误路线，伤害了一些民主同盟的同志，在粉碎“四人帮”之后，胡认真作过自我批评，并向受屈的同志表示道歉。楚图南对胡的这种勇于负责、勇于自我批评的诚恳态度深为感动。

经济学家陈翰笙也着重表扬胡愈之的为人：“愈之他干得多，干得非常出色，但从不夸耀自己；他克己奉公，不谋私利；他目光远大，胸襟极宽；他是一个非凡的人，但平易近人，显得那么平凡。”

文学家冰心称呼胡愈之是她“最怀念的可敬可亲的朋友中

的一个。”

胡愈之的夫人沈兹九生前提到,胡愈之信奉的一句话:“永远向着未来,一切为了明天。”

许多文章的作者申说,胡愈之是对抗日救亡运动的兴起起了巨大作用的救国会的最初的组织者,是当年进步的文化运动和抗日救亡运动的最积极的组织者之一。

更多的人提到他们从《莫斯科印象记》、《西行漫记》等书本中得到了走向革命的启示。

对胡愈之有较多了解的作者特别强调胡功成不居的风格。

民盟中央主办的刊物《群言》,1986 年 4 月号刊出了赵朴初在胡愈之 80 岁时所写的一首贺诗《我爱愈之翁》。赵对胡愈之早就有一个很高的评价。诗云:

吾爱愈之翁,八十气犹旺。
平易发谦光,温容蕴倔强。
早岁露布书,敢与民贼抗。
游记动一时,赤都播印象。
救国出良筹,壮举多首创。
功成而不居,江流自荡荡。
与人照肝胆,见义轻风浪。
白眼视奸邪,怒焰千云上。
我诗非轻誉,艰难知所尚。
老愿从公游,多闻而直谅。
愿公慎起居,百岁长无恙。

更多后辈的回忆

早在上世纪30年代有许多青年受过胡愈之的帮助和影响，他们至今都深情地思念着胡老。

早年生活书店的女青年社员胡耐秋写过回忆文章，详细地追述了生活书店的成长过程。她称呼胡愈之为“生活书店的总设计师”。她还说，胡愈之和邹韬奋同为革命文化事业的引路人，可是他从不归功于自己，在其他一些他大力促成的文化事业也很少留下他个人的痕迹。

著名的世界语实践家陈原，宣扬胡愈之领导世界语运动的贡献，他说过：“谁也说不清有多少人看了《莫斯科印象记》这部书去学习世界语，至少认识了世界语；更说不清有多少人被它吸引，走向光明，走向新的世纪。”他还说：“胡愈之以一个全心全意参加社会改造的世界语学者的丰姿，永远留在绿色的（也就是世界语的、和平的）战士心中。”

文字改革学者周有光称呼胡愈之为思想家，他提到胡老曾讲过，在西方，是文字改革带来了启蒙运动，从而产生了资本主义的产业革命；在中国，也不可能有例外。周认为胡的见解是历史发展的观点，是胡老的一个创见。周还说，得到胡老的思想启发和人格感染，是他自己的莫大幸福。

文艺家汪金丁当年在南洋和胡老有很多交往，他回忆对胡老的两点深刻印象：一是胡老善于团结同志，团结一切可以团结的人，二是胡老本人忘我工作，精力过人，工作效率极高。

胡愈老晚年留影

名记者陆诒的回忆是这么说的："胡愈之严于律己，宽以待人，善于做人的思想政治工作，把思想教育寓于日常交谈、讨论之中，像火焰那样温暖着、感染着人，像磁石那样吸引着人，他是一位可亲可敬和可信的长者。"

在过去的十年之间，北京和杭州分别出版了一本《胡愈之传》。南京出版了一本胡愈之本人自传性的《我的回忆》。

1988 年北京出版了纪念胡愈之的文集《胡愈之印象记》，接着，胡愈之家乡上虞市的政协编辑出版了一本《上虞文史资料——纪念胡愈之专辑》。

与胡愈之长时期合作过的出版界的同志们，为了宣扬胡愈之的远见卓识和高风亮节，在胡去世后着手编选《胡愈之文集》。1996 年 9 月，纪念胡愈之诞生 100 周年之际，三联书店出版了《胡愈之文集》，文集收录了胡的遗文二百多万字。为了评价这位巨人,书的最前面采用了《胡愈之生平》,还采用了五位胡的生前友好的怀念文章。同年同月,中国友谊出版公司赶编了《胡愈之印象记》的增补本,采用了一共一百多人的怀念文章。

同年,还有《胡愈之影集》和《胡愈之出版文集》问世。

这些图书的出版都表现了人们难忘巨人胡愈之的情感。人们念念不忘胡愈之的光辉事迹,念念不忘他的远见卓识、他的警世遗言。

胡愈之的事迹和思想一直在发挥着深远的影响。他立功、立德、立言,无数的光辉事迹是永垂不朽的。

第三十章

巨人晚年新思维

本书作者在完成《胡愈之》书稿后，感到传主胡愈之一生奋斗，思想上始终与时俱进，趋向十分明显。在新中国成立以前，他由民主主义者信奉新民主主义。建国后，受教条主义影响，以致出现唯心主义倾向。可贵的是“文革”期间他身处逆境，有所反思，终于回归民主主义思想。到改革开放时期，他呼吁一定要坚持改革到底，直至实现现代化。他明确提出改革要经过启蒙运动和产业革命。发达国家是这样兴起的，中国不可能有例外。他相信现代化也有规律，当代已经有了社会发展经过实验检验过的真理。这些言论无疑是他的宝贵的创新见解，是他最后遗留的一些宝贵教训。

为此，作者加写了本书第三十章，选录了胡愈之晚年言论的部分语录，称之为“巨人晚年新思维”，相信它们在我国当今持续改革和切需创新的年代，具有重要的启示作用。以下就是那些语录：

民主党派爱国人士今后要把工作重点放在四化服务上。怎样为四化服务，我有一种想法，就是要搞：1. 广开言路，2. 广开才路，3. 广开财路。

当前一切工作重点要转移到四化，要发扬民主，宣传法制，普及科学文化。

——引自1979年6月18日胡愈之关于创议兴办“群言堂”致孙起孟的一封信和同年6月29日《建立“群言堂”产销合作社的初步设想》

千百万人民群众——不是少数领袖们——的革命实践才是检验真理的唯一标准。

——引自1979年8月胡愈之《〈西行漫记〉中文重译本序》

在西方，冲破中世纪的黑暗时代，首先是从文字改革开始的，这就是打破教会僧院所垄断的旧文字，创造和群众口头语相结合的民族新文字。这才产生了启蒙运动，产生了资本主义的产业革命。在中国，不可能有例外。

——引自胡愈之1979年给高等院校文改教材协作会送去的书面发言

在中国共产党成立以后最初7年里，党员中大部分是小资产阶级知识分子，工人农民只占极少数。而武汉大革命，不到两年，几乎席卷了半个中国，共产党不但有了自己的军队，而且湖南的300万农民，湖北的100万农民，也武装起来了，但是除了不明中国国情的共产国际的代表以外，党的领导层真正认识马克思主义的就不多。这样，在革命取得空前胜利的日子里，不犯左倾幼稚病，几乎是不可能的。——正因为这些过左的作风，使党逐渐脱离了广大群众，国民党反动派才有可乘之机。

——引自1981年4月25日《人民日报》所载胡愈之文章《早年同茅盾在一起的日子里》

在旧民主主义革命时期的教育救国论者是错误的，但是在一个文盲占80%的旧中国，要向广大劳动人民进行政治思想教育是困难的。尤其是在革命取得胜利以后，要逐步地发展生产力，满足广大人民的物质文明和精神文明的需要，不从教育的普及和提高入手，是难以办到的。

——引自1981年8月13日《人民日报》所载胡愈之文章《从追忆杨贤江同志谈到四化》

重视知识分子就是重视知识。过去，由于“左”的错误，这个问题没能处理好，知识分子吃了苦头，全国人民也吃了苦头。在全面开创新局面的今天，这一点便更突出了。没有知识，便没有今天的一切，也没有明天，甚至可以说，连我们的昨天也没有。

科学技术是生产力。这的确是个真理。十年内乱，文明被践踏，使得我国的建设事业落了后，好的制度没有带来应有的发展速度。其原因就在于打击迫害知识分子，摧残科技事业。不是有人对培根的名言“知识就是力量”也怀疑批判吗？现在拨乱反正，重新肯定了知识和知识分子的重要作用,这就为大大发展生产力提供了条件!我相信,知识分子的积极性会被进一步调动起来。他们将放手施展本领,为开创新局面,翻两番,发挥重大作用。

——引自1982年12月10日《工人日报》所载胡愈之访问记《知识分子应该香起来》

潘汉年不是关门主义者而是统一战线的坚决支持者,甚至采取不平凡的方式,为建立和扩大抗日统一战线而斗争。他为党,为革命,为人民,为祖国,也为国际共产主义运动,献出自己的一生,他将在革命历史中永远起教育作用:革命的道路不是笔直又笔直的,我们要统一战线,不要关门主义!

——1983年7月14日《人民日报》所载胡愈之文章《忆潘汉年同志——伟大的不平凡的斗争的一生》

我国的教育制度基本上是模仿苏联的,实际上同资本主义的学制差不多。而且在不少人的思想上还残留着我国从孔夫子起办教育的历史影响。这种教育制度两千多年来,都是为了做官,不参加生产劳动,士为贵,"学而优则仕",和实际的生活脱离,和社会脱离。

新加坡过去是殖民地,建国不到20年,由于从普及教育着手,已成为东南亚经济最发达的国家。难道我们十亿人口的社会主义大国就不能迎头赶上吗?

——引自1983年10月29日胡愈之给刘季平同志的信

今天，一场新的技术革命和信息革命在世界上兴起，中国国内正在开创全面建设社会主义的新局面。我们更加需要认识世界和了解世界，因而《世界知识》的任务也更加重了。

——1984 年 10 月《世界知识》所载胡愈之文章《〈世界知识〉创刊 50 周年的祝词》

改革是不可逆转的趋势，反映了我国社会发展的需要和人民的意愿。社会主义制度的发展寄希望于改革，我们要在改革中探索一条建设有中国特色的社会主义的路子。当前我国政治，经济形势是好的，这正是改革取得的成果。所以我们一定要坚定不移地把改革搞下去，在整个七五计划期间把改革放在各项工作的第一位，力争在不太长的时间内把改革搞好。

——1986 年 1 月胡愈之为《群言》所写的文章《坚持改革，认真学习》

附　录

胡愈之生平大事记

1896 年

9 月 9 日,出生于浙江省上虞丰惠镇。

1911 年

以县试第一名考入绍兴府中学堂。

1912 年

入杭州英文专科学校。

1913 年

师从绍兴名宿薛朗轩学语文。

1914 年

考入上海商务印书馆为练习生,工作之余读英语夜校,并自学日语、世界语,开始发表著译文章。

1917 年

任《东方杂志》编辑,并发表著评文章。

1919 年

在上海参加声援五四运动的斗争。

联合世界语者索非、陈兆瑛等创立“上海世界语学会”，推广世界语。

1920 年

与茅盾、郑振铎等发起成立文学研究会，积极推进新文学运动。

秋，与胡仲持兄弟创办上虞第一份报纸《上虞声》，寄回上虞发行，在家乡传播新思想、新文化。

1924 年

起草发表抗议信，谴责“四一二”反革命事变。

1925 年

编辑出版《公理日报》，并在《东方杂志》发表长文《五卅事件纪实》，声援五卅运动。

1926 年

支持创办《新女性》杂志与开明书店。

1928 年

因遭国民党反动当局追究，以《东方杂志》驻欧洲特约记者身份流亡法国，入巴黎大学攻读国际法，并系统地研究马克思主义学说，思想开始由民主主义转向社会主义。同时入新闻专科学校学习新闻学。留法期间，曾利用假期，游历考察英国、比利时、瑞士等国。

1931 年

在返国途中对苏联进行访问。回国后著《莫斯科印象记》，介绍苏联十月革命后的成就。“九·一八”和“一·二八”事变后，主编复刊后的《东方杂志》，宣传抗日救国，又与邹韬奋一起主持著名的《生活周刊》，推动创办生活书店。

1932年

2月，重回商务印书馆，主编《东方杂志》。

1933年

应鲁迅之邀参加中国民权保障同盟，当选为临时中央执行委员。9月，加入中国共产党。在党的领导下，先后筹划创办《文学》、《太白》、《译文》、《妇女生活》等进步刊物，主编《世界知识》，成为进步工作者重要的革命文化阵地。

1935年

与沈钧儒等发起组织救国会，推动抗日救国运动的发展。

1936年

受党组织派遣，离港经法赴莫斯科，向共产国际中国代表团汇报情况。11月，全国救国会领袖沈钧儒等7人被国民党逮捕，担负起营救“七君子”的组织工作，与宋庆龄、何香凝赴苏州，以“爱国有罪，自请入狱”抗议国民党暴行。

1937年

抗日战争爆发后，担任上海文化界救亡协会常委和宣传部长，利用这个国共合作的统战组织，积极促成《救亡日报》创刊，并成立了国际宣传委员会，为党开辟了向国外宣传的新闻机构。上海陷落后，仍在租界里继续出版《团结》、《集纳》、《译报》等刊物，向国内外进行抗日救亡宣传。并翻译出版斯诺的《西行漫记》，编辑出版《鲁迅全集》20卷。

1938年

出任国民革命军事委员会政治部三厅五处处长，主管抗日宣传动员工作。武汉沦陷后，受周恩来指派赴桂林，出版《国民公论》，组织国际新闻社，创办文化供应社，出任董事和编辑部主任。

1940 年

遵周恩来意见离香港到新加坡，开辟海外宣传阵地，应聘任陈嘉庚办的《南洋商报》编辑主任。在苏门答腊避难期间，写作《少年航空兵》，并进行印度尼西亚语研究。

1945 年

9 月末，回到新加坡创办新南洋出版社，主办《南侨日报》、《风下》周刊和《新妇女》杂志。

1946 年

加入中国民主同盟。联络华侨上层人士和文化界人士，在南洋发展建立民盟组织。

1948 年

从南洋回国，辗转到达华北解放区，参加新政协的筹备工作。

1949 年

春，创办《光明日报》，执笔发刊词《团结一致建设民主新中国》。

出任中央人民政府出版总署署长。创办《新华月报》，主编《知识丛书》。

9 月，出席全国政协第一次全体会议。

1956 年

5 月，任民盟中央秘书长。

1957 年

7 月 10 日，胡愈之在会议上以《章罗联盟的透视》为题发言。

7 月 11 日,《人民日报》发表了胡愈之的发言稿。

1979 年

10 月,在民盟第四次全国代表大会上做工作报告,为民盟在拨乱反正、落实统战政策和知识分子政策方面的工作开展做了铺垫。

1981 年

12 月 6 日,与楚图南、巴金、谢冰心、叶圣陶、夏衍等发起成立了中国世界语之友会。

1982 年

12 月 10 日,在《工人日报》发表关于知识分子问题的谈话。

1984 年

在国际世界语大会上被授予最高荣誉称号“名誉理事”。

1985 年

口述生平自述《我的回忆》。

1986 年

1 月 16 日,在北京逝世。

跋

在《民盟历史人物》和《民盟历史文献》丛书付梓之际，掩卷回首，民盟先贤们的音容笑貌挥之不去，不绝如缕，久久难忘。在编辑此丛书的过程中我们每每被他们为信仰、为理想奋斗的坚定精神所感召和感动。

人不能没有理想和信仰，一个民族也不能没有自己的理想和信仰。我们的先辈们，正是怀揣民族富强、人民福祉的赤诚之心，身先士卒、鞠躬尽瘁；凭借自身高尚的人文品格和社会良知，与共产党团结合作，为中国社会的前途和命运探索了一条新的宪政之路；和平、民主是人类社会的两大主题，也是中国共产党人和各民主党派所共同追求的理想。

如今，面对着他们的拳拳之心和丰功伟绩，我们感叹！赞叹！怀念！更要继承！

《民盟历史人物》和《民盟历史文献》在整个创作和出版过程中，得到了来自社会各界人士的关注和厚爱。我们要特别感谢为此丛书孜孜不倦的考证、核实、梳理、完善的各位专家、学者，是他们的认真严谨，才使此丛书能够客观地展现历史的真貌；更要特别感谢中共中央统战部与民盟中央给予我们的鼎力支持和重视，没有他们的指导和帮助，我们不可能完成如此厚重的出版工作任务；还要感谢各省、市、地区的民盟组织，为搜集、挖掘、抢救民盟的历史文献资料做出的不懈努力和贡献；感谢每一本书的作者，是他们的辛勤笔耕和一点一滴的忠实记录，才集成了民盟历史的全貌；感谢为此丛书付出辛劳的编辑以及所有工作人员，感谢你们辛勤的劳动和无私的奉献。

谨以此丛书献给所有伟大的民主革命先驱者；献给为共和国诞生抛洒了智慧和热血的先贤们；献给那一段筚路蓝缕、以启山林的峥嵘岁月。

《民盟历史人物》
《民盟历史文献》编委会

图书在版编目(CIP)数据

胡愈之/于友著.—北京:群言出版社,2011.1
(民盟历史人物)
ISBN 978-7-80256-044-4
Ⅰ.①胡… Ⅱ.①于… Ⅲ.①胡愈之(1896~1986)—传记 Ⅳ.①K827=7

中国版本图书馆 CIP 数据核字(2010)第 224900 号

出版人 范芳
责任编辑 陈佳
封面设计 齐立娟
出版发行 群言出版社(Qunyan Press)
地址 北京东城区东厂胡同北巷1号
邮政编码 100006
网站 **www.qypublish.com**
电子信箱 qunyancbs@126.com
总编办 010-65265404 65138815
编辑部 010-65276609 65262436
发行部 010-65263345 65220236
经销 全国新华书店
读者服务 010-65220236 65265404 65263345
法律顾问 中济律师事务所
印刷 北京画中画印刷有限公司
版次 2011年1月第1版 2011年1月第1次印刷
开本 880×1230mm 1/32
印张 15
字数 310千字
书号 ISBN 978-7-80256-044-4
定价 38.00元